Fritz Baltruweit
geboren 1955, Pastor und Liedermacher, war Gemeindepfarrer in Garbsen, Studienleiter am Predigerseminar in Loccum und zuletzt Referent für Liturgie und Musik im Ev. EXPO-Büro in Hannover; seitdem Referat für Projekte und Öffentlichkeitsarbeit im Haus der Kirchlichen Dienste (Ev.-luth. Landeskirche Hannover).

Günter Ruddat
geboren 1947, Dr. theol., war Gemeindepfarrer in Leverkusen und ist seit 1991 Professor für Praktische Theologie an der Evangelischen Fachhochschule in Bochum, seit 2001 darüber hinaus auch an der Kirchlichen Hochschule in Wuppertal.

Fritz Baltruweit / Günter Ruddat

Gemeinde gestaltet Gottesdienst 3

Ein Arbeitsbuch zum »Evangelischen Gottesdienstbuch«

Gütersloher Verlagshaus

Die Deutsche Bibliothek - CIP-Einheitsaufnahme

Baltruweit, Fritz:
Gemeinde gestaltet Gottesdienst: ein Arbeitsbuch / Fritz Baltruweit/Günter Ruddat. –
Gütersloh: Gütersloher Verl.-Haus

Bd. 3. Ein Arbeitsbuch zum »Evangelischen Gottesdienstbuch«. – 2002
ISBN 3-579-03290-9

ISBN 3-579-03290-9

Umschlag: Init GmbH, Bielefeld, unter Verwendung des Bildes »Riss im Gefüge 4 – Auferstehung jetzt« (Glas- und Lackfarbe, Tempera 54 x 32 cm) von Irmintraud F. Eckard, Bensheim
Satz: Weserdruckerei Rolf Oesselmann GmbH, Stolzenau
Druck und Bindung: Těšínská Tiskárna AG, Český Těšín
Printed in Czech Republic

www.gtvh.de

Inhalt

Anhang

Vorwort

In memoriam Henning Schröer (1931-2002)[1]

In seinem Vorwort zum »Vorläufer« dieses Buches, unserem 1994 erschienenen »Arbeitsbuch zur Erneuerten Agende«[2] versuchte sich Henning Schröer, der Anfang 2002 verstorbene Bonner Professor für Praktische Theologie und in mancher Hinsicht geistvoller »Vater der Lebendigen Liturgie«[3], als Prophet:
»Von dem dänischen Humoristen Storm-Petersen stammt das Wort »Prophezeien ist schwierig, besonders im Blick auf die Zukunft«. Recht hat er, aber trotzdem prophezeie ich für dieses Buch: Das ist ein Buch, das den Gottesdiensten in jeder Gemeinde aufhilft, lebendig zu werden.
So wie eine gute Küche neue Ideen und bewährte Rezepte braucht, so auch die Liturgie eine Art Kochbuch, das dazu anregt, sich nicht immer dieselbe Suppe einzubrocken.
Der Titel »Gemeinde gestaltet Gottesdienst« ist eine notwendige Herausforderung. Bisher gestalten meistens nur Pfarramt und Kirchenmusik den Gottesdienst, nicht aber die Gemeinde. Sie muss dazu angeleitet werden, nicht nur passiv dabei zu sein. Viele würden auch eher kommen, wenn sie wüssten, sie können mit ihren Gaben beitragen.
Die Gelegenheit für ein Arbeitsbuch in Händen der Gemeinde in Sachen Gottesdienst als lebendige Liturgie ist günstig. Die Bemühung um eine Erneuerte Agende hat Anstöße gegeben, nicht nur Predigtvorbereitungskreise, sondern Gottesdienstwerkstätten vor Ort zu bilden.
Hier ist ein Buch, das viele Erfahrungen – nicht zuletzt vom Kirchentag, der ja schon manches Leben in die Gemeinde gebracht hat – genutzt hat. Die Verfasser wissen, wovon sie schreiben, denn sie haben selbst in ganz normalen Ortsgemeinden eine Gottesdienstpraxis in Gang gesetzt, die das beste Mittel gegen die übliche Resignation ist. Das verdient, allgemein bekannt zu werden. Man lese und probiere ...

1. Vgl. den Nachruf von *G. Ruddat:* Lachend ins gelobte Land, in: Kirchentag aktuell, Fulda März 2002, Nr. 1, S. 6. Daneben haben wir zwei seiner letzten Texte aus einem »Katechismus der Zärtlichkeit im großen und ganzen«, ein Glaubensbekenntnis (S. 144f.) und ein »Gebet Unser« (S. 186), als Beispiele für »Lebendige Liturgie« abgedruckt, aus: *S. Fritsch-Oppermann (Hg.):* Liebe und Zärtlichkeit in maßloser Zeit, Hannover 2002.
2. *F. Baltruweit/G. Ruddat:* Gemeinde gestaltet Gottesdienst. Arbeitsbuch zur Erneuerten Agende, Gütersloh 1994, 272 S. (= Band 1, weiterhin abgekürzt GGG 1).
3. Vgl. dazu *G. Ruddat/H. Schröer:* Lebendige Liturgie – ein Programmwort und seine Geschichte, in: *W. Ratzmann (Hg):* Der Kirchentag und seine Liturgien. Auf der Suche nach dem Gottesdienst von morgen. (Beiträge zu Liturgie und Spiritualität, Band 4, hg. Liturgiewissenschaftliches Institut der VELKD), Leipzig 1999, S. 83-115.

Ich bin ganz sicher, dieses Buch wird nicht nur seinen Weg machen, sondern vielen den Weg bereiten, gemeindepädagogisch und ökumenisch, lebhaft und vielstimmig, Gottes Ankunft als Grund unserer Zukunft zu feiern, in der Kraft des Geistes und der Ermutigung zur Einübung in lebendige Liturgie.
Seit Jahrzehnten suche ich nach einem gemeindenahen praktischen Handbuch zur Einführung in den Gottesdienst, sodass die Gemeinde mitmachen kann, nach einem Brückenschlag vom Kirchentag zum Kirchenalltag. Hier ist es und ich sage: Nehmet und leset, probiert, es wird euch Freude machen.«[4]
Unzählige Rückmeldungen aus Gemeinden und Gottesdienstwerkstätten vor Ort, aus Hochschulen und Predigerseminaren, aus Gottesdienst-Arbeitsstellen und Pastoralkollegs haben Henning Schröers Einschätzung bestätigt. Unser inzwischen ausgestaltetes Konzept[5], das mehrbändige Arbeitsbuch »Gemeinde gestaltet Gottesdienst« stellt eine informative und zugleich kreative Grundlegung lebendiger Gottesdienstgestaltung dar, die versucht, für jede und jeden nachvollziehbar und verständlich zu sein. Seit unserem ersten Versuch (1994) im Gespräch mit dem »Vorentwurf der Erneuerten Agende« (1990) sind inzwischen nicht nur mehr als sieben Jahre vergangen, sondern seit dem Kirchenjahr 1999/2000 liegt jetzt auch das »Evangelische Gottesdienstbuch« (EGb, 1999/2000) vor, mit dem wir uns in diesem Band 3 entsprechend in kreativer und kritischer Solidarität auseinander setzen und wieder mit vielen neuen Ideen und Impulsen dazu einladen »Nehmet und leset, probiert ... und gestaltet«.

Wir danken den Loccumer Vikarinnen und Vikaren, den Mitgliedern des Ökumenisch-Liturgischen Arbeitskreises, der Evangelischen Jugend der Stephanus-Gemeinde in Garbsen, den Mitarbeiterinnen und Mitarbeitern der Gottesdienstwerkstatt und des Freizeittreffs der Matthäus-Kirche in Leverkusen wie den Studierenden der Ev. Fachhochschule in Bochum und der Kirchlichen Hochschule in Wuppertal für alle Anregungen und Beiträge, die in das Buch eingegangen sind. Nicht zuletzt gilt unser Dank auch Assistentin Pfarrerin z.A. Christina Falkenroth für das Lesen der Korrekturen und David Ruddat und Vanessa Freienstein für das Erstellen der Register im Anhang.

Hannover/Bochum, Pfingsten 2002 *Fritz Baltruweit und Günter Ruddat*

4. GGG 1, S. 9-10.
5. Vgl. Gemeinde gestaltet Gottesdienst, Band 2: Taufe, Konfirmation, Trauung, Beerdigung, Gütersloh 2000 (weiterhin abgekürzt GGG 2) und Gemeinde gestaltet Gottesdienst, Band 4: Unterwegs durch das Jahr (in Vorbereitung, weiterhin abgekürzt GGG 4).

I.

Ein Arbeitsbuch zum Gottesdienst

... für Originale (oder: für Einzelne)

»Ich bin dein Geschöpf, dein Original.« Ich werde diese Worte aus einem Gebet nicht vergessen, das der spastisch gelähmte Stefan aus seinem Rollstuhl heraus sprach – in einem Gottesdienst, den so genannte behinderte und nicht-behinderte Mitmenschen rund um die Losung »Gott schuf den Menschen zu seinem Bilde« (1 Mose 1,27) vorbereitet hatten:

Gott, ich sitze da,
ich nehme dein Wort in mich auf,
ich bin ganz still,
dieses Wort soll Raum gewinnen in mir –
bis in alle Ecken und Winkel meines Körpers.
Gott, ich spüre,
ich kann dankbar sein,
ich bin für dich keine Nummer,
kein Abziehbild,
ich muss mir das immer wieder klar machen,
einschärfen,
ich bin dein Geschöpf, dein Original,
echt, ein für alle Mal.
Gott, ich vertraue darauf,
du hörst mich an, du nimmst mich ernst.
Vieles kann ich nicht begreifen,
wenn ich mir mein Leben ansehe.
Da muss ich immer wieder eine Rolle spielen
und darf nicht ICH selbst sein.
Da muss ich immer wieder Leistung zeigen
und darf nicht einmal erschöpft und müde sein.
Da muss ich immer wieder mein Versagen verstecken
und darf nicht wirklich ehrlich sein gegen mich selbst.

Da muss ich immer wieder sagen, was die anderen hören wollen,
und darf nicht einmal sagen, was ich denke.
Da habe ich so viele Gesichter.
Gott, ich erinnere mich,
sonntags in der Kirche kann ich es hören:
»Der Herr lasse sein Angesicht leuchten über dir.«
Ich nehme dich beim Wort:
Mache mein Gesicht hell, überstrahle mein Leben,
da werde ich es erleben, du verwandelst mich,
du machst aus mir einen Menschen.
Danke.[1]

Mir gehen die Worte dieses Gebetes nach: »Du machst aus mir einen Menschen« – da schwingen zahllose Erfahrungen (von der Zerbrechlichkeit) des Lebens mit. Ebenso sind die Lebensgeschichten anderer Menschen, die als unverwechselbare »Menschwerdung« – im Original – zu entdecken und zu verstehen sind, nicht nur im Alltag, sondern erst recht an unseren »Feiertagen« zu erinnern, zu wiederholen und durchzuarbeiten. Die besondere Zeit im Gottesdienst – in der Gemeinschaft vor Gott – verwandelt unsere vorgängigen Erfahrungen und damit unseren Sonntag und Alltag. Gottesdienst, der sich selbst ernst nimmt, ist darum so etwas wie ein »Rahmen«, in dem die vielen Ebenbilder Gottes – jede und jeder für sich – vor-kommen, damit unsere Menschwerdung »öffentlich gefördert und ›eben-erdig‹ in einer ›boden-nahen‹ Liturgie«[2] gefeiert werden kann – in all ihren verwundbaren und wunderbaren Seiten. Da zeigt Gottesdienst seinen Segen nicht nur am Sonntag, sondern erst recht im Alltag des Lebens.

Dieses Arbeitsbuch will darum Einzelne (mit oder auch ohne theologische Ausbildung) ganz persönlich dazu anstiften, sich als unverwechselbare Originale in den Spielraum Gottesdienst[3] vor Ort einzubringen und so zur Originalität des

1. *G. Ruddat:* Das Leben wird nicht zerbrechen, in: Glaube und Lernen, Göttingen 6, 1991, Heft 1, S. 19-30 (hier: S. 22f.). Zum Hintergrund solcher Annäherungsversuche an Gottesdienstgestaltung und Gemeindearbeit mit behinderten Menschen vgl. *G. Ruddat:* (Wie) Können sich Behinderte und Nicht-Behinderte verstehen? Annäherungsversuche im Umfeld liturgischer Didaktik, in: *D. Zilleßen u.a. (Hg.):* Praktisch-theologische Hermeneutik. Rheinbach-Merzbach 1991, S. 433-444 und im Rahmen des umfassend informierenden »Handbuchs Integrative Religionspädagogik« (Hg. von A. Pithan/G. Adam/R. Kollmann, Gütersloh 2002) u.a. den Beitrag von G. Ruddat: Gemeindepädagogik integrativ, S. 454-465.
2. Vgl. *H. Schröer:* Lebendige Liturgie – was ist das? Ein Steckbrief mit 22 Erläuterungen, in: *S. Fritsch-Oppermann/H. Schröer (Hg.):* Lebendige Liturgie 1, Gütersloh 1990, S. 9-18 und *ders.:* »Lebendige Liturgie« und »Erneuerte Agende« – wie verhält sich das?, in: *S. Fritsch-Oppermann/H. Schröer (Hg.):* Lebendige Liturgie 2. Vom Kirchentag zum Kirchenalltag, Gütersloh 1992, S. 9-19. Im Überblick vgl. oben S. 9, Anm. 3.
3. Vgl. *H.-G. Heimbrock:* Gottesdienst: Spielraum des Lebens, Kampen/Weinheim 1993.

Gottesdienstes beizutragen und damit den Freiraum Gottesdienst zur eigenen »Sache des Herzens« werden zu lassen.[4]

... in der Arche (oder: für Gruppen/der Gemeinde)

»Wir bauen jetzt die Arche ...«, so beginnt ein Lied[5] aus einem Freizeit-Gottesdienst, der in seiner Entstehung eine weitere Ursprungssituation für dieses Arbeitsbuch vor Augen führt: Bei einer Freizeit mit geistig behinderten und nichtbehinderten Menschen geht es darum, einen Namen, ein Erkennungszeichen für den integrativen Jugendklub zu finden, der diese Freizeit durchführt. Die Gruppe erinnert sich an eine Begegnung auf dem Kirchentag mit einer Bewegung, die sich ARCHE nennt und christliche Lebensgemeinschaften von behinderten und nicht-behinderten Menschen verwirklicht. An diese Namensgebung soll angeknüpft werden und der biblische Hintergrund für die Gruppe deutlich werden. Von dieser »Tauf-Liturgie« erzählt der Freizeitbericht:

So machen wir uns bei einer mehrtägigen Freizeit nicht nur an die Entdeckung der biblischen Geschichte mit Hilfe der Diareihe aus der in den Niederlanden ursprünglich für die Arbeit mit geistigbehinderten Menschen entwickelten Bilderbuch-Reihe »Was uns die Bibel erzählt« von Kees de Kort ... Schritt für Schritt planen wir auch den Bau der Arche (auf der Grundlage eines riesigen Wandteppichs aus zwei Bettlaken): Auf einem Spaziergang durch Wald und Feld sammeln wir alles, was uns als Baumaterialien geeignet erscheint ... Blätter, Farn, Gräser, Rindenstücke, kleine Zweige ... die Umrisse »unserer« Arche werden skizziert, das Legen und Zusammensetzen der verschiedenen Bauelemente beginnt. Als alle Baumeister einverstanden sind, wird angeklebt und angenäht. In einem nächsten Schritt entwerfen wir Noah und seine Familie, da kommen uns manche Gesichter bekannt vor – und erinnern uns der ganzen Zoologie. Schließlich können Menschen und Tiere in die Arche einziehen. Es beginnt zu regnen ... in verschiedenen Blau-Variationen mit Korken- und Kartoffeldruck.
In dieser kreativen Atmosphäre entsteht unser Arche-Lied, das die Geschichte und unsere Aneignung des Symbols hand-greiflich nachvollzieht. Ein überraschender Transfer wird möglich: Die Gruppe, die Gemeinde wird zur handfesten Erinnerung an die Arche aus der Urgeschichte, ein auch theologisch immer wieder neu zu erinnerndes Zeichen gegen alle Verantwortungslosigkeit und klammheimliche Weltuntergangsstimmung, die da sagt »Nach uns die Sintflut!«
Schließlich gestaltet die Gruppe auch noch pantomimisch die Geschichte auf einem »Klangteppich« aus Orffschen Instrumenten.
Aus diesen verschiedenen Elementen entsteht ein Freizeit-Gottesdienst, bei dem dann alle gern der Einladung folgen, mit dem kleinen Finger oder der ganzen Hand ein Stück Regenbogen (auf einen halbrunden Streifen vorbereitetes Papier) zu malen, der am Ende über der Arche aufleuchtet und so das Bild vollendet.

4. Damit knüpfen wir an die Randbemerkung der Erneuerten Agende – Vorentwurf, Bielefeld 1990, S. 16 an: »Wo nämlich immer alles originell sein soll, wird die Originalität seltener, der ›Gottesdienst in neuer Gestalt‹ zum allenfalls halbjährigen Sonderfall.« und holen deren Rede von Originalität aus der gestalterischen Engführung heraus.
5. Zuletzt veröffentlicht in: *G. Ruddat:* Projektarbeit in der integrativen Arbeit mit Konfirmandinnen und Konfirmanden, in: *R. Schwarz (Hg.):* KU – weil wir verschieden sind. Ideen – Konzeptionen – Modelle für einen integrativen KU, Gütersloh 2001, S. 82-95 (hier: S. 85-86).

Dieses Wandbild und das Lied dazu nehmen wir mit nach Hause, mit in unsere Kirche, wo es seitdem uns immer wieder erinnert, eine neue Gemeinschaft einzuüben – oder wie es eine behinderte junge Frau ausdrückt: ein zweites Zuhause zu haben.[6]

6. *G. Ruddat:* Gemeinde ohne Stufen, in: *G. Adam/A. Pithan (Hg.):* Integration als Aufgabe religionspädagogischen und pastoraltheologischen Handelns, Comenius-Institut, Münster 1993, S. 219-242 (hier: S. 232ff.) (vgl. auch oben Anm. 1).

① Wir bauen jetzt die Arche, 
ein Schiff  für die ganze Welt,  [Hände beschreiben einen Kreis]
wo wirklich jeder
zu dem andern hält. [Arme auf die Rücken der Nachbarn legen]

REFRAIN:
: / : Aus der Arche werde [2 x klatschen] unsere Erde,  [s.o.]
aus der Arche werde Gottes neue Welt  [s.o.] : / :

② Wir ziehen in die Arche, [sich bei den Händen fassen + mit den Füßen auf den Boden stampfen]
alle Bosheit bleibt zurück,  [Abwehren]
Wir suchen miteinander
Geborgenheit und Glück.  [Einander einhaken]

REFRAIN:
: / : Aus der Arche werde … : / :

③ Wir warten in der Arche  [Handflächen nach oben]
auf uns'rer Hoffnung Land,
wo Krieg und Waffen
völlig unbekannt.  [Unterarme überkreuzen]

REFRAIN:
: / : Aus der Arche werde … : / :

④ Wir feiern in der Arche [Über dem Kopf in die Hände klatschen]
Gottes Liebe für die Welt. [Sich bei den Nachbarn einhaken]
Der Regenbogen [Hände beschreiben einen Bogen
nicht vom Himmel fällt!  und bleiben dann auf den Schultern der Nachbarn liegen]

REFRAIN:
: / : Aus der Arche werde … : / :

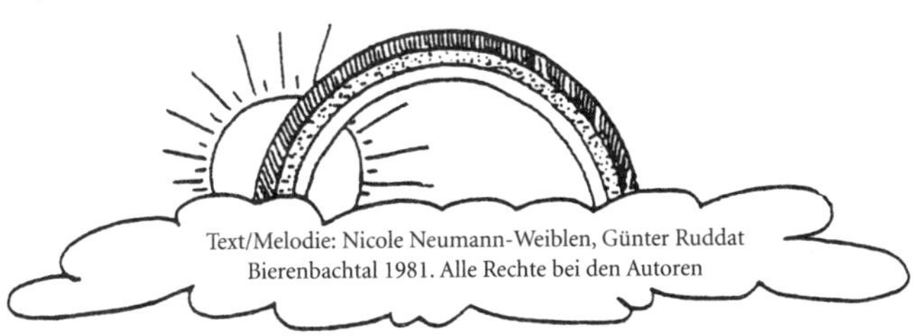
Text/Melodie: Nicole Neumann-Weiblen, Günter Ruddat
Bierenbachtal 1981. Alle Rechte bei den Autoren

Dieses Lied kann nicht nur gesungen, sondern auch pantomimisch gestaltet werden. Die angedeuteten Gesten geben dazu erste Hinweise.

Unsere Kirche soll zur »Arche« werden – gerade dann, wenn wir elementar Gottesdienst feiern[7] – und uns anstiften, für unsere Erde einzutreten. So will dieses Arbeitsbuch gerade auch Gruppen in der Gemeinde Mut machen, ihren unverwechselbaren Horizont in den Gottesdienst vor Ort einzubringen und so den Horizont der Gemeinde und den eigenen Blickwinkel zu erweitern.

… mit dem Lernziel: Liturgische Kompetenz (oder: Von der Fähigkeit, Gottesdienst lebendig zu gestalten)

Mit Liturgischer Kompetenz, der Fähigkeit, Gottesdienst zu halten und zu gestalten, ist das Erlernen eines umfangreichen »Instrumentariums« angesprochen, das das spirituelle (geistlich gelebte) Ausfüllen und die lebendige Gestaltung unterschiedlicher Gottesdienstformen (in diesem Arbeitsbuch vor allem auf der Basis des Evangelischen Gottesdienstbuches = EGb) zum Ziel hat. Diese beiden Dimensionen bilden die Brennpunkte unserer Hilfen zur Selbsthilfe.
Die Spiritualität, mit der an Gottesdienste »herangegangen« wird, und die Präsenz, in der Gottesdienste »begangen« werden, bestimmen weitgehend die gottesdienstliche Atmosphäre. Es ist zu spüren, in welchem Geist Gottesdienst gefeiert wird, ob er von der elementaren Freiheit der Gottesbegegnung, von Geistesgegenwart bestimmt ist oder »nur« von einer »technischen Aneinanderreihung« einzelner Schritte. Spiritualität und Präsenz umfassen unsere ganze Lebenssituation und greifen weit über das hinaus, was dieses Arbeitsbuch vermitteln kann: Wir können die Einstellung nicht »befehlen«, die ein Gottesdienstgeschehen in Gottes Hand legt. Wir können aber etwas dafür tun, dass die Freiheit mit der Zeit wächst, so etwas zu wagen. Die Einübung in Spiritualität und Präsenz entwickeln das ganze Leben der jeweiligen »Gemeinde« und derer, die sie »bilden«.[8]
Liturgische Kompetenz wird da aus-gebildet, wo Familien mit kleinen Kindern auf Freizeiten »Krabbelgottesdienste« zu gestalten beginnen, wo Kinder im Kinder- und Familiengottesdienst selbstverständlich beteiligt werden, wo Konfirmandinnen und Konfirmanden nach ersten Erfahrungen mit einzelnen Gottesdienst-Elementen schließlich einen ganzen Gottesdienst gestalten … oder wo etwa im Kontext der Frauenhilfe/-arbeit vorgefertigte Gottesdienstentwürfe zum

7. Vgl. dazu andere Beispiele aus der Leverkusener Praxis: *G. Ruddat:* Das Wunder wird alltäglich/Spiegeln im Rollstuhl, in: *E. Domay (Hg):* Integrative Gottesdienste. Gottesdienste mit behinderten und nicht behinderten Menschen, Alten, Obdachlosen, Gehörlosen und Aussiedlern. (Gottesdienstpraxis – Serie B), Gütersloh 2000, S. 87-92.
8. Die damit angesprochenen Fragen weiter greifender »liturgischer Bildung« (Aus- und Fortbildung) sind in Anknüpfung an R. Guardinis frühe Arbeiten ausgeführt bei *P. Cornehl:* Liturgische Bildung, in: Jahrbuch für Liturgik und Hymnologie, Hannover 32, 1989, S. 1-18. Cornehl kennzeichnet seine Essentials liturgischer Bildung mit den Stichworten: Wahrnehmung – Ver-

1. Advent oder zum Weltgebetstag kritisch durchgesehen und der eigene Gottesdienst daraus entwickelt wird.

Wenn alle Generationen der Gemeinde bewusste und unbewusste liturgische Erfahrungen sammeln und so zur Gestaltung von Gottesdiensten angeleitet werden, dann werden Einzelne und Gruppen der Gemeinde zunehmend liturgisch kompetent, im wörtlichen Sinne: befugt, fähig und zuständig, den Gottesdienst am Sonntag und im Alltag selbst in die Hand zu nehmen.[9]

Die Einübung in Spiritualität und Präsenz hat auch eine instrumentelle, handwerkliche Seite, die allerdings nicht unabhängig von der spirituellen Dimension gedacht werden kann: Liturgische Kompetenz setzt Kenntnisse voraus. Nur wer um die Bedeutung der einzelnen liturgischen Schritte im Gesamtzusammenhang des Gottesdienstes und einiges von ihrer Entstehung und Geschichte, von ihrer Form und gewachsenen Bedeutung weiß, kann den Gottesdienst mit souveräner Fantasie gestalten. Dieses Wissen ist der Ausgangspunkt (oder zumindest eine wichtige »Durchgangsstation«) für das Erlernen eines »Sensoriums«[10], das den vielen Gottesdienstmodellen, die in der Gemeindepraxis eine Rolle spielen, gerecht wird.

Wir empfehlen ein Lernen in der (Gemeinde-) Gruppe, die unterschiedliche gottesdienstliche Situationen im Blick hat, aber bei der eigenen Spiritualität ansetzt, die vorfindliche Situation wahrnimmt und die vorgängigen Einstellungen und Urteile befragt[11]. Ziel dieses Lernprozesses ist es, eine Brücke zwischen Theorie und Praxis, Praxis und Theorie zu schlagen, die die »handwerkliche« Arbeit an einzelnen speziellen Schritten und die Reflexion der konzeptionellen Gesamt-Gestaltung des Gottesdienstes zum Inhalt hat.

So versucht dieses Arbeitsbuch, *das Evangelische Gottesdienstbuch beim Wort zu nehmen* (→ S. 18ff.) und dessen Kriterien für lebendige Gottesdienstgestaltung zu entfalten, damit die entscheidende Perspektive liturgischer Kompetenzentwicklung handgreiflich wird: *Gemeinde gestaltet Gottesdienst* (→ S. 238) und beginnt damit notwendigerweise und »wie von selbst«, den Gottesdienst in der Gemeindearbeit zu vernetzen und mit allen zu feiern.

stehen – Gestalten – Haltung. Für die Initialzündung vor Ort bewähren sich besonders gemeinsame Werkstattwochenenden, deren Ausrichtung und Anleitung z.B. die landeskirchlichen Arbeitsstellen für Gottesdienst übernehmen (siehe Liste S. 282).

9. Vgl. die entsprechende Aufgabenstellung im Umfeld des Kindergottesdienstes: *G. Ruddat:* Wie (ein) Kindergottesdienst entsteht. Elemente einer liturgischen Didaktik, in: Der Ev. Erzieher, Frankfurt/M. 41, 1989, S. 532-545.

10. Vgl. zum »niederschwelligen« Ansatz unseres Konzeptes GGG 2, S. 14ff.: »Von der Wahrnehmung der lebenszyklischen Situation zu einem neuen ekklesiologischen Sensorium«.

11. Vgl. dazu u.a. die Selbstbefragung (→ S. 261) und den Fragebogen für die Verantwortlichen des Gottesdienstes (→ S. 51ff.).

II.

Das »Evangelische Gottesdienstbuch« beim Wort nehmen

Das »Evangelische Gottesdienstbuch« – was ist das?

Am 1. Advent 1999 (bzw. Ostern 2000[1]) wird das »Evangelische Gottesdienstbuch« (= EGb) nach mehr als 20-jährigen Vorarbeiten offiziell als grundlegender Rahmen einer neuen »Gottesdienstordnung« in den meisten deutschen Landeskirchen eingeführt. Damit ist voraussichtlich weniger ein vorläufiger Abschluss, sondern eher eine deutliche Zwischenstation in einem Prozess der kontinuierlichen Gottesdienstreform erreicht, die über die »Papierform« hinaus noch in der Praxis vor Ort einzuholen, zu füllen und gerade in ihren offenen Spielräumen zu entdecken und zu gestalten ist. Dazu wollen wir unter anderem mit diesem Arbeitsbuch einen Beitrag leisten.

Es ist sinnvoll, den Weg zu diesem Ev. Gottesdienstbuch[2] kurz zu erinnern: Als im Advent 1990 der *»Vorentwurf« der Erneuerten Agende* (Agende = das – in einem Gottesdienst – zu Be- und Ver- Handelnde[3]) in den evangelischen Kirchen Deutschlands zur Erprobung eingeführt wurde, beschäftigten sich auch viele Gemeindeleitungen und Gottesdienst-Arbeitskreise, Pfarrkonferenzen und Fortbildungsveranstaltungen wieder mit dem Thema Gottesdienst – genauer gesagt: mit dem Versuch, rund dreißig Jahre nach den »alten« Agenden

1. Im Bereich der EKU-Kirchen: Rheinland, Westfalen, Berlin-Brandenburg.
2. Vgl. die Einführung des EGb (S. 13-19 zu den Impulsen und Intentionen, zu den Kriterien und zur Konzeption) und ausführlich darstellend von der ersten Vorarbeit, dem »Strukturpapier« der Lutherischen Liturgischen Konferenz (1974) bis zur Endfassung: *H. Schwier,* Die Erneuerung der Agende. Zur Entstehung und Konzeption des »Evangelischen Gottesdienstbuches« (Leiturgia NF 3), Hannover 2000.
3. Vgl. Agenda = das, was auf der Tagesordnung angesagt ist und miteinander zu besprechen ist.

(VELKD: 1954 und EKU: 1959)[4] die gottesdienstliche Entwicklung der Zwischenzeit für eine »erneuerte«, also nicht einfach nur »neue« Agende zu berücksichtigen und damit das Thema »Gottesdienst« in Auseinandersetzung mit der Tradition zu strukturieren und zu variieren. Nach der Erprobung des Vorentwurfs hat eine zweite Arbeitsgruppe ab 1994, diesmal unter deutlicher Beteiligung von Frauen, die Beratungsergebnisse und Stellungnahmen aus vielen Landeskirchen ausgewertet und einen zweiten »*Entwurf*« erarbeitet, da weitgehend nicht nur das grundsätzliche Anliegen und die Grundkonzeption eines gemeinsamen Gottesdienstbuches geteilt, sondern dazu auch die »fünf Kriterien« (im Rahmen des Prozesses auf *sieben* erweitert[5]), die Darstellung der beiden »Grundformen« und die »liturgiedidaktischen Hinweise« (jetzt »Erläuterungen« genannt) begrüßt und unterstützt wurden. Demgegenüber kritisiert wurden vielfach die unübersichtliche Anlage dieser »Agende«, die fehlende Beschreibung offener Gottesdienstformen und ganz besonders der Textteil (vor allen Dingen die Kollekten- und Fürbittengebete).
Diese erstmalige *gemeinsame Grundlage für Gottesdienst in der evangelischen Christenheit Deutschlands* wurde dann von der Generalsynode und der Bischofskonferenz der VELKD im Oktober 1998 und von der Synode der EKU im Juni 1999 beschlossen. Neben einer großformatigen *Altarausgabe* (1999) für den Gebrauch in den Gemeinden wurde auch eine handliche *Taschenausgabe* (2001) veröffentlicht[6]. Ein zweiteiliger »*Ergänzungsband zum Ev. Gottesdienstbuch*« (2002f.) nimmt

4. Die Vereinigte Evangelisch-Lutherische Kirche Deutschlands (VELKD) wurde 1948 in Eisenach als Zusammenschluss lutherischer Landeskirchen innerhalb der Ev. Kirche in Deutschland (EKD) gegründet. Zur VELKD gehören die Landeskirchen Bayern, Braunschweig, Hannover, Mecklenburg, Nordelbien, Sachsen, Schaumburg-Lippe und Thüringen. In einem Gastverhältnis stehen die Ev. Landeskirche in Württemberg, die Ev.-Lutherische Kirche in Oldenburg, die Lutherische Klasse in Lippe, der Lutherische Gemeindeverband Bremen und die Ev.-lutherische Kirche in Baden.
Die Evangelische Kirche der Union (EKU) trägt ihren Namen seit dem 1. April 1954. Bis dahin hieß sie seit 1922 »Evangelische Kirche der altpreußischen Union«. Die Union beruht auf dem Aufruf des preußischen Königs Friedrich Wilhelm III., den er bei der Dreihundertjahrfeier der Reformation 1817 erließ. Die EKU ist die Gemeinschaft der in ihr zusammengeschlossenen Gliedkirchen: Ev. Landeskirche Anhalts, Ev. Kirche in Berlin-Brandenburg, Ev. Kirche der schlesischen Oberlausitz, Pommersche Ev. Kirche, Ev. Kirche im Rheinland, Ev. Kirche der Kirchenprovinz Sachsen, Ev. Kirche von Westfalen.
Gegenwärtig sind bundesweit (Erweiterung der EKU) und in Ostdeutschland neue Verbünde von Landeskirchen im Gespräch bzw. vor der Beschlussfassung.
Vgl. zu den »alten« Agenden die Literaturangaben in der Liturgie-Didaktischen Grundausstattung S. 271.
5. Die beiden neuen Kriterien (→ S. 38f., 40ff.) sind einerseits durch den horizonterweiternden Einspruch der Frauenarbeit, andererseits durch die vor allem von der Ev. Kirche im Rheinland ausgehende Diskussion im Rahmen der »Neuordnung des Verhältnisses von Christen und Juden« (vgl. GGG 1, S. 39) angestoßen worden.

einen Teil der o.g. Kritik auf und bessert nach: In einer Art »Werkbuch zum Gottesdienst« enthält der erste Teil u.a. verschiedene Ausgestaltungen in offener Form (Feierabendmahl, Thomasmesse, Salbungsgottesdienst und zur Begehung des Holocaust-Gedenkens); dazu die bisher nur in der Taschenausgabe vorhandene Einführung von K.-H. Bieritz zum »Gottesdienst im Kirchenjahr«, weitere alternative Texte zur Auswahl, Knigge und Wörterbuch zur Liturgie. Der zweite Teil »Gesänge für den Gottesdienst für Chor und Gemeinde« bietet von verschiedenen Komponisten (von R. Schweizer bis J. Berthier) vertonte Gottesdienstliche Zyklen und Einzelstücke. Das so abgerundete Gesamtwerk wird schließlich ergänzt durch eine *CD-ROM zum Evangelischen Gottesdienstbuch*, die ab 2003 zur Verfügung stehen soll.

Dieses zurückliegende Jahrzehnt der Auseinandersetzung und Beschäftigung mit dem *Thema Gottesdienst* auf den unterschiedlichen kirchlichen Ebenen – z.T. in ungleichzeitiger Gleichzeitigkeit mit dem Entwurf und der Einführung des neuen Evangelischen Gesangbuchs (zuerst in Berlin-Brandenburg im Advent 1993, zuletzt in Rheinland-Westfalen-Lippe im Advent 1996) – macht zugleich die über den Gottesdienst am Sonntagmorgen hinausgreifende Frag-Würdigkeit der gottesdienstlichen Situation in den Gemeinden deutlich. Dabei wird die Tendenz zur »Eröffnung von Spielraum« als grundlegender Ansatz dieses Gottesdienstbuches noch zu wenig in den Blick genommen, gerade wenn es darum geht, »kein Gottesdienstbuch zum Ablesen, sondern eine Vorlage für eigenständiges gottesdienstliches Handeln in Verbundenheit mit anderen Gemeinden und mit der Christenheit«[7] zu entwickeln und den Gottesdienst »offen zu halten für die Menschen unserer Zeit«[8].

Damit setzt sich unter historischem Blickwinkel eine Entwicklung fort, die in den vergangenen 160 Jahren im inner-evangelischen Bereich zu zunehmender Annäherung der liturgischen Strukturen und Elemente geführt hat.

Dabei greift die Revisionsarbeit einerseits deutlich auf die »alten« Agenden aus den 50er-Jahren zurück, die ihrerseits – im Blick auf die VELKD – »die erste gemeinsame Agende« darstellt, die an die Stelle der sich gegenseitig z.T. stark widersprechenden Agenden von 10 Gliedkirchen trat, während – im Blick auf die EKU- die seinerzeit vom preußischen König Friedrich Wilhelm III. 1822 entworfene und 1834 durchgesetzte Agende nach 60 Jahren durch die neue »Agende für die Evangelische Landeskirche« abgelöst wurde und bis zum Erscheinen der überarbeiteten Agende I (Die Gemeindegottes-

6. EVANGELISCHES GOTTESDIENSTBUCH. AGENDE für die Evangelische Kirche der Union und für die Vereinigte Evangelisch-Lutherische Kirche Deutschlands, hg. von der Kirchenleitung der VELKD und im Auftrag des Rates von der Kirchenkanzlei der EKU, 2. Aufl., Berlin/Bielefeld/Hannover 2000, 2001 (weiterhin abgekürzt EGb).
7. Erneuerte Agende – Vorentwurf, S. 9. Vgl. zur Entstehungsgeschichte aus der Sicht der Mitautoren die drei einleitenden Beiträge von *J. Stalmann/W. Lührs*, in: *W. Reich/J. Stalmann (Hg.):* Gemeinde hält Gottesdienst, Hannover 1991, S. 9ff., 21ff., 29ff.
8. Evangelisches Gottesdienstbuch – Taschenausgabe (= EGb) 2001, 6.

dienste) 1959 in Geltung blieb.[9] Gleichzeitig erinnert das Evangelische Gottesdienstbuch in seinen beiden Grundformen an die sich auch in den alten Agenden spiegelnden liturgischen Traditionen: den sog. *Messgottesdienst*, hervorgegangen aus der vorreformatorischen, in ihrer Geschichte bis in die Anfänge der Christenheit zurückreichenden Messe, und den *Predigtgottesdienst* vor allem im südwestdeutschen Bereich, hervorgegangen aus den im Spätmittelalter neben der Messe entstandenen ›Prädikanten-Gottesdiensten‹« (= Prediger-Gottesdienst).[10]

Diese beiden *Grundformen*[11]:
I. Gottesdienst mit Predigt und Abendmahl[12] und
II. Predigtgottesdienst (mit Abendmahl)[13]
leiten im umfänglichen »Evangelischen Gottesdienstbuch«, das z.B. mit seinen 751 Seiten (in der Taschenausgabe) nur sehr begrenzt als »Handbuch« einzusetzen ist, den ersten Teil zu den »Gottesdiensten an Sonn- und Feiertagen« ein. Neben dem Kern an »gleich bleibenden Texten« (Vaterunser, Ehre sei dem Vater, Glaubensbekenntnis, Einsetzungsworte und den fünf liturgischen Gesängen in der Grundform I: Kyrie, Gloria, Credo, Sanctus, Agnus Dei) verbindet diese Grundformen eine »Ablaufstruktur«, die in vier »Strukturteile« gegliedert wird:
A. Eröffnung und Anrufung,
B. Verkündigung und Bekenntnis,
C. Abendmahl,
D. Sendung und Segen.

Zwei entsprechend umsetzende »*ausgeformte Liturgien*«[14], also ausgeführte Gottesdienstordnungen (für Grundform I mit und ohne Noten) sollen mit vorangestellten Übersichten den praktischen Gebrauch erleichtern, sodass in diesen »normalen« Ablauf (Ordinarium = das Ordentliche) nur noch »*die nach Kirchenjahr und Anlass wechselnden Stücke*« (Proprium = das Besondere) einzufügen sind, die im zweiten Teil[15] für jeden Sonn- bzw. Feiertag[16] zusammengestellt sind und neben der etwa auch im Liturgischen Kalender des EG greifbaren Übersicht (Lesungen und Predigttexte, Wochenspruch, Wochenlied, Liturgische Farbe) jeweils den Eingangspsalm, drei Variationen zum Tagesgebet und einen Hallelujavers anbieten. Eine umfangreiche, hier nicht weiter zu diskutierende »Textsammlung

9. Vgl. *C. Mahrenholz:* Kompendium der Liturgik des Hauptgottesdienstes, Kassel 1963, S. 7ff.
10. Erneuerte Agende – Vorentwurf, S. 14.
11. EGb, S. 23ff.
12. EGb, S. 36ff.
13. EGb, S. 50ff.
14. EGb, S. 59ff.
15. EGb, S. 239-487.
16. Sehr hilfreich zur Gestaltung und zum Verständnis des jeweiligen Grundmotivs der einzelnen Sonntage ist die im Anhang der Taschenausgabe (und im Ergänzungsband I) vorgelegte Einführung von *K.-H. Bieritz:* »Der Gottesdienst im Kirchenjahr« (EGb, S. 681-720).

zur Auswahl« (vom Gruß bis zum Segen) erweitert mit jeweils einführenden Erläuterungen zur liturgischen Praxis das Spektrum der textlichen Möglichkeiten. Neben diesen Ausformungen sind natürlich weitere Gestaltungsvarianten der ganzen Grundform (Totalvarianten) wie einzelner Strukturteile (Teilvarianten) nicht nur denkbar, sondern für bestimmte Anlässe im Kirchenjahr und besondere Zielgruppen o.Ä. angesagt. Solche Variationen machen den nicht ein für alle Mal festzuschreibenden »Lernprozess Gottesdienst« deutlich und nehmen damit ein Anliegen des in der Vorbereitung zum EGb erarbeiteten Strukturpapiers[17] auf. Allerdings bleibt die sich im EGb niederschlagende Konkretion zur »Gottesdienstgestaltung in offener Form« (EGb S. 204ff.) deutlich begrenzt, wenn lediglich Gottesdienst für Jung und Alt (Familiengottesdienst), Feierabendmahl und Gottesdienst »mit reicheren Interaktionsformen« vorgestellt werden. Immerhin deuten sich im o.g. Ergänzungsband I weitere Möglichkeiten alternativer Gestaltung an. Hier spiegelt sich offensichtlich immer noch die Einschätzung der »Väter der Erneuerten Agende«, die »zugleich eine weise und realistische Beschränkung der liturgischen Kreativität und eine Vermehrung neuer, spontaner und kreativer Elemente im Gottesdienst«[18] erreichen wollten. Dem damit »auffallend« unausgeführten »Spielraum« dieser Agende fühlen wir uns besonders verpflichtet. Denn darin kommt nicht nur das zentrale »Bemühen um den ersten Grundsatz, der die Erneuerung der Agende weithin bestimmt«[19], zum Ziel, nämlich die »Verantwortung und Beteiligung der ganzen Gemeinde«, etwa, »wie stark die aktive Gemeindebeteiligung sein kann, wenn die spezifischen Möglichkeiten dieser offenen Formen zu sachgerechter Entfaltung kommen«[20], sondern in den »offenen Formen« wird zugleich eine *zweite Tradition der Gottesdienstgestaltung* (vgl. die immer wieder an die Anfänge der 70er-Jahre anknüpfende, inzwischen deutlich zu differenzierende Rede vom 2. oder 3. Gottesdienstprogramm[21]) sichtbar:

17. Die durch die Luth. Lit. Konferenz Deutschlands veröffentlichte grundsätzliche Denkschrift »Versammelte Gemeinde – Struktur und Elemente des Gottesdienstes – Zur Reform des Gottesdienstes und der Agende« (Hamburg 1974) – das »Strukturpapier« – stellt die wesentliche Grundlage für die Beratungen der Arbeitsgruppe »Erneuerte Agende« dar, die von VELKD und EKU 1980 – also noch im Zeichen der Trennung in West- und Ost-Bereiche – mit dem Auftrag gebildet wurde, die Revisionsarbeit an der Agende I (Haupt- bzw. Gemeindegottesdienst) zu koordinieren, weiterzuführen und zu einem Abschluss zu bringen. Der Text dieses Strukturpapiers ist einerseits abgedruckt in: *H. von Schade/F. Schulz (Hg.):* Gottesdienst als Gestaltungsaufgabe (reihe gottesdienst H. 10), Hamburg 1979, zum anderen in einer von der VELK-DDR erweiterten Ausgabe, Berlin 1980. Außerdem jetzt auch in: *W. Reich/J. Stalmann (Hg.):* Gemeinde hält Gottesdienst, Hannover 1991, S. 129-133.
18. Vorentwurf – Erneuerte Agende, S. 16.
19. EGb, Vorwort, S. 5.
20. Vorentwurf – Erneuerte Agende, S. 17.
21. Anknüpfend an die Veröffentlichungen G. Kuglers.

Die besonders seit dem Kirchentag in Düsseldorf 1973 wirksamen *Erfahrungen mit »Lebendiger Liturgie«*[22] – so der mehrdimensionale »Tendenzbegriff« für unterschiedliche liturgische Aufbrüche im Kontext des Kirchentages – mit den wegbereitenden so genannten »Gottesdiensten in neuer Gestalt«[23] (seit Anfang der sechziger Jahre) und den nachfolgenden Politischen Nachtgebeten[24] und Themagottesdiensten[25], kreativen Kinder- und Familiengottesdiensten[26] oder Frauenliturgien[27], den Tagzeitengottesdiensten in der Tradition unterschiedlicher Kommunitäten (wie Taizé oder Iona) und weiter gehend kommunikativen Formen des Feierabendmahls[28] bleiben im Hintergrund. Sie sind teilweise als »Gottesdienstgestaltung in offener Form« – allerdings »im Rahmen der Grundstruktur«[29] anzutreffen. Die damit vollzogene Akzentsetzung bleibt schillernd :
»Es geht damit nicht darum, durch die Erneuerte Agende solche offenen Formen überall einzuführen (das wäre ein Widerspruch in sich!). Vielmehr will die Erneuerte Agende diese Formen aus der Isolation herausholen und in die gewachsene Ordnung sonntäglicher Gottesdienste einbeziehen und einwurzeln.«[30]

22. Vgl. zu diesem liturgischen »Programm« des Kirchentages, das sich aufs Engste mit den Initiativen des Arbeitskreises Gottesdienst und Kommunikation (agok) – heute: Ausschuss für Abendmahl, Gottesdienst, Fest und Feier (AGOFF) – verbindet, den Bogen folgender Veröffentlichungen: *agok (Hg.):* Liturgische Nacht, Wuppertal 1974 – *AGOFF (Hg.):* Forum Abendmahl, Gütersloh 1979 (zum »Feierabendmahl) – Lebendige Liturgie, Gütersloh Bd. 1, 1990; Bd. 2, 1992 (vgl. darin besonders die beiden programmatischen Einleitungen von *H. Schröer*). Vgl. *G. Ruddat/H. Schröer:* Lebendige Liturgie – ein Programmwort und seine Geschichte, in: W. Ratzmann (Hg): Der Kirchentag und seine Liturgien. Auf der Suche nach dem Gottesdienst von morgen, Leipzig 1999, S. 83ff.
23. Vgl. wieder die Initialzündung durch den Kirchentag in dem Band: *G. Schnath (Hg.):* Fantasie für Gott. Gottesdienste in neuer Gestalt, Stuttgart 1965 und die systematische Untersuchung von *D. Trautwein:* Lernprozeß Gottesdienst. Ein Arbeitsbuch unter besonderer Berücksichtigung der »Gottesdienste in neuer Gestalt«, Gelnhausen/München 1972. Unter Einbeziehung der Entwicklung in den 90er-Jahren: *Amt für missionarische Dienste (Hg.):* Neue Gottesdienste braucht das Land. Missionarische Dienste 130, Stuttgart 1999; *M. Herbst:* Neue Gottesdienste braucht das Land, in: Berliner Theologische Zeitschrift (BThZ) 17/2000, S. 155-176 und *G. Ruddat:* Neue Gottesdienste braucht das Land?! (Veröffentlichung in Vorbereitung).
24. Vgl. stellvertretend: *D. Sölle/F. Steffensky (Hg.):* Politisches Nachtgebet in Köln, Bd. 1+2, Stuttgart 1969 bzw. 1971; *U. Seidel/D. Zils (Hg.):* Aktion Politisches Nachtgebet, Wuppertal/Düsseldorf 1971.
25. Vgl. stellvertretend: *H. Schröer/G. Ruddat:* Themagottesdienste, Gütersloh 1973 und *G. Kugler u.a.:* Kommentargottesdienste, Gütersloh 1972.
26. Vgl. im EGb, S. 209ff., daneben als erste Modellbände: *G. Kugler:* Familiengottesdienste, Gütersloh 1971 und *K. Rommel:* Familien im Gottesdienst, Lahr 1971. Im Übrigen vgl. die Literaturangaben »zu besonderen Gottesdienstformen« (→ S. 276ff.).
27. Vgl. stellvertretend für diesen Bereich: *B. Enzner-Probst/A. Felsenstein-Roßberg (Hg.):* Wenn Himmel und Erde sich berühren, Gütersloh 1993.
28. Vgl. dagegen EGb, S. 214ff. und grundlegend oben S. 9 Anm. 3, dazu die Entwicklung zwischen *G. Kugler:* Feierabendmahl. Zwischenbilanz – Gestaltungsvorschläge – Modelle, Gütersloh 1981 und *C. Begerau u.a. (Hg.):* Abendmahl – Fest der Hoffnung. Grundlagen – Liturgien – Texte, Gütersloh 2000 (z.B. *G. Ruddats* Beitrag: Abendmahl am runden Tisch, S. 177ff.).
29. EGb, S. 204ff.
30. Vorentwurf – Erneuerte Agende, S. 14.

Demgegenüber fragen wir, ob nicht gerade der traditionell agendarische Gottesdienst »aus der Isolation« herausgeholt werden muss. Denn lebendige Gottesdienstgestaltung mit und in der Gemeinde ermöglicht *Leben im Gottesdienst* und hilft so auch das »Evangelische Gottesdienstbuch« entwickeln, damit es seinem eigenen Anspruch gerecht werden kann.

Auf die im Evangelischen Gottesdienstbuch darüber hinaus behandelten Sonderformen[31] (etwa Gottesdienste am Karfreitag oder Bußtag[32]) soll hier ebenso wenig weiter eingegangen werden wie auf »die nach Kirchenjahr und Anlass wechselnden Stücke (Proprium)«[33], denen eine umfängliche, immer wieder sprachlich zu aktualisierende und nach den »Standards« der Kriterien des EGb zu überprüfende Auswahl von Texten (bereits erweitert in Ergänzungsband I) – und Vertonungen liturgischer Elemente im Ergänzungsband II – zu- und nachgeordnet ist.
Auf die jeweiligen »Erläuterungen« (die liturgiedidaktischen Hinweise) zu den liturgischen Stücken gehen wir jeweils in unserem Hauptteil »Ein Gang durch die Liturgie« bei den betreffenden Elementen des Gottesdienstes ein.

In diesem Zusammenhang ist schließlich noch auf die nicht zu unterschätzende *Wirkung so genannter »alternativer« Agenden* hinzuweisen, die z.B. von den Kasualien her (= Fall, Bezeichnung für die kirchlichen Amtshandlungen wie Taufe, Trauung, Beerdigung usw.) die kasuelle (= auf eine besondere Situation bezogene) Bedeutung jeder Liturgie als »Gottesdienst menschlich«[34] herausgestellt haben.

31. Vgl. dazu GGG 4.
32. Vgl. EGb, S. 177ff. bzw. 191ff.
33. EGb, S. 240ff.
34. Vgl. anknüpfend an *Ernst Langes* Annäherung an die »Sonntagspredigt als Kasualrede« (bei der Vorstellung des Programms der »Predigtstudien« 1967, jetzt in: *ders.:* Zur Theorie und Praxis der Predigtarbeit, in: *ders.:* Predigen als Beruf, München 1982, S. 23) und an den nahe liegenden Gedanken: »Sonntagsgottesdienst als Kasualgottesdienst« besonders *F.K. Barth u.a.:* Gottesdienst menschlich, Wuppertal 1990 und zum Stichwort »Alternative Agenden« in der Liturgie-Didaktischen Grundausstattung (→ S. 272), dazu unsere Grundlegung von GGG 2.

Kriterien für lebendige Gottesdienstgestaltung

Dem »Evangelischen Gottesdienstbuch« werden sieben »maßgebliche Kriterien« für das Verstehen und Gestalten des Gottesdienstes vorangestellt, die sich im Laufe der Entwicklung »in zum Teil kontroversen und mühsamen Prozessen« herauskristallisiert haben und erweitert worden sind :

- Verantwortung und Beteiligung der ganzen Gemeinde,
- erkennbare, stabile Grundstruktur mit vielfältigen Gestaltungsmöglichkeiten,
- Gleichwertigkeit von bewährten traditionellen und neuen Texten,
- lebendiger Zusammenhang mit den Gottesdiensten der anderen Kirchen der Ökumene,
- nicht ausgrenzende Sprache,
- ganzheitliches Feiern mit allen Sinnen,
- bleibende Verbundenheit mit Israel als Volk Gottes[35].

Leider werden diese Leitkriterien, denen wir uns weitgehend anschließen, dann in den Ausführungen des EGb sehr unterschiedlich angegangen oder umgesetzt, z.T. auch nur ansatzweise eingelöst, sodass sich ein zwiespältiger Eindruck ergibt:

Einerseits erscheint das Evangelische Gottesdienstbuch als der strukturelle Versuch einer Gottesdienst-Initiative »von oben«, die erst noch »von unten« – gerade auch spirituell – aus-gefüllt sein will; andererseits besteht (zumindest) die Möglichkeit (wenn nicht sogar die Gefahr), dass das EGb als Instrument zur Sicherung des überkommenen (oder gar eines neuen unabänderlichen) agendarischen »Status quo« benutzt wird, gerade wenn im Laufe der Entwicklung ausdrücklich betont wurde: »Bei der Anwendung dieser ... Kriterien konnte es nicht *nur* darum gehen, den bisherigen ›Besitzstand‹ zu wahren.«[36]

Für dieses Arbeitsbuch zum »Evangelischen Gottesdienstbuch« stellen diese fortzuschreibenden Kriterien gleichwohl den Ausgangspunkt dar, weil wir uns weiterhin darum bemühen wollen, mit diesen Kriterien Ernst zu machen und insofern »Das Evangelische Gottesdienstbuch beim Wort zu nehmen«.[37]

35. Vorentwurf – Erneuerte Agende, S. 10. Die ursprünglich (ersten) fünf Kriterien im Vergleich zu »Lebendiger Liturgie« diskutiert *H. Schröer:* »Lebendige Liturgie« und »Erneuerte Agende« – wie verhält sich das?, in: *S. Fritsch-Oppermann/H. Schröer (Hg.):* Lebendige Liturgie 2, Gütersloh 1992, S. 9-19 (bes. S. 14ff.).
36. Vorentwurf – Erneuerte Agende, S. 20 (Unterstreichung vom Vf.), dabei ersehnen sicher manche Kritiker (!) des EGb so etwas wie einen »Status quo ante«, den vorher gehenden Zustand der alten Agenden.
37. Wie bereits angedeutet bilden neben diesen Kriterien vor allem die Grundformen mit ihren Varianten – und dabei vor allem die »offenen Formen« – die Grundlage dieses Arbeitsbuches.

Verantwortung und Beteiligung der ganzen Gemeinde

> *1. Der Gottesdienst wird unter der Verantwortung und Beteiligung der ganzen Gemeinde gefeiert.*
> Die Reformation hat das Priestertum aller Getauften neu zur Geltung gebracht. Daher ist die ganze Gemeinde für den Gottesdienst verantwortlich. Die Gemeinde, die von Gott mit einer Vielfalt von Geistesgaben beschenkt ist, soll sich mit all diesen Gaben, Fähigkeiten und Erkenntnissen am Gottesdienst beteiligen. Gottesdienstordnungen sollen hierfür immer neu Wege ebnen und Möglichkeiten erschließen.[38]

Dieses erste Kriterium holt als zu »erdende Vision« den Gottesdienst »in die Mitte der Gemeinde« (zurück) und knüpft damit deutlich einerseits an frühchristliche Traditionen an, die alle priesterlichen Funktionen entgrenzend und entkleidend Gottesdienst als gemeinsame Gestaltungsaufgabe entwickelten und damit einen machtverändernden Rollenwechsel ermöglichten.
Andererseits wurde trotz der reformatorischen Grunderkenntnisse in der konkreten Ausgestaltung die ungebrochen isolierte und damit auch isolierende »priesterliche« Verbeamtung verlängert und zementiert, die sich bis in die Gegenwart in der liturgischen Hierarchie: Pfarrer – Organist – Küster (wir benutzen an dieser Stelle bewusst die exklusive Sprache!) verwirklichte – und eben nicht in der überfälligen Ko-Ordination (!) und Kooperation verschiedenster gaben-orientierter Gemeinde-»Ämter« im Sonn- und Alltag.
Dieses Defizit der »Hauptamtlichen« markiert allerdings die Notwendigkeit einer grundlegenden liturgischen Aus- und Fortbildung, die mit der liturgischen Kompetenz auch die entsprechende kommunikative Kompetenz entwickelt, damit Ansätze zur Beteiligung der Gemeinde auch in gemeinsamen Lernprozessen begleitet werden können und nicht klammheimlich eine überholt geglaubte Unterscheidung zwischen Klerus und Laien beklagenswerte Urständ feiert und liturgisch zelebriert und zementiert wird. Denn die Mündigkeit der Gemeinde ist zutiefst verknüpft mit der Mündigkeit der liturgisch Gestaltenden.

38. EGb, S. 15. Vgl. zu diesem Kriterium im Ergänzungsband I, S. 11ff. und zum Hintergrund den im »Begleitheft für die Gemeinde« (Gottesdienst der mündigen Gemeinde, Berlin 1991) mit einer kleinen Entwicklungsgeschichte aus dem Vorentwurf der EA übernommenen Abschnitt »Die Beteiligung der Gemeinde am Gottesdienst« – nach Schröer »das Beste an dem neuen Buch« (S. 28-32), der den Vorschlag der von der Liturgischen Konferenz Niedersachsens formulierten »12 Helmstedter Thesen zur Verantwortung der Gemeinde für ihren Gottesdienst« (abgedruckt in: *W. Reich/J. Stalmann (Hg.):* Gemeinde hält Gottesdienst, Hannover 1991, S. 135-137, erneut abgedruckt im Ergänzungsband I, S. 409ff.) enthält, in allen Gemeinden Gottesdienstausschüsse zu gründen, die dieses Kriterium umsetzen sollen.

Oder wie es zu diesem Kriterium im »Begleitheft für die Gemeinde« deutlich markiert wird: »Wenn das ›Priestertum aller Getauften‹, eines der Grunderkenntnisse evangelischen Glaubens, nicht in der Mitte der Gemeinde gewagt wird, dann wird es auch in allen anderen Bereichen nicht gelingen, weil an der entscheidenden Stelle Christenmenschen der Weg zur Mündigkeit verweigert wird.«[39]
Die landläufig weitgehend nur theoretische Verantwortung der Gemeindeleitung (Kirchenvorstand/Presbyterium) für den Gottesdienst, die sich – weit entfernt vom Pathos »der ganzen Gemeinde« – dementsprechend eher als liturgische A-pathie (= Teilnahmslosigkeit) entpuppt, ist nur durch verändernde Sym-pathie (=An-Teilnahme) von liturgisch engagierten Gruppen einzulösen. Das können natürlich auch Gottesdienst-Ausschüsse der Gemeindeleitungen sein, die gleichzeitig die Beteiligung der Gemeinde auf allen Ebenen und in allen denkbaren Formen einfordern und damit den »langen Weg der kleinen Schritte« angehen.
Hier sind eine Reihe kontraproduktiver Begleitumstände im Vorlauf des EGb – angefangen bei der nicht besonders benutzerfreundlichen Anlage bis hin zur im Textteil streckenweise immer noch durchschlagenden »Sprache Kanaans« – anzumerken, die gerade nicht den Ansatz »von unten« ernst genommen haben. Damit wird eine Linie verstärkt, die in noch ganz anderem Ausmaß auch für den Vorlauf des »Evangelischen Gesangbuchs« gilt, das in den verschiedenen Landeskirchen der EKD zwischen 1993 und 1996 eingeführt worden ist.
Dieses Kriterium des Evangelischen Gottesdienstbuches signalisiert unmissverständlich, dass mit dem Gottesdienstverständnis auch das Gemeindeverständnis auf dem Spiel steht, anders gesagt: Das Evangelische Gottesdienstbuch ist schlecht mit liturgisch unbeweglichen, »alten« Gemeinden zu gestalten, sondern zielt im Kontext der Erneuerung des Gottesdienstes letztlich auf »Erneuerte Gemeinde«[40], auf eine sich vernetzende Gottesdienst- und Kirchenreform.

Das Kriterium befragen[41]:

- Was verstehen wir unter »Gemeinde« bzw. »Gottesdienst«?
- Wie wird Gottesdienst zur »Sache der ganzen Gemeinde«?
- Wie wird im Wechselspiel des Gottesdienstes »Verantwortung und Beteiligung der ganzen Gemeinde« wichtig gemacht?
- Wie werden Gemeindeglieder vom konsumierenden Publikum zu wirklich Teil-Nehmenden?

39. *E. Brinkel/G. Roth:* Gottesdienst der mündigen Gemeinde, Berlin 1991, S. 9. Vgl. dazu *O. Herlyn:* Sache der Gemeinde. Studien zu einer Praktischen Theologie des »allgemeinen Priestertums«, Neukirchen-Vluyn 1997.
40. Vgl. Vorentwurf – Erneuerte Agende, S. 23: »Deswegen ist der Gottesdienst zum zentralen Thema der Beratungen und Bemühungen in der Gemeinde zu machen.«
41. Vgl. *G. Ruddat:* Ein Traum vom Gottesdienst. Eine Selbstbefragung, in: *K. Danzeglocke/G. Kerl/W. Reich (Hg.):* Gottesdienst – Fremde Heimat, Düsseldorf 2001, S. 13-15 bzw. ähnlich in diesem Band S. 51ff. und 261f.

Das Kriterium entwickeln:
Der Titel dieses Arbeitsbuches »*Gemeinde gestaltet Gottesdienst*« wird darum in dem gleich lautenden Kapitel so umgesetzt, dass einerseits der gemeindepädagogische Rahmen unserer Liturgie-Didaktik deutlich wird, andererseits im zentralen »Gang durch die Liturgie« besonders durch den Arbeitsschritt zur Gestaltung der einzelnen Elemente des Gottesdienstes liturgische Konkretionen mit und in der Gemeinde handgreiflich werden, die einerseits von Gruppen der Gemeinde umgesetzt werden können, andererseits auf einen »Gottesdienst mit allen« (bzw. generationenübergreifend »mit möglichst vielen«) zielen.
Wo in Gemeinden schon mit Predigtvor- oder -nachgesprächen begonnen worden ist, ist der *Weg von einer gemeinsamen Predigtwerkstatt* (= Vorbereitungsgruppe), die Wege lebendiger Bibelarbeit (Bibel-teilen und mehr) eröffnet, nicht allzu weit *zu einer gemeinsamen Gottesdienstwerkstatt*[42], die Wege lebendiger Liturgie kontinuierlich angeht und miteinander einübt und feiert.
Die Geschichte und Praxis des Kindergottesdienstes mit seiner kontinuierlichen Vorbereitung und Durchführung – in der Hand der Gemeinde – können hier horizonterweiternde Perspektiven aufzeigen.[43]

Erkennbare, stabile Grundstruktur mit vielfältigen Gestaltungsmöglichkeiten

> *2. Der Gottesdienst folgt einer erkennbaren, stabilen Grundstruktur, die vielfältige Gestaltungsmöglichkeiten offen hält.*
> Die stabile Grundstruktur ist aller aktuellen Gestaltung vorgegeben. Das Zeugnis der Schrift und Grunderkenntnisse des Glaubens haben sich in elementaren Texten der Christenheit ebenso niedergeschlagen wie in der Struktur des Gottesdienstes. Die Grundstruktur besteht aus einem zweigliedrigen Kern: der Verkündigung und der Feier des Mahls. Er wird von einem hinführenden, sammelnden und einem in den Alltag hinausführenden, sendenden Teil umschlossen. Diese Grundstruktur ist den christlichen Kirchen gemeinsam. Sie kommt in den beiden Grundformen zum Ausdruck, auch wenn diese unterschiedliche Schwerpunkte in der Entfaltung

42. Vgl. entsprechend den Schritt von der Predigt- zur Gottesdienstanalyse an den beiden Veröffentlichungen: *R. Bohren/K.-P. Jörns (Hg.):* Die Predigtanalyse als Weg zur Predigt, Tübingen 1989 und *K.-F. Daiber u.a.:* Gemeinden erleben ihre Gottesdienste, Gütersloh 1978.
43. Vgl. dazu etwa *G. Ruddat:* Kindergottesdienst elementar – eine Bilanz zwischen Isolation und Integration, in: Jahrbuch der Religionspädagogik, Bd. 5 (1988), Neukirchen-Vluyn 1989, S. 113-134.

der einzelnen Teile setzen. Sie stellt die Basis und den Rahmen dar, wenn eine Gemeinde ihren Gottesdienst an ihrem Ort und in ihrer Situation lebendig gestaltet, und sie bedarf solcher konkreten Ausgestaltung.[44]

In Zeiten zunehmender Mobilität spiegelt dieses zweite Kriterium den Versuch einer »Rahmen-Ordnung«, einer Grundstruktur des Gottesdienstes, die »Vielfalt in der Einheit« oder »versöhnte Verschiedenheit« – um Konsensformeln der ökumenischen Bewegung aufzunehmen – anstrebt und damit im Streit um die Wirklichkeit des Gottesdienstes immer auch nach einer neuen Balance zwischen den elementaren Oppositionen verlangt, die das Gottesdienstverhalten regulieren:

- Fixierung und Spontaneität,
- Tradition und Innovation,
- Repräsentanz und Partizipation,
- körperliche und psychische Mobilität,
- Emotionalität und Rationalität,
- Aktion und Interpretation.[45]

Solche Spannungsbögen, die sich ohne weiteres in Richtung Sicherheit (im Sinne von Durchsichtigkeit) und Verunsicherung (im Sinne von Überraschung), Sich-Zuhause-Fühlen und Aufbrechen, Gastfreundlichkeit und Fremdheitsgefühl usw. erweitern lassen, befragen gleichzeitig, welche »Spielräume«[46] ein Gottesdienst eröffnen kann, der programmatisch Leben »erinnern – wiederholen – durcharbeiten«[47] will und damit die konkrete Situation der Gemeinde und ihrer Menschen, den unverwechselbaren Kontext, vor Augen führt.
Dieses Eingebundensein des Gottesdienstes haben wir im nachfolgenden »Gang durch die Liturgie« so überdacht, dass sich die Grundstruktur des Evangelischen Gottesdienstbuches in seinen vier Strukturteilen in etwas veränderter Umschreibung darstellt:

A. Mit Leib und Seele ankommen	(Eröffnung und Anrufung),
B. Die Botschaft wahr-nehmen	(Verkündigung und Bekenntnis),
C. Miteinander ein Leib werden	(Abendmahl),
D. Mit dem Segen weiter-gehen	(Sendung).

44. EGb, S. 15, vgl. zu diesem Kriterium auch Ergänzungsband I, S. 15ff.
45. Vgl. *M. Josuttis:* Der Weg in das Leben, München 1991, S. 50.
46. Vgl. miteinander *F. Schulz:* Spiel-Regeln und Spiel-Räume nach der Erneuerten Agende, in: *W. Reich/J. Stalmann (Hg.):* Gemeinde hält Gottesdienst, Hannover 1991, 72-76 und die breit angelegte Studie von *H.-G. Heimbrock:* Gottesdienst: Spielraum des Lebens, Kampen/Weinheim 1993.
47. Vgl. die aus der AGOK erwachsene gleichnamige Studie »zur Sozialpsychologie des Gottesdienstes«: *Y. Spiegel (Hg.):* Erinnern – Wiederholen – Durcharbeiten, Stuttgart 1972.

Mit dieser Umformulierung ist gleichzeitig der Versuch einer systematischen Fortschreibung angedeutet, der Gottesdienst in Richtung eines »Gesamtkunstwerks«[48], einer »Inszenierung«[49] entwickeln will, die zugleich das anthropologisch wahrnehmbare Ritual einer »Begegnung« (oder eines inszenierten Besuchs[50]) spiegelt, was hier nicht weiter ausgeführt werden kann:
Liturgien, die »in sich« von Anfang bis Ende stimmen und stimmig sind, wenn alle Beteiligten sich in ein gut konzipiertes und geist-volles »Ganzes« einfügen und einen »roten Faden« entwickeln, haben als »Gesamtkunstwerk« (»Kunst kommt von Können«) nicht nur die ästhetische Dimension des Ganzen im Blick, sondern zielen besonders darauf, dass Menschen von einem Text (oder einer Gestalt oder einem Symbol), in einer Liturgie, einem in unterschiedlichsten Dimensionen abgestimmten Gesamtwerk des Gottesdienstes sich mit all ihren unterschiedlichen Sinnen ganzheitlich angesprochen und betroffen fühlen und damit das Geschehen begreifen und entfalten.

Das Kriterium befragen:
- Wie kommt die konkrete Situation vor Ort im Gottesdienst ins Spiel?
- Wie betten sich die Grunderfahrungen des Glaubens und Lebens dialogisch und dramaturgisch in das »Ganze des Gottesdienstes« ein?
- Wie wird im Gottesdienst Theologie und Anthropologie elementar gefeiert?

Das Kriterium entwickeln:
Über den bereits erwähnten intensiven »Gang durch die Liturgie« hinaus bezieht auch unser Schaubild von drei Grundformen (→ »Gottesdienst auf einen Blick«, S. 49f.) eine »Ökumenische Liturgie« ein, die als Adaption der Lima-Liturgie auf deutsche Verhältnisse zu verstehen ist.[51]
Die Fortschreibung dieses Kriteriums wird sich in der profilierenden Kraft solcher Grundstruktur in »kleinen Formen« von Alltagsgottesdiensten (S. 232f.) wie in der großen Form der (Gemeinde-)Festgestaltung erweisen.[52]

48. Vgl. zu diesem Gedanken umfassend: *R. Volp:* Liturgik. Die Kunst, Gott zu feiern. Zwei Bände, Gütersloh 1992/1994.
49. Ähnlich *M. Meyer-Blanck:* Inszenierung des Evangeliums. Ein kurzer Gang durch den Sonntagsgottesdienst, Göttingen 1997; weiterentwickelt in GGG 4.
50. Vgl. *G. Ruddat:* Gottesdienst als »Besuch« entdecken, in: *K. Danzeglocke u.a. (Hg.):* Gottesdienst-Fremde Heimat, Düsseldorf 2001, S. 16-18.
51. Vgl. *F. Baltruweit:* Ökumenische Liturgie konkret. Eine Wegbeschreibung von Lima bis Berlin, in: *S. Fritsch-Oppermann/H. Schröer (Hg.):* Lebendige Liturgie 1, Gütersloh 1990, S. 86-99.
52. Vgl. unseren Denkzettel »Der kleine Gottesdienst« (S. 232f.) und unser Raster zur Gestaltung eines Gemeindefest-Tages (S. 236f.).

Gleichwertigkeit von bewährten traditionellen und neuen Texten

3. Bewährte Texte aus der Tradition und neue Texte aus dem Gemeindeleben der Gegenwart erhalten den gleichen Stellenwert.
Im Gebrauch zeigt sich immer wieder, über welche Ausstrahlungskraft geprägte Texte aus der Tradition verfügen und wie eindrücklich sie wirken. Häufig vermitteln sie geistliche Erfahrungen und Weisheit, für die heute noch keine eigene Sprache gefunden ist. Gleichwohl ist es notwendig, heutige Sprachgestalt, Bilder und Texte in den Gottesdienst einzuführen, in denen die Beteiligten ihre Lebenswelt wieder erkennen und ihre persönlichen Erfahrungen nach eigenem Empfinden aussprechen können. Außerdem kommen durch neue Texte Situationen zum Ausdruck, die für die Gemeinde bedeutungsvoll sind, in der Tradition aber nicht vorkommen. Daher sollte darauf geachtet werden, dass traditionelle und neue Texte gleichwertig nebeneinander stehen.[53]

»Es gibt derzeit keine allgemein anerkannte und nachvollziehbare liturgische Sprache«[54], die den Bestand und die Gestalt alter und neuer Texte, die Geist und Erbe absichert. Jenseits aller Harmoniebedürfnisse und allen Proporzdenkens müssen sich alle Texte bewähren (auch die alten!). Die wechselnden Texte unterschiedlicher Traditionen und Zeiten haben dabei mit anderen Anfragen zu kämpfen als geprägte Texte wie Apostolisches Glaubensbekenntnis, Vaterunser oder (aaronitischer) Segen. Unabhängig von »liturgischen Gezeiten und Landschaften«[55] erscheinen uns Menschenfreundlichkeit (im Sinne von uneingeschränkter Lebensqualität) und Glaubwürdigkeit (im Sinne von authentischer Originalität) notwendig, wenn »verständliche« Sprache – verbal oder nonverbal – »ankommen« soll[56]. Das spricht im Sinne des EGb für horizont-erweiternden Umgang mit Texten und Sprache (und das ist angesichts der einschränkenden und reglementierenden Agenden-Tradition bemerkenswert).

53. EGb, S. 15. Vgl. zum Hintergrund dieses Kriteriums: *J. Stalmann:* Alte und neue Texte für den Gottesdienst, in: *W. Reich/J. Stalmann (Hg.):* Gemeinde hält Gottesdienst. Hannover 1991, S. 49-55.
54. Vorentwurf – Erneuerte Agende, S. 20. Wer tiefer in alle Fragen nach der Sprache eindringen will, sei auf das Handbuch verwiesen, das dafür Grundwissen für Theologinnen und Theologen vermitteln will: *A. Grözinger:* Die Sprache des Menschen, München 1991.
55. So *J. Stalmann,* a.a.O., S. 50, wo er um der Akzeptanz willen ein gewisses »Mittelmaß« in Kauf nimmt.
56. Vgl. das Kriterium »Verständlichkeit« bei *C. Grethlein:* Grundfragen der Liturgik. Ein Studienbuch zur zeitgemäßen Gottesdienstgestaltung, Gütersloh 2001, S. 73ff.

Wie die »klassische« Textpredigt durch Themen, Symbole, biblische und historische Gestalten, Lieder, Texte aus der Literatur usw. ergänzt und entgrenzt werden kann,[57] so bieten sich gerade auch für geprägte Texte Aktualisierungen, Paraphrasen und Verfremdungen[58] an, wenn diese in die Liturgie wirklich einbezogen werden und damit helfen, sich mit der eigenen Tradition auseinander- und auch wieder zusammen-zusetzen.
Solche Zugänge bewähren sich gerade dann, wenn ich sie an unterschiedlichen Orten und Zeiten mit unterschiedlichen Menschen (-gruppen) erprobe, um für »angemessene« Sprache sensibel zu werden.[59]
Entsprechende Versuche der Annäherung können gleichzeitig eine (selbst-)kritische Arbeit in der Schreib-, Lese-, Sprech-Werkstatt für wechselnde Texte vorbereiten und fördern.[60] Da entwickelt sich eine eigene Textsammlung vor Ort, sozusagen das lokale Brevier (= meditatives Lesebuch mit kurzen Texten zur Entwicklung der individuellen Spiritualität).
Bemerkenswerte neue Zugänge zu alten Texten ermöglichen darüber hinaus nonverbale Vergegenwärtigungen, z.B. das Vaterunser in der Gebärdensprache.[61]

Das Kriterium befragen:

- Wie sieht meine Textauswahl für einen konkreten Gottesdienst aus und wie verhält sie sich zu der Textauswahl anderer in der Gruppe, die einen Gottesdienst vorbereiten (für Textauswahl ist entsprechend auch Text-Gestaltung bzw. -Arbeit einzusetzen)?
- Wie sieht mein bewährter Textbestand im Vergleich zu anderen aus?
- Ist die Sprache, die ich für mich gefunden habe, unsere (über-trag- und übersetzbare) Sprache?

Das Kriterium entwickeln:

Die Zusammenstellung einer person- wie gemeindebezogenen Textsammlung und -ordnung, die mit alten und neuen Texten von Zeit zu Zeit als »Handreichung«

57. Vgl. die parallele Entwicklung im Kindergottesdienst und anderen kirchlichen Handlungsfeldern.
58. Vgl. z.B. die zwölfbändige Reihe von *S. und H.K. Berg:* Biblische Texte verfremdet, München/Stuttgart 1986-1990 und die in der Liturgie-Didaktischen Grundausstattung zusammengestellten Textauswahlen.
59. Ähnlich wie in der lectio continua (siehe S. 102), einer Predigtreihe über einen biblischen Zusammenhang oder einen katechetischen Grundtext, ist auch die bewusste Einübung von Texten durch das Jahr oder in bestimmten Abschnitten und Zusammenhängen zu entwickeln.
60. Vgl. dazu z.B. »Gesichtspunkte für das Beurteilen, Verändern und Abfassen von Gebeten« (In: *E. Brinkel/G. Roth:* Gottesdienst der mündigen Gemeinde. Berlin 1991, S. 63-65), wo formale, sprachliche und inhaltliche Gesichtspunkte genannt werden.
61. Siehe unten S. 187ff. Vgl. *G. Ruddat:* Hand-greiflich den Glauben bewegen. Das Vaterunser als Element liturgischer Didaktik zwischen Gemeinde und Kirchentag, in: *S. Fritsch-Oppermann/H. Schröer (Hg.):* Lebendige Liturgie 2, Gütersloh 1992, S. 39-57.

gedruckt erscheint, kann bei vielen Gelegenheiten vor Ort und unterwegs ein Barometer bewährter Sprache darstellen. In dieser Richtung ordnen sich im »Gang durch die Liturgie« exemplarische Bausteine zu den geprägten und den wechselnden Texten in eine liturgische Werkstatt ein, die sich ohne weiteres in dem Sinne entwickeln kann, dass unterschiedliche Stile und Haltungen im Gottesdienst transparent werden.[62]
Dieses Kriterium ist auch (und nicht nur kirchen-)musikalisch zu bearbeiten, dabei sollten für das Stichwort »Texte« entsprechend liturgische Gesänge und geistliche Lieder bzw. allgemein die unterschiedlichen Sprachen der Musik eingesetzt werden.

Lebendiger Zusammenhang mit den Gottesdiensten der anderen Kirchen in der Ökumene

> *4. Der evangelische Gottesdienst steht in einem lebendigen Zusammenhang mit den Gottesdiensten der anderen Kirchen in der Ökumene*
> Evangelischer Gottesdienst ist immer auf die ganze Kirche Jesu Christi bezogen. Er ist deshalb für den Reichtum ökumenischer Spiritualität in den anderen Kirchen offen. Die geistlichen Erkenntnisse und liturgischen Formen in der Ökumene können helfen, neue Zugänge zu Elementen des Gottesdienstes zu eröffnen. Auch ursprünglich eigene liturgische Schätze, die im Lauf der Zeit verschüttet wurden, werden so neu entdeckt und für das Gemeindeleben fruchtbar gemacht. Schließlich können Gemeinden Formen und liturgische Stücke aus dem gottesdienstlichen Leben von Kommunitäten aufnehmen, die häufig ökumenisch ausgerichtet sind. In diesem Sinn ist das Gottesdienstbuch eine Hilfe auf dem Weg zu einer erfahrbaren Gemeinschaft der Kirchen.[63]

Dieses vierte Kriterium führt uns nicht gleich in die weltweite Ökumene (= Ausland), sondern will erst einmal vor Ort als »ökumenische Geistesgegenwärtig-

62. Die Anregung *H. Schröers* (a.a.O., S. 16) »Die drei jeweils angegebenen Gebete des Tages könnten sich z.B. stilistisch deutlicher unterscheiden« gestaltet die rheinische Stellungnahme zur Erneuerten Agende zu dem Vorschlag: »Die Kollektengebete sollten neu gestaltet werden ... jeweils ein traditionelles Gebet, ein Gebet in neuer und ein Gebet in für Kinder zugänglicher Sprache«. Dieser Vorschlag ist mehr oder minder aufgenommen worden.
63. EGb, S. 15f. Vgl. zur ökumenischen Diskussion die Beiträge: *K. Richter:* Die »Erneuerte Agende« – Nähe und Distanz zur erneuerten katholischen Liturgie, in: Gemeinsame Arbeitsstelle für gottesdienstliche Fragen der EKD, Hannover, Heft 19/1994, S. 3-22 und *D. Tripp:* Erneuerte Agende aus ökumenischer Sicht, ebd., Heft 20/1994, S. 3-56.

keit« buchstabiert werden: Welche Erweiterung bedeutet es da schon, wenn die weitgehend »monokulturelle Apartheid« unserer Gottesdienste und der sie feiernden Gemeinden im Sinne einer »Ö-Kommune«[64] durchbrochen wird – stadtteilbezogen, multi-konfessionell und -kulturell.[65]

Das kann da anfangen, wo (nicht nur) evangelische und katholische Gemeinden ökumenische Gottesdienste nicht als lästige »Pflichtübungen«, sondern als unverwechselbare Erfahrungen in regelmäßigem Rhythmus feiern … und solche Ökumene sich vielleicht zuerst bei Festen um »Ausländer«, »Behinderte« und andere sog. »Randgruppen« erweitert. So wird Gemeinde selbst aus ihrer Tendenz zur »Apartheid« geholt; Formen ökumenischer Spiritualität sind nicht aufgesetzt, weil sie ursprünglich mitgeteilt werden können.[66]

Dieser »Sitz im Leben« ist erst recht wichtig, wenn im Lernprozess weltweiter Ökumene die jeweilige Diasporaexistenz (= Kirche in der Minderheit leben) die Sprache und Spiritualität des jeweils anderen Kontextes wahr-nehmen lernt.[67] Begegnungen und Besuche sind dafür besonders geeignete liturgische Spielräume.

In der Gestaltung interkultureller oder gar interreligiöser Liturgien stehen wir noch am Anfang, wobei die evangelische (reformatorische) Basis unversehens zum Knüppel werden kann, der die ökumenische Spiritualität zum Krüppel macht, was in dieser Sprache der Gewalt nichts anderes heißt, als dass von ökumenischer Spiritualität nur das »durch-kommt«, was protestantisch domestiziert (gezähmt) werden kann. In gewisser Weise ist hier auch das 3. Kriterium ökumenisch weiterzudenken.

Was das für den Agenden-Alltag bedeuten kann, hat Peter Cornehl in der Einleitung zu seiner Sammlung »Gebete unserer Zeit« pointiert formuliert, auch wenn er natürlich zwischen dem liturgischen und dem privaten Gebrauch solcher Texte

64. Vgl. zum Hintergrund dieses Sprachspiels: *G. Ruddat:* Vom Kontakt zur Begegnung. Religionspädagogische Perspektiven einer Nachbarschaft von Schule und Gemeinde am Beispiel der »Ev. Kontaktstunde« in Nordrhein-Westfalen, in: *G. Fermor/G. Ruddat/H. Schroeter-Wittke (Hg.):* Gemeindekulturpädagogik. (Hermeneutica, Bd. 11), Rheinbach-Merzbach 2001, S. 276-309.
65. Vgl. dazu auch *D. Werner:* Missio Dei in unserem Land. Ökumenische Gemeindeerneuerung, in: Zeitschrift für Mission, 1993, H. 1, S. 6-25.
66. Vgl. über die Materialien zum Weltgebetstag oder Weltmissionstag oder im Ökumenischen Fürbittkalender hinaus die Anstöße von *D. Trautwein:* Mut zum Fest, München 1975 (besonders den Abschnitt: Von fremden Feiern lernen, S. 78ff.) bis hin zum umfassenden viersprachigen Werk: *B. Aebi u.a. (Hg.):* Sinfonia Oecumenica. Feiern mit den Kirchen in der Welt, Gütersloh 1998.
67. Eine Gemeinde, die z.B. im Kontext ihrer Partnerschaft mit einer philippinischen Gemeinde die pazifische Variation des Jesus-Wortes »Ich bin die Kokosnuss des Lebens« gestaltet, wird dieses Wort auch im Abendmahl »ganzheitlich« ganz anders umsetzen können als eine Gemeinde, die sozusagen »freischwebend« derartige ökumenische Spiritualität »auf Abruf« übernimmt.

unterscheidet und vor naiver christlicher Okkupation (Besitzergreifung durch »Eingemeindung«) warnt:

»Vermutlich werden wir in Zukunft das Ökumenische noch weiter auslegen müssen. Vielleicht wäre es gut gewesen, schon jetzt die Übergänge etwa zur Lyrik noch offener zu halten und schon jetzt externe Zeugnisse – Songs, Agitatorisches, Kabarettistisches – konsequent mit einzubeziehen. Ich glaube, dass recht bald nur noch solche ›Agenden‹ für die feiernde Gemeinde interessant sein werden, zu denen Bob Dylan und Pete Seeger ebenso Material beisteuern werden wie Kurt Marti und Marie Luise Kaschnitz, in deren musikalischem Repertoire die Rolling Stones und Jefferson Airplane ebenso vertreten sein werden wie Franz Josef Degenhardt und Hanns Dieter Hüsch, in denen eine Litanei von Huub Oosterhuis neben einer von Peter Handke steht und wo selbstverständlich Wolf Biermanns ›Gebet der alten Kommunistin Oma Meume aus Hamburg‹ nicht fehlt.«[68]

Das Kriterium befragen:

- Wie erweitert sich die Gottesdienstpraxis unserer Gemeinde – lokal und global – durch ökumenische Spiritualität?

Das Kriterium entwickeln:

Die »Ökumenische Liturgie« als dritte Grundform dieses Arbeitsbuches will im angedeuteten Zusammenhang »Anstoß« zu einer ökumenischen Gottesdienstpraxis[69] sein, die dann selbstverständlich auch vertraute Texte wie das Vaterunser in fremden Sprachen einbezieht, was bei Liedern schon weiter entwickelt ist.

Nicht ausgrenzende Sprache

5. Die Sprache darf niemanden ausgrenzen; vielmehr soll in ihr die Gemeinschaft von Männern, Frauen, Jugendlichen und Kindern sowie von unterschiedlichen Gruppierungen in der Kirche ihren angemessenen Ausdruck finden.

Die Kirche ist eine Gemeinschaft von Männern und Frauen, von Alten und Jungen, von Personen in hohem öffentlichen Ansehen und solchen am Rand der Gesellschaft, von Mehrheiten und Minderheiten. Niemand darf im

68. Veröffentlicht Gütersloh 1973, S. 9. Zitiert nach: *P. Cornehl:* Lieder – Lyrik – Liturgien, in: *D. Zilleßen u.a. (Hg.):* Praktisch-theologische Hermeneutik. Rheinbach-Merzbach 1991, S. 297-305 (hier: S. 299). Vgl. dazu auch den von *G. Ruddat* und *H. Schröer* entwickelten Versuch einer »Missa Poetica« zum 100. Geburtstag von *M.L. Kaschnitz* auf dem Dt. Ev. Kirchentag 2001 in Frankfurt/M. oder den Versuch einer »Lyrischen Liturgie«, in: *E. Domay/V.-S. Winkler (Hg.):* Im Brennglas der Worte. Zeitgenössische Lyrik als Element der Liturgie, Gütersloh 2002.
69. Vgl. dazu jetzt auch die Erfahrungen des bislang größten ökumenischen Projekts, des Christus-Pavillons auf der Expo 2000: *F. Baltruweit/D. Haite/J. Hellwig:* Kirche, die sich öffnet, Gütersloh 2001.

Gottesdienst durch Wort oder Verhalten ausgegrenzt oder beiseite geschoben werden. Diese Forderung betrifft vor allem einen sorgfältigen Umgang mit der Sprache im Sinn einer inklusiven Sprache: Zum Beispiel sind männlich geprägte Begriffe entweder durch weiblich geprägte zu ergänzen oder durch neutrale zu ersetzen. Das erfordert, eingeschliffene Sprachgewohnheiten zu durchdenken und gemäß den unterschiedlichen Lebens- und Glaubenserfahrungen von Männern und Frauen zu verändern. Im Sprechen von Gott und zu Gott gilt es, den Reichtum der Bibel an Sprache und Bildern neu zu entdecken und die liturgischen Texte damit anzureichern. Schließlich geht es darum, eine liturgische Sprache zu finden, die – z.B. Kinder oder Jugendliche im Konfirmandenalter – anspricht. Im Gottesdienstbuch ist ein Anfang dazu gemacht, bei der konkreten Gottesdienstgestaltung in der Gemeinde kann und soll er weitergeführt werden.[70]

»So sehr diese Forderung grundsätzlich einleuchtet, ist sie doch in der sprachlichen Gestaltung nicht immer leicht zu verwirklichen.«[71] Diese Schwierigkeit des »Anfangs« spiegelt der Textteil des EGb[72] nachdrücklich wider. Darum muss dieses fünfte Kriterium in besonderer Weise eingeübt und memoriert werden, solange bis es nicht mehr notwendig ist, frauen- oder umfassender: menschen- und gottgerechte Sprache zu fördern und zu fordern, weil Leben in Gottesdienst und Gemeinde angestiftet ist, wo niemand benachteiligt und unterdrückt wird. Ein solcher Katalog kann etwa so aussehen:

1. Frauen ausdrücklich benennen,
2. Frauen als selbstständige Personen beschreiben,
3. Frauen in ihrer Rollen- und Begabungsvielfalt sichtbar machen,
4. behinderte Menschen nicht auf die Abweichung von meiner Norm festlegen,
5. Menschen anderer Hautfarbe und anderen Glaubens nicht abwerten,
6. jüdische Menschen als Volk Gottes achten,
7. Gott nicht durch den Gebrauch männlicher Bilder einschränken.[73]

70. EGb, S. 16; vgl. im Ergänzungsband I, S. 21f.

71. Vorentwurf – Erneuerte Agende, S. 20. Vgl. demgegenüber die zunehmende Zahl alternativer Frauenliturgien (siehe Liturgisch-Didaktische Grundausstattung, S. 278).

72. Vgl. die kritische Bewertung von *S. Großmann*, Ein Blick auf die Erneuerte Agende aus feministischer Perspektive, in: Erneuerte Agende. Dokumentation einer Studientagung, hg. von der Beratungs- und Studienstelle für den Gottesdienst, Düsseldorf 1991, S. 39-52.

73. Aus: Frauengerechte Sprache – Spielregeln. Arbeitsblatt der Ev. Frauenarbeit in Deutschland, Frankfurt/M. o. J.; vgl. ausführlicher die 10 »Merkposten für eine vorurteilsfreie Sprache im Gottesdienst« (in: Gottesdienst der mündigen Gemeinde, Berlin 1991, S. 50-53, Literatur zum Thema: 82). Grundsätzlich: *H. Wegener/H. Köhler (Hg.):* Frauen fordern eine gerechte Sprache, Gütersloh 1990.

Dieses in der Ev. Frauenarbeit entstandene Sieben-Punkte-Programm verändert auf die Dauer unser Frauen- (und Männer-), Menschen- und Gottesbild und weitet jene eben zuerst von Frauen geforderte inklusive Sprache[74] – im Sinne einer Selbstverpflichtung – auch auf andere mit Vorurteilen besetzte Minderheiten und Menschengruppen aus.
Das ist in der ganzen Liturgie[75] (und natürlich in der gesamten Gemeindearbeit) einzulösen, etwa dadurch, dass Themen und Inhalte z.B. von Gebeten zusammen mit Betroffenen entwickelt bzw. durch sie selbst gestaltet werden.
»Normal ist, verschieden zu sein!« Und diese Unterschiedlichkeit muss in der Liturgie zum Ausdruck kommen.

Das Kriterium befragen:

- Wo entdecken wir in der Sprache unserer Gottesdienste und im Verhalten unserer Gemeinde exklusive (ausgrenzende) Tendenzen und wie können wir inklusive (integrierende) Schritte der Veränderung verabreden und umsetzen?

Das Kriterium entwickeln:

Abgesehen von dem Bemühen um inklusive Sprache in diesem Arbeitsbuch haben wir exemplarisch versucht, von Menschen, die behindert genannt werden, zu lernen. Entsprechende liturgische Erfahrungen ziehen sich durch das ganze Arbeitsbuch und können zu entsprechendem Transfer anregen. Gottesdienst für alle, besser: mit allen zu feiern, ist darum Ziel aller unserer Annäherungsversuche.
Einen Anstoß in dieser Richtung gibt z.B. die alternative Perikopenreihe zum Schwerpunktthema »Gemeinschaft von Frauen und Männern in der Kirche« mit knappen liturgischen Hinweisen: Sabine Ahrens u.a. (Hg): Und schuf sie als Mann und Frau. Eine Perikopenreihe zu den Lebenswirklichkeiten von Frauen und Männern für die Sonn- und Feiertage des Kirchenjahres, Gütersloh 1995.

74. Zur US-amerikanischen Vorgeschichte und den sich daraus ergebenden Herausforderungen für den deutschsprachigen Raum vgl. *T. Berger:* Auf der Suche nach einer »integrativen Liturgie«, in: Liturgisches Jahrbuch 37, 1987, S. 42-66; abgedruckt in dem Reader: Feministische Theologie, Comenius-Institut (Im Blickpunkt 4), Münster 1989, S. 117-128.
75. Vgl. das vierbändige Werk: *E. Domay/H. Köhler (Hg.):* Der Gottesdienst. Liturgische Texte in gerechter Sprache, 4 Bde., Gütersloh 1997-2001, das aktuell mit dem ebenfalls von *H. Köhler* koordinierten *Projekt einer Bibelübersetzung in gerechter Sprache* fortgeschrieben wird.

Ganzheitliches Feiern mit allen Sinnen

6. Liturgisches Handeln und Verhalten bezieht den ganzen Menschen ein; es äußert sich auch leibhaft und sinnlich.
»Der Gottesdienst ist ein Kommunikationsgeschehen – zwischen Gott und den Menschen und zwischen den versammelten Menschen. Kommunikation bezieht den ganzen Menschen ein; sie betrifft ihn leibhaft. Christus, in dem Gottes Wort menschliche Gestalt angenommen hat, verkündet das Heil in Worten und Zeichen, in Sprache und Handeln. Die Hochschätzung der Predigt ist ein besonderes Merkmal der evangelischen Kirchen; sie darf jedoch nicht dazu führen, dass der Gottesdienst einseitig intellektuell bestimmt wird. Dieses Gottesdienstbuch enthält deshalb eine Reihe von Anregungen zu einem ganzheitlich geprägten, den Verstand und die Sinne ansprechenden Feiern, in dem Musik und Bewegung, Symbole und Gesten entfaltet werden. Hierzu können sich auch die Gemeindeglieder mit ihrer Spiritualität und der Vielfalt ihrer Gaben einbringen und die Feier bereichern.[76]

Mit diesem Kriterium haben im Prozess der Entwicklung des EGb (nicht nur, aber) besonders Frauen noch einmal eine Dimension betont, die eigentlich schon in den vorhergehenden Kriterien eingebunden ist, wenn etwa von »Beteiligung« oder »vielfältiger Gestaltung«, von »Gleichwertigkeit« unterschiedlicher Texte oder »inklusiver Sprache« zu handeln ist. Darin kann eine umfassende »ökumenische Spiritualität« sichtbar werden, die Gottesdienst eben nicht nur traditionell wortreich, sondern in jeder Hinsicht kreativ, einfallsreich vermittelt, die »Leib und Seele« anrührt und »ganz« einstimmt.
Da sind nicht immer nur die Ohren gefragt, das fängt »mit Herzen, Mund und Händen« an, etwa »by heart« in der Stille der Meditation eines Bildes oder eines Symbols, im dialogischen Bibel-teilen (einmal an Stelle der Predigt) oder im Rhythmus klatschender Hände zu einem neuen Loblied. Und solche Körpersprache greift dann auch weiter, sucht z.B. nach ausdrucksstarken Gebärden oder Symbolen,[77] um Eindrücke zu verlangsamen und nachhaltig zu verdeutlichen, geht in die Füße und öffnet sich für Bewegung und Tanz. Da sind dann in besonderer Weise alle Sinne angesprochen, wenn es zwischen Eingang und Ausgang etwas zu sehen gibt (angefangen bei den liturgischen Farben) oder zu riechen (duftende

76. EGb, S. 16. Vgl. im Ergänzungsband I, S. 27f., 29ff.
77. Vgl. zum Beispiel: *M. Gerlach/A. Weigt-Blätgen (Hg.):* Andachten für die Arbeit mit Frauen in der Gemeinde, Band 2: Symbole, Gütersloh 1999.

Blumen) oder zu schmecken (frisches Brot) ... wenn der Raum (oder eine »Mitte«) zum Thema gestaltet ist.
Solche Erfahrungen mit der eigenen »Resonanzfähigkeit« sind sicher nicht alle auf einmal weder in der Ausbildung[78] noch vor Ort zu vermitteln, sondern mit Atem »auf dem langen Weg der kleinen Schritte« zu entdecken und erst dann sensibel einzuführen und damit zur Beteiligung einzuladen, wenn sich die eine oder andere den Gottesdienst tragende Gruppe damit vertraut gemacht hat. Je mehr Menschen eine bestimmte Ausdrucksform für sich als Möglichkeit erprobt haben, umso mehr kann ich diese »Lebensart« auch im Gottesdienst einsetzen – und zugleich behutsam mögliche Optionen der Nicht-Wahrnehmung (Schwierigkeiten mit dieser oder jener Ausdrucksform) bedenken und eröffnen. So wie Konfirmand XY z.B. ein Lied nicht kennt (oder mag) und darum u.U. nicht mitsingt, werden wir das entsprechend auch anderen Menschen einräumen, die z.B. andere ungern anfassen oder berühren und noch viel weniger sich mit ihnen bewegen wollen ... und gemeinsam nach angesagter Sinnlichkeit leibhaftig suchen.

Das Kriterium befragen:

- Welche sinnlichen Ausdrucksformen sind uns schon vertraut, welche Erfahrungen haben wir damit gemacht?
- Welche leibhaftigen Ausdrucksformen wollen noch von uns entdeckt werden? Welche Anreize sind not-wendig?
- Wer (oder was) kann uns dabei helfen, unsere Gottesdienste »ganzheitlicher« zu gestalten?

Das Kriterium entwickeln:

Im Grunde ist unser »Gang durch die Liturgie« ein Weg, von Gottesdienst zu Gottesdienst und damit Schritt für Schritt mögliche Sinn-Gebungen der einzelnen Elemente oder der Strukturteile des Gottesdienstes zwischen Begrüßung und Segen »mit allen Sinnen« zu entdecken, die Inhalte auch in die Atmosphäre zu übersetzen (siehe GGG 4) und so zunehmend einen »ganzheitlicheren« Gottesdienst zu entfalten. Bereits vertraute Gottesdienste wie zum jährlichen Weltgebetstag mit ihren entsprechenden Gestaltungen können dabei Hilfestellung leisten.

78. Vgl. *B. Enzner-Probst:* »Brot und Rosen«. Liturgiedidaktik als Aufgabe pastoraler Aus- und Fortbildung. Konsequenzen aus der liturgischen Praxis von Frauen, in: Evangelische Theologie 62, 2002, S. 101-112.

Bleibende Verbundenheit mit Israel als Volk Gottes

7. Die Christenheit ist bleibend mit Israel als dem erstberufenen Gottesvolk verbunden.
Der christliche Gottesdienst hat in den Anfängen vieles aus den Traditionen der jüdischen Hausgottesdienste und der Synagoge geschöpft. Er ist zugleich und im weiteren Verlauf der Geschichte von anderen Kulturen beeinflusst worden. Durch die Klarheit ihres Christusbekenntnisses, daneben aber auch durch ihre Bindung an das Alte Testament und ihre Verwurzelung im jüdischen Gottesdienst wird die christliche Kirche davor bewahrt, sich an heidnische Kulte und Aberglauben zu verlieren. Die deutschen Kirchen stehen nach den Jahren des Holocaust in einer besonderen Schuld gegenüber den Juden. Ihnen ist ein neuer Anfang zum Dialog geschenkt worden. Das inzwischen langjährige Gespräch zwischen Juden und Christen hat zu einer intensiven Arbeit geführt, die die ursprüngliche Verbundenheit neu zum Ausdruck bringt. Es zeigt auch Folgen für die Gottesdienste der christlichen Kirchen. Der Gottesdienst ist ein wichtiger Ort, an dem der Berufung Israels gedacht und die bleibende Verbundenheit mit Israel zur Sprache gebracht werden soll. Das Gottesdienstbuch gibt dazu Anregungen und Vorschläge.[79]

In der Stellungnahme zum Vorentwurf der Erneuerten Agende, wie sie vor der Landessynode der Ev. Kirche im Rheinland im Januar 1994 beschlossen worden ist (Drucksache 6), wird in konsequenter Fortführung der landessynodalen Beschlüsse zur »Neuordnung des Verhältnisses von Christen und Juden«[80] als zusätzliches Kriterium vorgeschlagen: die bleibende Erwählung Israels als Volk Gottes.[81] Diese rheinische Initiative führt ebenso zum Erfolg wie bei dem aus der Frauenarbeit erwachsenen 6. Kriterium. Die langjährige Aufarbeitung des Ver-

79. EGb, S. 16f.
80. Vgl. zum Hintergrund: *EKiR (Hg.):* Zur Erneuerung des Verhältnisses von Christen und Juden (Handreichung Nr. 39), 2., erw. Aufl., Düsseldorf 1985.
81. Dieses Kriterium hatten wir bereits in GGG 1, S. 39, zur Fortschreibung des Kriterienkatalogs vorgeschlagen. Vgl. dazu auch den sechsten Punkt des Katalogs zur Entwicklung inklusiver Sprache (S. 36). Siehe dazu auch die Stellungnahme zum Vorentwurf der Erneuerten Agende durch den Ausschuss »Christen und Juden« der Evangelischen Kirche von Westfalen (1993), der sich bis hin zur Überarbeitung der in der Erneuerten Agende angebotenen Psalm- und Gebetstexte intensiv mit der Agende auseinander gesetzt hat und detaillierte Vorschläge zur Überarbeitung der Gesamtgestalt macht.

hältnisses von Christen und Juden[82] im »christlich-jüdischen Dialog« findet damit auch ihren liturgischen Ausdruck[83].
Dabei bedeutet die Auseinandersetzung mit diesem Kriterium[84] eine mehrfach schwierige, aber unvermindert anstehende Begegnung[85]: die vertiefte und nicht länger verzerrte Begegnung mit dem Wurzelwerk unseres Glaubens und unserer Gottesdienste (angefangen bei ausgegrenzten Texten des AT z.B. in den Psalmen oder antijüdischen Passagen des NT und der damit verbundenen Auslegungsgeschichte[86]); die immer noch verdrängte Begegnung mit Stationen des Holocaust bzw. der Schoa vor Ort und die Suche nach angemessenen Formen des Gedenkens; die nicht zu überspielende politische Auseinandersetzung um das »Heilige Land« für Christen, Juden und Muslime und deren Bedeutung für das Miteinander der drei abrahamitischen Religionen; die überfällige Begegnung mit jüdischer Liturgie und die damit verbundene lebendige Wiedergewinnung gemeinsamer Auslegung und Sprache auch im Gottesdienst.

Das Kriterium befragen:

- Wann und wo machen wir uns mit dem Wurzelwerk unseres Glaubens, der hebräischen Bibel und ihrer Wirkungsgeschichte, vertraut?
- Welche Möglichkeiten des Dialogs können vor Ort angeregt werden, wie lernen wir mit der besonderen Legierung von Religion und Volk umzugehen?
- Welche Folgen hat die Begegnung mit dem Judentum für unsere Gottesdienste, für unsere Gemeindearbeit?

82. Vgl. u.a. grundlegend Christen und Juden. Eine Studie des Rates der EKD, 4. Aufl., Gütersloh, 1982 oder Christen und Juden I-III. Die Studien der Evangelischen Kirche in Deutschland 1975-2000, hg. im Auftrag des Rates der Evangelischen Kirche in Deutschland vom Kirchenamt der EKD, Gütersloh 2002 und dazu: *R. Rendtorff (Hg.):* Arbeitsbuch Christen und Juden. Zur Studie des Rates der EKD, 2. Aufl., Gütersloh 1980 (u.a. zum Gottesdienst, S. 71ff.).
83. Vgl. etwa *H.H. Henrix (Hg.):* Jüdische Liturgie. Geschichte – Struktur – Wesen, Freiburg/Br. 1979.
84. Zum Einstieg: *F. Crüsemann:* Art. Judentum, in: *M. Meyer-Blanck/W. Clasen/G. Ruddat (Hg.):* Ev. Taschenkatechismus. Rheinbach 2001, S. 126-129; ausführlicher: *A.H. Baumann (Hg.):* Was jeder vom Judentum wissen muss, 8. Aufl., Gütersloh 1997 und vertiefend: *F. Crüsemann/U. Theissmann (Hg.):* Ich glaube an den Gott Israels. Fragen und Antworten zu einem Thema, das im christlichen Glaubensbekenntnis fehlt, 2. Aufl., Gütersloh 2000.
85. *H. Frankemölle (Hg.):* Christen und Juden gemeinsam ins dritte Jahrtausend. »Das Geheimnis der Erlösung heißt Erinnerung«, Frankfurt/M. 2001.
86. Vgl. z.B. *K. Haacker:* Versöhnung mit Israel. Exegetische Beiträge. Veröffentlichungen der Kirchlichen Hochschule Wuppertal, 5. Aufl., Neukirchen-Vluyn 2002; *F. Hahn:* Die Verwurzelung des Christentums im Judentum, Neukirchen-Vluyn 1996. Zu beachten sind auch die zunehmenden Versuche, biblische Texte im christlich-jüdischen Zusammenhang neu zu lesen (vgl. etwa *K. Wengst:* Jesus zwischen Juden und Christen. Stuttgart 1999).

Das Kriterium entwickeln:
Neben allgemein vertiefender »Aufklärung« über das Judentum und nicht länger verzerrender theologischer Wahrnehmung ist ein weiteres Motiv zu beachten, die sich verändernde religionssoziologische Situation des Judentums in Deutschland. Die nach 1945 meist sehr kleinen jüdischen Gemeinden sind nach dem Zusammenbruch der ehemaligen Sowjetunion durch jüdische Flüchtlinge z.T. erheblich angewachsen und stehen – nicht nur räumlich – vor erheblichen Problemen der Integration unterschiedlicher Frömmigkeitskulturen und Nationalitäten. Gleichzeitig ergibt sich damit über andere Formen der Begegnung mit Israel hinaus (vgl. das christlich-jüdische Projekt: Nes Ammim) die Möglichkeit der Begegnung vor Ort, die angefangen bei der gegenseitigen Wahrnehmung von Festen – gefördert von der sich ausbreitenden Gestaltung »Gemeinsamer Festkalender für Christen, Juden und Muslime« z.B. im Kontext der schulnahen Jugendarbeit – in manchen Schulbezirken darüber hinaus zu der noch jungen Tradition christlich-jüdisch-muslimischer Schulgottesdienste geführt hat (z.B. in Bochum)[87]. Hier ist sicher auch in Zukunft vernetzend über das Judentum vor Ort hinauszudenken.

Den Kriterienkatalog fortschreiben

Die im Prozess der Entwicklung des EGb neu hinzugekommenen Kriterien erinnern daran: die Arbeit an diesem Kriterienkatalog ist unabgeschlossen und offen. Die aktuelle liturgiewissenschaftliche Diskussion[88] geht weiter, wenn z.B. Christian Grethlein in seiner Liturgik[89] aus der fruchtbaren Spannung zwischen heutiger liturgische Situation und neutestamentlichen Perspektiven folgende drei grundlegende Kriterien differenziert entwickelt: Bezug auf Jesus Christus/Bezug auf die Gemeinschaft/Verständlichkeit.
Die Arbeit am Gottesdienst vor Ort geht weiter, wenn z.B. Gottesdienst-Ausschüsse oder Projektgruppen auf ihre ganz spezifische Weise Menschen, Raum und Zeit wahrnehmen und in die Kommunikation des Evangeliums einbinden, da werden die Kriterien in immer neuen Annäherungen mit Leben gefüllt und fortgeschrieben. Die im Vorfeld der Einführung des EGb entwickelten Anstöße sollen dazu beitragen. Damit sind alle, die mit dem EGb arbeiten, nachdrücklich gefragt, wie sie sich zu diesen Kriterien und möglichen anderen Maßstäben verhalten, die doch insgesamt

87. Unter dem Stichwort »interreligiöse Gottesdienste« werden meist christlich-muslimische Veranstaltungen vorgestellt: *E. Kuhn (Hg.):* Gott in vielen Namen feiern. Interreligiöse Schulfeiern mit christlichen und islamischen Schülerinnen und Schülern, Gütersloh 1998; *E. Domay/ R. Heinrich (Hg.):* Arbeitsbuch Interreligiöse Gottesdienste und Veranstaltungen. (Gottesdienstpraxis – Serie B), Gütersloh 2001.
88. Vgl. im Überblick: *C. Grethlein/G. Ruddat (Hg.):* Liturgisches Kompendium, Göttingen 2002.
89. *C. Grethlein:* Grundfragen der Liturgik. Ein Studienbuch zur zeitgemäßen Gottesdienstgestaltung, Gütersloh 2001 (bes. S. 66-75).

nichts anderes im Auge haben, als den Gottesdienst und die ihn feiernden Gemeinden zu »inspirieren« (= ihnen den Geist Gottes »einzuhauchen«). Auch in dieser Hinsicht ist das »Evangelische Gottesdienstbuch« beim Wort zu nehmen und zu entwickeln.

Gottesdienst leben – Sieben Anstöße zum Weiterdenken in der Gemeinde

1. Anstoß

Nehmt den Gottesdienst (die Gottesdienste) in eure Hand ... und hört auf, immer nur zu konsumieren. Holt vielmehr eure KirchenmusikerInnen und TheologInnen u.a. aus ihrer Einsamkeit heraus, führt sie zusammen ... und macht gemeinsame Sache mit ihnen, fordert und fördert einen Gottesdienst, der den befreienden und belebenden Geist Gottes atmet und sich mit der Lebenspraxis Jesu auseinander setzt, die Menschen als geliebte Geschöpfe Gottes wahr-nimmt (»Ehrfurcht vor dem Leben« als weiter Horizont) und sich ihnen als Subjekt grenzüberschreitend zuwendet (Konflikte und Streitkultur inbegriffen) und damit Beteiligung und Gemeinschaft ermöglicht, an der wirklich möglichst viele, wenn nicht alle teil-haben.
Der Gottesdienst wird unter der Verantwortung und Beteiligung der ganzen Gemeinde gefeiert.
Modell: Gottesdienstwerkstatt vor Ort.

2. Anstoß

Entdeckt den Spielraum Gottesdienst und entfaltet seine menschenfreundliche Dramaturgie, entwickelt ein Gespür für den Reichtum der Abwechslung von Vertrautem und Fremdem. Bereitet eure Gottesdienst(e) in eurer Situation vor Ort so vor, dass Menschen (von den kleinen Kindern bis zu den ganz Alten) wie zu einem Besuch eingeladen und gastfreundlich aufgenommen sind und sich im Raum des Gottesdienstes (Probe-Wohnen im Hause Gottes) zurechtfinden und den Weg des Gottesdienstes zwischen Alltag und Fest, zwischen Vorspiel und Nachspiel mitgehen können.
Der Gottesdienst folgt einer erkennbaren, stabilen Grundstruktur, die vielfältige Gestaltungsmöglichkeiten offen hält.
Projekt: Alternative Gottesdienstprogramme (Andere Formen/Orte/Zeiten).

3. Anstoß

Hört nicht nur immer wieder auf die Texte und Melodien der Mütter und Väter der Vorzeit, sondern hört auch immer wieder auf die Sprache(n) und die Musik(en) der Gegenwart und achtet öfter auf die Ausdrucksformen der Kulturschaffenden wie im Alltag der Menschen auf der Straße.
Bewährte Texte aus der Tradition und neue Texte aus dem Gemeindeleben der Gegenwart erhalten den gleichen Stellenwert.
In der »Sprachschule« der Medien und der Symbole.

4. Anstoß
Habt keine Angst, über den Zaun eurer Gottesdienste hinauszuschauen oder gar den Horizont eures Kirchturms zu verlassen, sondern besucht vielmehr die Gottesdienste anderer Kirchen und Konfessionen, ladet euch gegenseitig ein und lernt lokal und global voneinander. Da werden die Menschen immer mehr von Gottes Fantasie und Vielfalt begreifen. Da kommt gottesdienstliche Einfalt ans Ende.
Der evangelische Gottesdienst steht in einem lebendigen Zusammenhang mit den Gottesdiensten der anderen Kirchen in der Ökumene.
Vor Ort: Nachbarschaftlicher Austausch mit der »Ö-Kommune«.

5. Anstoß
Macht eure Gottesdienste zu keinen exklusiven, sondern zu immer wieder inklusiven Veranstaltungen! Grenzt niemanden aus – weder ausgesprochen noch unausgesprochen –, sondern bezieht immer wieder neu Menschen ein. Kämpft gegen alle Formen nicht nur gesellschaftlicher, sondern auch kirchlicher Apartheid und Fremdenfeindlichkeit.
Die Sprache darf niemand ausgrenzen; vielmehr soll in ihr die Gemeinschaft von Männern, Frauen, Jugendlichen und Kindern sowie unterschiedlichen Gruppierungen in der Kirche ihren angemessenen Ausdruck finden.
Gottesdienst in einer offenen »Gemeinde als Oase/Herberge«.

6. Anstoß
Feiert eure Gottesdienste als ganze Menschen »mit allen Sinnen«, von Kopf bis Fuß, mit Herz und Hirn – geistes-gegenwärtig.
Liturgisches Handeln und Verhalten bezieht den ganzen Menschen ein. Es äußert sich auch leibhaft und sinnlich.
Spielraum Gottesdienst: Da kommt Bewegung in die Gottesdienste.

7. Anstoß
Nehmt euch immer wieder eine Aus-Zeit nicht nur für euer Leben, sondern auch für eure Gottesdienste. Zieht regelmäßig miteinander Bilanz: was hat sich entwickelt, was ist zu ändern? Erinnert euch: Ihr seid nicht die Ersten auf Gottes Erde, die Gottesdienst feiern, lernt von den Wurzeln, von den Gottesdiensten Israels, von seinen Liedern und Geschichten, von seinen Psalmen und Propheten, von seinen Weisungen und Weisheiten ... aber vergesst auch andere Kulturen und Religionen nicht. Nehmt die aktuellen Rituale in anderen Lebenswelten wahr (Stadion, Disco, Kino, TV, Internet usw.) und entwickelt und pflegt evangelische (am Evangelium orientierte) Spiritualität.
Die Christenheit ist bleibend mit Israel als dem erstberufenen Gottesvolk verbunden.
Dialog mit der interreligiösen und interkulturellen Wirklichkeit.

III.

Ein Gang durch die Liturgie

Einführung

Wir feiern in jedem Gottesdienst eine Liturgie, gehen miteinander einen *Weg*. Dieser Weg hat schon lange vor der »Veranstaltung Gottesdienst« begonnen: Mein Leben lang hat Gott mir »gedient« – und seit meiner Taufe bekenne ich mich dazu. Der Gottesdienst endet auch nicht mit dem Segen; er führt in den Alltag hinein. So wie Gott mir dort dient, geht es auch darum, dass ich Gott diene. Die sonntägliche Liturgie ist eine feierliche »Verdichtung« dessen, was vor und nach ihr geschieht, ein gemeinschaftliches Geschehen, für das die Auferstehung Jesu – seine Lebendigkeit – den theologischen Bezugspunkt bildet. So will die Dimension des Lebens den Gottesdienstcharakter bestimmen.

Liturgie – was heißt das?

Das Wort *Liturgie* gibt es in fast jeder Sprache. Das ursprünglich aus dem Griechischen stammende Wort bedeutet eigentlich »etwas für das Volk leisten/Dienst tun«: Die Liturgie soll ein Teil des Lebens der Menschen und somit »erdverbunden« sein. Schon die ursprüngliche Übersetzung zeigt: Das Subjekt des Weges, der miteinander gegangen werden soll, ist die Gemeinschaft. Die Liturgie ist ein Weg, auf dem wir Gott und Menschen begegnen. Und das Wichtigste bei der Feier des Gottesdienstes ist, diese Begegnung nicht zu verhindern, sondern sie zu ermöglichen. Denn sonst hält allein der Pastor oder die Pastorin den Gottesdienst – und wenn er bzw. sie ihn nicht hält, dann fällt der Gottesdienst in sich zusammen. In so einem Fall wird Gottesdienst nicht als Gottesdienst der Gemeinde gefeiert, die einen Weg zusammen geht. Denn zum Feiern brauchen wir einander. Und wir brauchen besonders auch die Kinder und die Jugendlichen, die uns in den so

genannten Hauptgottesdiensten wieder das Feiern beibringen können, wenn wir selbst es verlernt haben.
In der Liturgie kommen biblische und kulturelle Elemente zusammen. Das war von Anfang an so. Und das kann in der Erfahrung des Evangeliums, in der Gotteserfahrung und in der Erfahrung der Liturgie nur so sein.
In einem Schlussdokument der Weltmissionskonferenz des Ökumenischen Rates der Kirchen in Bangkok 1973 heißt es:

»Wahre Theologie schließt Reflexion von Erfahrung ein, Erfahrung der christlichen Gemeinschaft an einem bestimmten Ort zu einer bestimmten Zeit. Sie wird deshalb Theologie im Kontext sein; sie wird praktisch anwendbare und lebendige Theologie sein, die billige Verallgemeinerungen ablehnt, weil sie zu und aus einer bestimmten Situation spricht.«[1]

Liturgie ist Ausdruck von Theologie. Und wenn die feiernde Gemeinde nicht Kontext, sondern Text, also Subjekt des Weges der Liturgie ist, darf und muss sie überlegen, wie sie ihren Gottesdienst gestalten will – wie ein Gottesdienst ihr gemäß ist. Das Kapitel »Ein Gang durch die Liturgie« möchte dabei helfen.

In der Regel bestimmen die sonntägliche Liturgie zwei sie strukturierende Dimensionen: Die Teile, die normalerweise in jedem Gottesdienst gleich bleiben (z.B. der Segen), werden *Ordinarium* genannt (das, was den »stabilen Rahmen« des Gottesdienstes »im Allgemeinen« bildet); und die Teile, die in jedem Gottesdienst verschieden sind (z.B. die Bibellesungen), werden *Proprium* genannt (das, was das Besondere dieses einen Gottesdienstes ausmacht).
Hilfreich ist zunächst zu wissen, was unbedingt zum Gottesdienst gehört. Das sind Schriftlesung, Predigt und eine Form der Antwort der Gemeinde (Gebet …) – und bei der Feier des Abendmahls Einsetzungsworte und Austeilung.[2] Das ist »nicht viel« – da ist ein weiter Spielraum für die Gestaltung des Gottesdienstes.

Die Arbeitsschritte der Liturgie-Didaktik

Wir wollen in diesem Kapitel den einzelnen Schritten der Liturgie nachgehen, nach ihrer theologischen Begründung und ihrem historischen Ort, auch nach dem Kontext fragen, in dem wir sie jeden Sonntag erleben. Und wir wollen sehen, wie die Schritte so zu gestalten sind, dass *Leben im Gottesdienst* geschieht.
Dazu soll in diesem Kapitel folgende wiedererkennbare Grundstruktur (das »Ordinarium« des jeweiligen Abschnitts) das Mitgehen bei den einzelnen Schritten in ihren Besonderheiten (»Proprium«) erleichtern:

1. Schlussdokument der Sektion 1 »Kultur und Identität«, in: *P. Potter:* Das Heil der Welt heute, Stuttgart 1973, S. 181f.
2. So heißt es in der Denkschrift »Versammelte Gemeinde«, auf der die Erneuerte Agende und auch das Evangelische Gottesdienstbuch basiert (siehe Erneuerte Agende, S. 13), in: *H. v. Schade und F. Schulz (Hg. im Auftrag der Lutherischen Liturgischen Konferenz Deutschlands):* Gottesdienst als Gestaltungsaufgabe, Hamburg 1979, S. 13 + 15.

1. Im Kontext des Gottesdienstes
Wir wollen zeigen, welche Bedeutung ein spezieller Schritt (z.B. das Kyrie) im Gesamtzusammenhang des Gottesdienstes hat.

2. Zur Erinnerung
Wir wollen Hinweise zur Entstehung bzw. Geschichte des speziellen Gottesdienstschrittes geben. Denn nur wer etwas über die gewachsene Bedeutung weiß, kann im Gottesdienst einen liturgischen Schritt mit souveräner Fantasie gestalten.

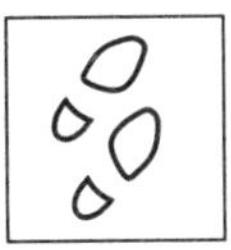

3. Das … (z. B. Kyrie) gestalten
Wir wollen Gesichtspunkte für die konkrete Gestaltung anbieten – nach dem Motto »Hilfe zur Selbsthilfe«:

○ Dabei hilft *»Ein Blick in das Evangelische Gottesdienstbuch«*. Im Evangelischen Gottesdienstbuch stecken erstaunlich viele (liturgische) Lebensmöglichkeiten. Wir müssen sie nur entwickeln.

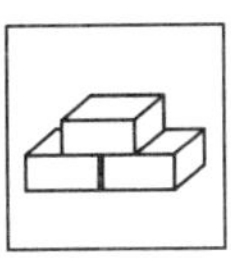

○ Dabei helfen *»Exemplarische Bausteine«*, die zeigen, wie Möglichkeiten zu Wirklichkeiten werden können. Der entsprechende didaktische Kommentar gibt nicht nur Hinweise zur Struktur der einzelnen Elemente, sondern zielt auch auf eine Übertragung in unterschiedliche gottesdienstliche Situationen.

○ Dabei hilft (in jedem Abschnitt) der Baustein *»Aus der Ökumenischen Liturgie«*. Zusammen ergeben die Bausteine dieser »Reihe« eine vollständige Liturgie.

Die *Ökumenische Liturgie* wurde in der vorliegenden Form für das Ökumene-Forum des Münchener Kirchentages 1993 entwickelt und dort gefeiert – wie auch in Gottesdiensten verschiedener »ganz normaler« Gemeinden. Wir haben sie als »durchlaufendes Beispiel« ausgewählt, weil in ihren Texten umgesetzt wird, was wir von den einzelnen Schritten der Liturgie erwarten und weil sie ein Beispiel dafür ist, wie die Leitkriterien des Evangelischen Gottesdienstbuches entwickelt werden können. Sie ist die dritte Ökumenische Liturgie, die auf einem Kirchentag gefeiert wurde – als eine in unsere Situation hinein adaptierte Form der *Lima-Liturgie*, in der die auf der Ebene des Ökumenischen Rates der Kirchen gefundenen Gemeinsamkeiten 1982 Gestalt gewannen. Sie kann als gutes Beispiel für so eine »Entwicklung« dienen – und zeigt, wie der zentrale Bibeltext des Gottesdienstes zu einem liturgischen Strukturmodell werden kann (hier: Lk 10,25-37, → S. 78 bzw. 168).[3] Mehr als hundert Menschen haben die Ökumenische Liturgie zusammen mit Fritz Baltruweit vorbereitet und zum Gelingen der Feier beigetragen: Der Ökumenisch-Liturgische Arbeitskreis, bei dem Gemeindegruppen aus dem Raum Bremerhaven, Buxtehude, Emden, Essen, Garbsen, Leipzig und München mitwirkten und die Forumsleitung des Ökumene-Forums des Deutschen Evangelischen Kirchentages.

○ Die Ökumenische Liturgie zeichnet sich u.a. dadurch aus, dass der Predigttext (die Geschichte vom barmherzigen Samariter) auch die entscheidenden Schritte der Liturgie prägt. Um das herauszuheben, werden die entsprechenden Texte durch eine Pantomime-Darstellung (mit Musik) unterstrichen. Um einen Eindruck davon zu vermitteln, behelfen wir uns mit dem Hinweis durch das nebenstehende Symbol und mit einer Foto-Serie. Die Darstellerinnen sind Katrin Ahlers, Heike Hinsch und Silke Stöhr aus Garbsen und Hannover.

○ Schließlich hilft dabei der Baustein *»Liturgische Werkstatt«*, in dem Möglichkeiten angeboten werden, in der Gruppe (oder allein) den entsprechenden liturgischen Schritt zu »erlernen« bzw. eine (neue) Sensibilität zu gewinnen.

○ Für einige Themen, die über einen liturgischen Schritt hinausgehen und für den ganzen Gottesdienst bedeutsam sind, haben wir einzelnen Abschnitten *Denkzettel* beigefügt.

Zur besseren Übersicht fassen wir in einem Schema in dreifacher Weise die Gottesdienststruktur zusammen, die wir vermitteln wollen und die zeigt, was für uns das *Evangelische Gottesdienstbuch* entwickeln heißt:

1. eine Grundstruktur für jeden Sonntag (vgl. Grundform I),
2. eine (schlichtere, aber Leben eröffnende) Alternative (vgl. Grundform II),
3. die ausführliche Form der Ökumenischen Liturgie.

3. Die beim Berliner Kirchentag 1989 gefeierte Ökumenische Liturgie »Unter dem Feigenbaum« kann nachgelesen werden in: *F. Baltruweit:* Ökumenische Liturgie konkret, eine Wegbeschreibung von Lima bis Berlin, in: *S. Fritsch-Oppermann und H. Schröer (Hg.):* Lebendige Liturgie, Texte Experimente Perspektiven, Gütersloh 1990, S. 86-99.

Gottesdienst auf einen Blick

	Unser Gottesdienst-Vorschlag: (Grundformen auf der Basis des Evangelischen Gottesdienstbuches)	Alternative:	Ökumenische Liturgie:
A	Sich auf den Gottesdienst vorbereiten (die Mitwirkenden begrüßen und mit dem Vorbereitungskreis in der Sakristei zusammen beten)		Einstimmung mit Liedern, einander begrüßen – auch die Mitwirkenden; mit einem Lied still werden
Mit Leib und Seele ankommen (Eröffnung und Anrufung)	Glockengeläut Vorspiel Begrüßung (Psalm) Eingangslied	Glockengeläut Vorspiel Begrüßung (Psalm) Eingangslied	Liturgischer (Solo)Tanz Gruß Psalmgebet Lied
	evtl. Ehre sei dem Vater (Gloria Patri) ‹Schuldbekenntnis›		
	Kyrie (evtl. entfaltet und mit Stille)		Kyrie (entfaltet) mit Kehrvers
			Situation (Schuldbekenntnis) Bitte um den Geist Lied
	Gloria Lied		Gloria (entfaltet) Lied
	Tagesgebet	Tagesgebet (als Eingangsgebet)	Tagesgebet
B Die Botschaft wahr-nehmen (Verkündigung und Bekenntnis)			Prozession (Wort, Licht, Brot … mit Lied (Kehrvers)
	Alttestamentliche Lesung		Alttestamentliche Lesung (Mitmach-)Aktion (Solo-)Lied
	(oder Lesung der Epistel) Halleluja-Lied		Lesung der Epistel Symbol-Meditation (mit Lied und Gebet)

Die Botschaft wahr-nehmen (Verkündigung und Bekenntnis)	Lesung des Evangeliums Lied	Biblische Lesung (evtl. entfaltet) (Lied)	Lesung des Evangeliums (Solo-)Lied
	Predigt Musik oder Lied Glaubensbekenntnis Lied Abkündigungen Lied (Einsammeln des Dankopfers) Fürbittengebet (mit Kehrvers)	Predigt Musik oder Lied Glaubensbekenntnis Lied Abkündigungen Lied (Einsammeln des Dankopfers) Fürbittengebet (mit Kehrvers)	Predigt Musik oder Lied Glaubensbekenntnis (Lied) Kollektenansage Lied (Einsammeln des Dankopfers) (spontane) Fürbitten mit Kehrvers
C Miteinander ein Leib werden (Abendmahl)	Lied	Lied	Lied/Vorbereitung des Abendmahlstisches
	<Schuldbekenntnis> Vorspruch Lobgebet (Präfation) Sanctus	Gebet	Gabengebet Lobgebet (Präfation) Sanctus
	Einsetzungsworte (mit Lobpreis)	Einsetzungsworte (mit Lobpreis)	Einsetzungsworte (mit Lobpreis) Epiklese Hosianna
	Vaterunser (Agnus Dei)	Vaterunser	Vaterunser
	Einladung	Einladung	Einladung
	Austeilung Friedenszeichen	Austeilung Friedenszeichen	Austeilung Friedenszeichen
	Dankgebet Liedvers	Dankgebet Liedvers	Lied Dankgebet
D Mit dem Segen weiter-gehen (Sendung)	Sendung Segen Nachspiel	Sendung Segen Nachspiel	Sendung Segen Segenslied
	Zusammenbleiben bei Kaffee, Tee, Keksen, miteinander klönen in Frieden gehen		Zusammenbleiben, singen, tanzen, miteinander aufräumen, Gute-Nacht-Geschichte, in Frieden gehen

A. Mit Leib und Seele ankommen (Eröffnung und Anrufung)

Der Gottesdienst beginnt vor dem Gottesdienst

Ein Fragebogen[1] für die Verantwortlichen des Gottesdienstes

1. Wer kommt an diesem Sonntag?
(→ Den Gottesdienst in der Gemeindearbeit vernetzen, S. 238ff.)
- Kommen Menschen, die ich »normalerweise« nicht erwarte (z.B. am Volkstrauertag)?
- Aus welcher Situation kommen die Menschen zum Gottesdienst?
  (Alte Menschen, die sich gedanklich schon lange auf den Gottesdienst eingestellt haben; Mütter/Väter, die vom noch nicht abgedeckten Frühstückstisch im letzten Moment aufgebrochen sind; junge Erwachsene, die noch gar nicht gefrühstückt haben …)
- Wie nehme ich diese Situationen auf?
- Wie werden die Menschen, die zum Gottesdienst kommen, an der Kirchentür empfangen? Von wem?
  (Wissen die Begrüßenden, ob Liederzettel und/oder das Gesangbuch ausgeteilt werden müssen?)
- Besteht Gelegenheit, den Mantel abzulegen?
- Wie gestaltet sich das Hineingehen? Wird geredet? Ist alles still? Wird schon gesungen oder Musik gehört? (Übt der Organist/die Organistin noch?) Wann werden die Kerzen angezündet, der (Abendmahls-) Tisch gedeckt? Welche Elemente integriere ich bewusst in die Vorphase des Gottesdienstes?
- Welchen Ort suchen die Menschen, die am Gottesdienst teilnehmen? Was wünschen sie sich für den Gottesdienst?
  Suchen sie einen distanzierten Ort in der letzten Reihe oder am Rande – mit Distanz auch zu den Nachbarn – oder vorn, im Kreis anderer?
- Wie gewinnen sie Sicherheit für das Kommende?
- Welchen ersten Eindruck gewinnen sie vom Kirchenraum?

1. Vgl. auch die Fragen zur Entwicklung der Kriterien des EGb, S. 27ff., und die Anleitung zur Selbstbefragung, S. 261.

2. Was ist mit dem Raum? Wie ist er gestaltet?
(→ Den Gottesdienstraum gestalten, S. 54ff.)

- Was ist in *diesem* Gottesdienstraum sinnvoll und möglich?
- Welche Formen der Kommunikation legen sich nahe?
- Wie ist das Gefühl zu verstärken, dass wir *eine* Gemeinde sind?
- Wie kann ich den Weg der Liturgie sinnvoll in den vorhandenen Raum »einbetten«?
  (»Wahrnehmungs«übung dazu: in verschiedenen Gemeinderäumen und -ecken sich zu Andachten treffen und wahrnehmen, was Räume und ihre Gestaltung für Folgen haben für den Gottesdienst …)
- Welcher Raum verträgt welche Liturgie?
  (Vertragen multi-funktionale Räume in Gemeindezentren dieselbe gregorianische Liturgie wie eine große Hallenkirche?)
- Wie sind die Lichtverhältnisse? Was wird durch Licht in dem Raum hervorgehoben? Sind die Gesichter der Mitwirkenden z.B. am Lesepult gut zu sehen?
  (→ Inszenierende Technik im Gottesdienst, S. 115ff.)

3. Was ist mit mir – und mit meiner Zeit?

- Wann komme ich an?
- Wann habe ich die technischen Vorbereitungen abgewickelt?
- Habe ich Zeit, den Raum noch einmal auf mich wirken zu lassen und mich »seelisch einzuschwingen«?
- Was ist mit meiner »liturgischen Präsenz«?
  - Habe ich *Ruhe* vor dem Gottesdienst gefunden, um mich jedem Schritt, jedem Übergang in der Liturgie in Ruhe zu widmen und ihn wichtig zu nehmen?
    (Regel: Erst den einen Schritt zu Ende führen, dann den nächsten Schritt beginnen.)
  - Habe ich mir klar gemacht, was ich mit jedem liturgischen Schritt will?
    (Meine Einstellung zu jedem Schritt der Liturgie wird deutlich sichtbar werden! Wie viel Atem habe und hole ich zwischendurch, wie viel Augenblicke oder gar Zeiten der *Stille* sind angesagt?)
  - Habe ich den Ablauf so klar (und auswendig) vor Augen, dass ich frei bin für das Geschehen des Gottesdienstes und Sicherheit bei der »Führung« durch den Gottesdienst ausstrahlen kann?

4. Was ist mit denen, die mit mir zusammen den Gottesdienst vorbereitet haben?

- Wann kommen die, mit denen ich zusammen Gottesdienst gestalte? Habe ich Zeit, sie zu begrüßen?
- Ist Zeit und Ruhe dafür da, sich mit ihnen zu treffen, um die Vorbereitun-

gen und das Geschehen, was nun folgt, in Gottes Hand zu legen? Ist Zeit für ein Gebet mit der Bitte um Gottes Gegenwart in der kommenden Stunde?[2]

Ein exemplarischer Baustein

Gott,
wir danken dir,
dass wir hier sein dürfen,
hier in deinem Haus.
Wir haben uns vorbereitet
und legen nun all das Gedachte und Aufgeschriebene
und uns selbst in deine Hand.
Sei du mitten unter uns.
Sei du unsere Mitte.
Führe du uns durch den Gottesdienst
und lass uns deine Werkzeuge sein.
Begleite du diese Stunde mit deinem Segen.

Dieses *Gebet in der Sakristei*, bei dem sich die Beteiligten die Hände reichen können, schließt die Vorbereitung ab und fasst ihren Sinn zusammen: Die Zeit vor dem Gottesdienst zielt darauf, für das Gottesdienstgeschehen frei zu werden und den Heiligen Geist »nicht zu blockieren«.

(Zur Entstehung des Rüstgebetes → S. 81)

2. Die Vorbereitung wird in dem Gebet in den Horizont der Erwartung gerückt, dass etwas im Gottesdienst geschieht, dass Leben geschieht und sich ereignet, dass Raum für Gott da ist und dieser Raum auch von Gott gefüllt werden wird. *Karl Barth* drückt das so aus: »Wenn am Sonntag Morgen die Glocken ertönen, um die Gemeinde und Pfarrer zur Kirche zu rufen, dann besteht da offenbar die Erwartung eines großen bedeutungsvollen, ja entscheidenden Geschehens … Die Erwartung … liegt in der ganzen Situation … Gott ist gegenwärtig. Die ganze Situation zeugt, ruft, schreit ja offenbar davon und wenn sie, vom Pfarrer oder von der Gemeinde aus gesehen, noch so fragwürdig, kümmerlich und trostlos wäre …« (in: *K. Barth:* Das Wort Gottes und die Theologie, München 1924, S. 104f. bzw. in: *H. Finze (Hg.):* Karl Barth Gesamtausgabe 3, Vorträge und kleinere Reden, Zürich 1990, S. 73f.).

Den Gottesdienstraum gestalten[3]

Der Gottesdienstraum spiegelt die Stimmung des Glaubens einer Gemeinde. »Der Gottesdienstraum ist ein Versammlungsraum, in dem Gottesdienst gefeiert wird, und zwar als Gedenken und als Hinwendung zu Gott in der Gemeinschaft. Was hier geschieht, soll dem Heilsein der Menschen und der Welt dienen. Die Menschen also und das, was sie hier tun, stehen in besonderer Beziehung zu Gott und sind in diesem Sinn ›heilig‹. Darin besteht das Besondere des Kirchenraums … Dieses Besondere in der Begegnung mit dem ›Andern‹ wird erlebt und will erlebt werden auch als ›Stimmung‹, als Atmosphäre.« (T. Müller, Evangelischer Gottesdienst, Stuttgart 1993, S.153)

Die Voraussetzung für jede Raumgestaltung besteht darin, den Gottesdienstraum in seiner heil-vollen, leben-fördernden »Stimmung« (Atem-Sphäre) wahrzunehmen (→ S. 233):

1. *Den Gottesdienstraum von außen wahrnehmen*
   (die Kirche in ihrem Umfeld und in ihrer Architektur erfassen):
   Liegt die Kirche mitten im Ort, am Rande, auf einem Berg … ? Ragt der Kirchturm weithin sichtbar in den Himmel oder »geht das Gemeindezentrum unter«? Ist Platz für Gemeinde-Leben vor der Tür oder muss »man« – ohne Anlauf – über die Schwelle? Wie viel Transparenz (Offenheit) oder Burg- und Klostermentalität (Geborgenheit oder Abgeschlossenheit?) strahlt die Kirche aus?
2. *Den Gottesdienstraum von innen wahrnehmen*
   (zuerst aus dem Gedächtnis – »by heart«):
   Einen Grundriss zeichnen mit Türen und Fenstern, mit der Raumaufteilung (Eingangsbereich/Hauptraum/Altarraum/Raum der Stille …), mit der Anordnung der Sitzgelegenheiten … – die Gegenstände einzeichnen, die wichtig erscheinen (und evtl. die Dinge nachzeichnen, die tatsächlich »da« sind) – … was fehlt? – Was sagt der Raum aus? Die Farben und Formen, die Wände und die Decken, das Licht und die Luft in den Blick nehmen (die »leeren« Flächen nicht vergessen!) … Was hilft uns dabei, uns in ungewohnter Umgebung »zuhause« zu fühlen oder uns erst einmal »wohnlich« einzurichten (Mobiliar, das zum Verweilen einlädt?) – was sehen wir aus verschiedenen Blickwinkeln?

3. Vgl. zum Stichwort »Raum« im EGb-Ergänzungsband I, S. 16ff.

Was nicht? – Wo hören wir gut? Wo schlecht? – Wie fühlen wir uns an verschiedenen Stellen des Raumes? Was stört? Was fehlt? – Wie finden wir unseren Platz? Wie lässt es sich gehen? – Wie sitzen oder sehen wir zusammen? In Reih und Glied oder im (Halb-)Kreis?

3. *Den Gottesdienstraum als Spiegel möglicher Gemeinde-Theologie begreifen*: Ist er längs ausgerichtet mit festen Bankreihen? Führt der Weg von hinten nach vorn, ohne im Altarraum wirklich »anzukommen«? Agiert der »Priester« jenseits der Gemeinde im »Allerheiligsten«, besteigt er die Kanzel als »Berg der Offenbarung«, erklingt die Orgel »aus dem höheren Chor«?
Oder ist der Innenraum eher rund (halbkreisförmig, oval, zentral) angeordnet mit dem Altar als Abendmahlstisch in der Mitte der Gemeinde, sodass sich der Kreis als liturgische Form (vom Beten bis zum Tanzen) nahe legt?

Die runde, wohnliche Form mit einer Offenheit nach außen spiegelt evangelisches Raum-Gefühl und -Profil (auch wenn die »alte« Form »noch unversehens« viele Kirchenbauten bestimmt). Schritte zur Umgestaltung des Raumes sollten sorgfältig miteinander bedacht werden und mit sachkundiger Beratung erfolgen.

So unterschiedliche Gestaltungsvarianten sind in einem Raum denkbar:

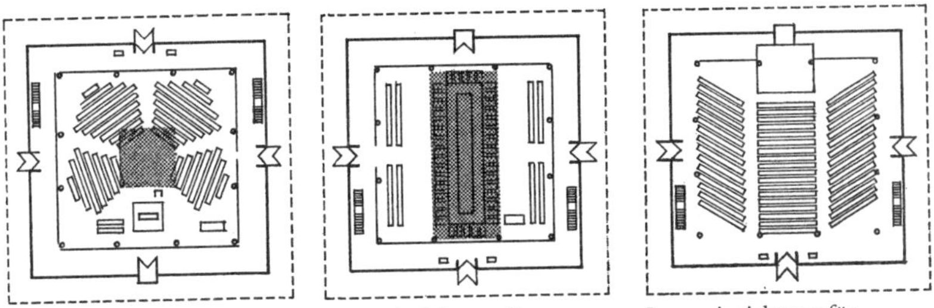

Inneneinrichtung für Abendmahlsfeier | Inneneinrichtung für Taufgottesdienst | Inneneinrichtung für Gemeindeversammlung mit Theaterspiel

Raumkirche (von Architekt Walter 1965), aus: *P. Poscharsky:* Ende des Kirchenbaues?, Stuttgart u.a. 1969, S. 37.

Davon abgesehen ist die Raumgestaltung in ihrer Ausrichtung und den Farben auch *vom Kirchenjahr geprägt* (→ S. 246ff.), was zum Beispiel durch den Blumenschmuck zum Ausdruck kommt: Aus Weihnachtssternen wird der Christusdorn in der Passionszeit, der die Bilder des Kreuzwegs oder des Hungertuchs auf seine Weise unterstreicht; Osterglocken, Pfingstrosen, Sommerwiesensträuße, Sonnenblumen oder Ährenbündel können weitere kontinuierliche Signale dafür sein, dass wir etwas brauchen, was unseren Augen gut tut – neben dem, was uns auf die Sprünge hilft: Aus der mit Stacheldraht umwickelten amnesty-Kerze kann sich ein Lichter-Dornen-Kranz entwickeln – und aus der »normalen« Krippe eine Hütte aus den Slums von Manila als Zeichen einer ökumenischen Weihnachtsgeschichte; die Großbilder aus dem Kindergottesdienst und die Plakate aus dem Konfirmandenunterricht lassen »Sterilität« gar nicht erst aufkommen …

So kann sich über weite Wegstrecken des Kirchenjahres auch so etwas wie ein »Ordinarium und Proprium« der Symbole und Farben, Bilder und »Aufbauten« entwickeln, das uns mit wiederkehrenden und jeweils überraschenden Raum-Zeichen entspannt und gleichzeitig in Atem hält. Hier sind viele Möglichkeiten der Beteiligung von Gruppen und Einzelnen gegeben (eine Art kleiner Tapetenwechsel für die Kirche).

4. *Den Gottesdienstraum inszenieren*

Neben der allgemeinen Wahrnehmung des Raumes und der gemeindepädagogisch immer wieder angesagten Einführung in den Raum oder der kirchenpädagogisch reflektierten Einbeziehung seiner Elemente will auch die jeweilige *Inszenierung des Raumes* zu einem bestimmten Text/Thema bedacht sein: Welche Stimmung soll der Raum transportieren (bzw. welche transportiert er)? »Passt« diese Stimmung zum Gottesdienstkonzept? Wo und wie versuche ich, die Stimmung des Raumes in das Konzept einzubeziehen? Wo und wie versuche ich, sie zu korrigieren? Wo und wie kann ich Elemente des Raumausdrucks direkt in mein Konzept einbeziehen (ein Kirchenfenster, die Architektur etc.)? Welche (ggf. wechselnden) Positionen nehmen die Mitwirkenden ein und welche Stationen beschreiten sie auf dem Weg durch den Gottesdienst? Was erwarte ich von den anderen, die am Gottesdienst teilnehmen (sitzen, stehen, gehen, mit den Augen verfolgen usw.)?

(Zur Lichtgestaltung und Technik → S. 115ff.)

Zur Weiterarbeit in Sachen Kirchen(raum)pädagogik

R. Bürgel (Hg.): Raum und Ritual. Kirchbau und Gottesdienst in theologischer und ästhetischer Sicht, Göttingen 1995; *M. L. Goecke-Seischab/J. Ohlemacher:* Kirchen erkunden, Kirchen erschließen. Ein Handbuch, Lahr/Kevelaer 1998; *R. Degen/I. Hansen (Hg.):* Lernort Kirchenraum. Erfahrungen – Einsichten – Anregungen, Münster 1998 und besonders *T. Klie (Hg.):* Der Religion Raum geben. Kirchenpädagogik und religiöses Lernen, Münster 1998 (dazu: Eine kirchenpädagogische Praxishilfe, RPI Loccum, 1999).

Die Eingangssituation

Es geht am Anfang der »Veranstaltung Gottesdienst« um die innere und äußere Sammlung aller am Gottesdienst teilnehmenden Menschen, um den Übergang von der offenen zur gestalteten Kommunikation.[4]

Glockengeläut

Glocken rufen zum Gottesdienst. Diese ursprünglich als heidnisch abgelehnten »Rufinstrumente«[5] dienen nicht nur der »Reviersicherung«[6] der Kirche, sondern sind vor allem symbolisches Zeugnis für die Nähe Gottes. Eine Konfirmandin sagte einmal: »Wenn ich die Glocken höre, dann denke ich an Gott.«[7] Und beim Tod eines Gemeindegliedes ist vielen das (Aus-)Läuten sehr wichtig. Für die, die zum Gottesdienst kommen, stimmt das Glockengeläut in den Gottesdienst ein.

In manchen Gottesdiensten werden deshalb die Glocken erst nach dem Einsingen und dem »Zur Ruhe kommen« durch eine meditative Einleitung, die in die Stille führt, geläutet. Besonders bei Abendgottesdiensten bietet sich so etwas an (→ Baustein Aus der Ökumenischen Liturgie). Beim Ansingen von Liedern sollte darauf geachtet werden, dass nicht eine Lehrstunde daraus wird, sondern dass eine gemeinschaftliche gottesdienstliche Atmosphäre entsteht (→ Musik im Gottesdienst, S. 60ff.).

Musik zum Eingang

In der *Musik zum Eingang* – Orgel, Flöten, Gong … (Stille[8]) – verdichtet sich die offene Kommunikation zwischen denen, die sich in den Kirchenbänken miteinander unterhalten und denen, die still dasitzen, zum gemeinschaftlichen Einstimmen in den Gottesdienst.[9]

Einzug (Introitus)/Ehre sei dem Vater (Gloria Patri)

Während der Eingangsmusik kann die *Eingangssituation* durch den Einzug der an der Vorbereitung Beteiligten visuell unterstrichen werden. Brot und Wein können mitgebracht, der Tisch gedeckt und die Kerzen angezündet werden.

4. Ein Gottesdienstvorbereitungskreis wird sich überlegen, mit welchen liturgischen Elementen die Eingangssituation des Gottesdienstes gestaltet werden soll.
5. Siehe *J.H. Emminghaus:* Der gottesdienstliche Raum und seine Gestaltung, in: Gottesdienst und Kirche, Handbuch der Liturgiewissenschaft 3, Regensburg 1987, hier S. 383f.
6. Vgl. *M. Josuttis:* Der Weg in das Leben, München 1991, S. 64f.
7. Ähnliches ist nachzulesen in der Studie »Fremde Heimat Kirche«, hg. von der Studien- und Planungsgruppe der EKD, Evangelische Kirche in Deutschland, Hannover 1993, S. 21.
8. Vgl. dazu anregend etwa *G. u. R. Maschwitz:* Gemeinsam Stille entdecken. Übungen für Kinder und Erwachsene. Ein Praxisbuch, München 1995.
9. Wer hier schon das biblische Motiv musikalisch anklingen lassen will, findet erste Orientierung in: *S. Remmert:* Bibeltexte in der Musik. Ein Verzeichnis der Vertonungen (Dienst am Wort 74), Göttingen 1996.

Ursprünglich zogen an dieser Stelle der Gemeindebischof und die anderen gottesdienstlichen Amtsträger ein.[10] Während des Einzuges sang der Chor den Introitus (= Eingang). Das war in der Regel ein Psalm (→ S. 69ff.) – er wurde in der Verbindung mit dem Gloria Patri (»Ehr sei dem Vater und dem Sohn ...«) gesungen. So sang ursprünglich die Gemeinde dieses liturgische Stück nicht, das als Gegenbekenntnis zur arianischen Irrlehre → S. 138ff.) entstanden ist. Das Gloria Patri stellt diesen einzigartigen Gottesdienst in den Rahmen aller Gottesdienste, die jemals gefeiert wurden und werden → S. 72).[11]

Eingangslied

Alternativ zum Introitus des Chores entwickelte sich in der Reformationszeit das von der Gemeinde gesungene *Eingangslied* (weil Martin Luther sehr an der Beteiligung der Gemeinde lag), das oft zum Schluss eine »Gloria-Patri-Strophe« enthält (vgl. etwa EG 288[12]).

Wenn ein Eingangslied mit einer Gloria-Patri-Strophe gesungen wird, dann entfällt das liturgische Stück, das in vielen Gemeinden den Beginn der Eingangsliturgie (Gloria Patri/Kyrie/Gloria ...) markiert.

Das Eingangslied sollte möglichst vielen bekannt sein, weil es abholenden Charakter hat und das Ankommen wie das Zusammenkommen der vielen unterschiedlichen Menschen erleichtern hilft. Es nimmt die Eingangssituation ernst – und geht in seiner Einstimmung auf den Gottesdienst in der Weise über die bisherigen Schritte der Liturgie hinaus, dass alle eingeladen sind mitzumachen. Für viele erfüllt besonders das Lied »Danke« (EG 334) diese Zielsetzung (→ Musik im Gottesdienst, S. 60ff.). Ein Morgenlied, Themalied[13] oder Lied zur Kirchenjahreszeit legt sich hier ebenfalls nahe. Die *Begrüßung*, die oft vor dem Eingangslied platziert ist, macht deutlich, dass in Gottes Haus alle »Herzlich willkommen!« sind und mit allem zu Gott kommen können, was sie bewegt.

10. Siehe *C. Mahrenholz:* Kompendium der Liturgik, Kassel 1963, S. 83. Zunächst gab es keine festen Gottesdienst-Anfangszeiten, weil die Sklaven von ihren Herren abends unterschiedlich entlassen wurden. Deshalb »vertrieben sich die bereits Anwesenden die Zeit mit Gesang ... Waren dann alle versammelt, so zog der Bischof mit seinem Gefolge von Presbytern und Diakonen ein; man sang den gerade angefangenen Psalm zu Ende und schloss ihn wie gewohnt mit dem ›Ehre sei dem Vater ...‹ ab«. Es folgte das Kyrie-Gebet (Mauder-Zitat S. 73). (*A. Mauder:* Eröffnung und Anrufungen, Feiernde Gemeinde, Heft 3, Hamburg 1978, S. 5).
11. Das Gloria Patri entfällt in der Karwoche – EGb, S. 66/69.
12. EG = Evangelisches Gesangbuch (In Berlin-Brandenburg wurde es im Advent 1993, in vielen anderen Landeskirchen ein Jahr später eingeführt, in Rheinland-Westfalen-Lippe erst im Advent 1996.).
13. Hier kann schon etwas von der inhaltlichen Ausrichtung des Gottesdienstes anklingen. Eine Liedkonkordanz kann bei der Auswahl behilflich sein – z.B. *H.-H. Auel/B. Giesecke:* Bibel im Kirchenlied. Eine Konkordanz zum EG (Dienst am Wort 91), Göttingen 2001.

Aus der Ökumenischen Liturgie

Das Vorspiel:
Ein Instrumentalstück,
einander einstimmen mit Liedern,
einander begrüßen, auch die Mitwirkenden des Abends.
Mit dem Lied »Jesu tawa pano« still werden:

Text und Musik: Patrick Matsikenyiri, Zimbabwe, Übersetzung: Fritz Baltruweit
Aus: Fritz Baltruweit – Meine Lieder © beim Autor, © der Übersetzung im tvd-Verlag, Düsseldorf

Als »Glockenersatz« bzw. »Orgelvorspiel«:
Liturgischer Tanz und musikalischer Einzug zur Kirchentagslosung

Foto: Jens Schulze, © Ev. EXPO-Büro

Musik im Gottesdienst

Musik versetzt unseren Körper und unsere Seele in Schwingungen und erreicht viel tiefere »Schichten« in uns, als es durch das Wort allein möglich ist. Musik vermittelt zwischen Jung und Alt, zwischen In- und Outsidern des Gottesdienstes.
Musik hat – wenigstens in der Tradition evangelisch-lutherischer Gottesdienste – eine sehr eigenständige Tradition. Im Sinne Bach'scher Passionen bzw. Kantaten ist sie in der Lage, die Dramaturgien ganzer Gottesdienste zu bestimmen. Sie bildet auch heute einen aussagekräftigen Schwerpunkt der Liturgie – und in so manchen Gottesdiensten das Grundgerüst der Liturgie.
Die dramaturgische Dimension der Musik im Gottesdienst und auch der gemeinsam gesungenen Lieder muss genau bedacht werden – vor allem im Blick auf die atmosphärische Wirkung der Musik und des gemeinsamen Singens. Denn gerade Musik beeinflusst die Tiefe und die »emotionale Kurve« einer Dramaturgie bzw. Liturgie besonders stark. Welches Lied, welche Musik hat welche emotionale Wirkung? Wie unterstützt sie die Dramaturgie, wie unterstützt sie die Botschaft?
Musik hat im Gottesdienst aber auch dienende Funktion: In ihr darf und soll etwas von der befreienden Botschaft des Evangeliums Gestalt gewinnen.
Die Musik und die Lieder des Gottesdienstes sind in ihrer Auswahl und Sprache Anzeichen dafür, in welchem und in wessen Geist Gottesdienst gefeiert wird. Wenn Christus das alleinige Haupt der Gemeinde ist, darf es nicht die Diktatur eines Musikstils geben. Es ist eine theologische Frage, ob die Orgel das allein beherrschende Instrument des Gottesdienstes ist (als Symbol für die Allmacht Gottes) oder ob verschiedene Instrumente einander ergänzen und miteinander »spielen«.
Ein erfrischendes »Konzert« von alten und neuen Liedern bietet das Evangelische Gesangbuch (EG) an. Zwar hätten noch mehr neue Lieder aufgenommen werden können, aber die Lieder, die im EG enthalten sind, werden wenigstens gesungen und erhalten so noch einmal eine ganz neue Verbreitung. Auch dass viele Kanons und vierstimmige Sätze enthalten sind, ist nicht nur den Kirchentagsliederheften (als Ideengeber) zu verdanken, sondern eröffnet auch viele neue Sing-Möglichkeiten.

Konsequenzen für die Gestaltung:

- Wie oft gibt es die Möglichkeit, mehrere unterschiedliche musikalische Elemente einzusetzen: Posaunenchor und Blockflöten, Gitarre und Orgel, und auch Klavier bei neuen Liedern! ... Kantorei und Songgruppe/ Band ...?
- In jedem Gottesdienst sollte es »neue« und »alte« Lieder geben. Der lebendige Glaubensvollzug in Worten der Gegenwart (neue Lieder) und das prägende Erbe, der »Glaube der Vergangenheit« mit dem, was er uns zu sagen hat (alte Lieder), ergänzen einander – und ökumenische Lieder erweitern zusätzlich unseren Horizont.
- Ein menschenfreundlicher Gottesdienst vermittelt die Liebe zu den Menschen, die kommen. Das drückt sich in der Liedauswahl aus. Kommt nur die Kerngemeinde? Kommen Kirchenferne? Kommen Kinder? Sie alle sollten in der Liedauswahl »vorkommen«.
- Am Anfang sollte ein Lied gesungen werden, das möglichst viele kennen, z.B. »Danke«. Über dieses Lied können auch Menschen Kontakt zum Gottesdienstgeschehen finden, die nicht oft kommen.
- Wie viele unbekannte Lieder verträgt ein Gottesdienst? Im Normalfall vielleicht zwei. Eine längerfristige Planung (Welche Lieder möchten wir in einem Kirchenjahr einführen?) und das den Gottesdienst vorbereitende Singen in Gruppen (Konfirmanden/Altenkreis ...) bringt in überschaubarer Zeit einen von vielen erlernten Liederzyklus zusammen, der immer wieder erweitert werden kann.
- Unbekannte Lieder sollten vorbereitet und eingesungen werden.
- Eine gute Möglichkeit der »Einstimmung« in unbekannte Lieder ist die Form der *Liedpredigt*, die bis zur Gestaltung eines ganzen Gottesdienstes rund um ein Lied führen kann. Hier bieten sich dann auch »Entdeckungen« altvertrauter Lieder an (vgl. dazu: *R. Koerrenz/J. Remy (Hg.):* Mit Liedern predigen, Theorie und Praxis der Liedpredigt, Rheinbach-Merzbach 1994 oder *F. Wintzer/H. Schröer (Hg.):* Lebendiger Glaube. Liedpredigten zu alten und neuen Liedern. (Dienst am Wort 78), Göttingen 1997).
- Welche liturgische Funktion haben solistische Beiträge des Chores oder der Orgel ...? Habe ich für die Beiträge den dramaturgischen und der Sache angemessenen Gesamtzusammenhang bedacht? Welche »Stimmung« sollen sie aufnehmen, vertiefen, hervorrufen ...?
- Wichtig ist, Freude am *Singen* zu vermitteln. Das ist auch die wesentliche Aufgabe des Kantors bzw. der Kantorin. In diesem Sinne zum Singen zu helfen ist wichtiger als das schulmeisterliche Einstudieren. (Und wenn die

Kantoren und Kantorinnen das nicht gelernt haben, müssen andere für sie »einspringen«, bis sie es gelernt haben.)

- Wann soll welches Lied eingesungen werden? Während der Begrüßung (z.B. wenn sich ein Lied im Gottesdienst aus der Stille entwickeln soll)? Oder dann, wenn es »dran« ist (der Kehrvers des Fürbittengebetes z.B. stimmt beim Einsingen in das Gebet ein)?
- Oft ist es nötig, nicht nur neue, sondern auch alte Lieder einzusingen.
- Die Gemeinde sollte Noten in der Hand haben, um sich an ihnen »entlang hangeln« zu können. Das erleichtert das Erlernen, auch wenn kaum Notenkenntnisse vorhanden sind.

Materialien zur Vertiefung
Neben einzelnen mit Akkordsymbolen versehenen Regionalausgaben (z.B. Bayern – Thüringen) gibt es z.B. für Rheinland-Westfalen-Lippe auch eine spezielle größere Ausgabe des EG mit Akkordsymbolen für Gitarre, Keyboard und Band, Gütersloh/Bielefeld/Neukirchen-Vluyn 1997.
Weitere musikalische Anregungen finden sich in: *W. Fischer/D. Monninger/R. Schweizer (Hg.):* Werkbuch zum EG, Göttingen 1993-2000 (Ringbuch).
Vgl. auch die beiden Ergänzungsbände zum EGb, a.a.O., S. 19f., dazu besonders Bd. 1, S. 23ff. (Die Musik im Gottesdienst).

(Ausführlicheres zur »Musik im Gottesdienst« im Themenheft 2/94 der Zeitschrift »Der Evangelische Erzieher«, u.a. *F. Baltruweit:* Musik in der Pfarrerausbildung, S. 138-145).

Text und Melodie: Fritz Baltruweit

Begrüßung

Im Kontext des Gottesdienstes

Jeder Gottesdienst möchte eine einzigartige Erfahrung der Freundlichkeit Gottes vermitteln. Das erste persönliche und frei gesprochene Wort im Gottesdienst vermittelt deshalb ein »*Herzlich willkommen*« und »Hier bist du gut aufgehoben«. Die Begrüßung nimmt die Situation der Gekommenen auf und führt in den Gottesdienst hinein, der mit dem Glockengeläut als Feier begonnen hat.[14]

Zur Erinnerung

Eine Begrüßung hatte im Gottesdienst schon immer ihren Ort. »Ursprünglich liefen wohl die jüdische Grußformel ›Friede sei mit euch‹ und die jüdische Segensformel ›Der Herr sei mit euch‹ nebeneinander her.«[15] Schließlich blieb das »Pax vobiscum« (Friede sei mit euch) dem Papst bzw. den Bischöfen vorbehalten, während das »Der Herr sei mit euch« jeder Liturg und jede Liturgin sagen durfte. Im Gottesdienst nach Agende 1 war der Ort der *Salutatio* (= Gruß) nach dem *Gloria in excelsis* (»Ehre sei Gott in der Höhe« → S. 88ff.), weil an der Stelle der Liturg zum ersten Mal »auftrat« und die Gemeinde anredete, nachdem der Chor und die Gemeinde den Introitus, das Kyrie und das Gloria gestaltet hatten. Den Gruß »Der Herr sei mit euch« beantwortete die Gemeinde mit »und mit deinem Geist« (= mit dir, Liturg/Liturgin, sei Gott auch). Auf die Kommunikation zwischen Mensch und Gott in Kyrie und Gloria folgte die Kommunikation zwischen Mensch und Mensch, zwischen Liturg und Gemeinde.[16]

Beim Gruß in dieser Form ist auf die Drehungen vom Altar bzw. zum Altar zu achten, z.B. sich mit der *Herz*seite zum Altar und von ihm wegzudrehen, sich also für *eine* Hin- und Herbewegung zu entscheiden und nicht zu »kreiseln«.

Die Salutatio wurde im Gottesdienst nicht allein als Begrüßungsformel verwendet, sondern als »Segenswunsch, den der Leiter des Gottesdienstes der Gemeinde

14. Vgl. dazu *E. Brinkel/G. Roth (im Auftrag der Arbeitsgruppe »Erneuerte Agende«):* Gottesdienst der mündigen Gemeinde, Berlin 1991, S. 68; *J. Stalmann:* Tagesordnungspunkt Gottesdienst, 4. Aufl., Hannover 1989, S. 88f.
15. *C. Grethlein:* Abriß der Liturgik, Gütersloh 1989, S. 123.
16. Vgl. *M. Josuttis:* Der Weg in das Leben, a.a.O., S. 234f.

zuruft und den die Gemeinde dem Leiter zurückgibt«[17] – und zwar immer dann, wenn er als Einzelner aus dem Gottesdienstgeschehen heraustritt. »Die Salutatio ist ein Zeichen echt christlicher demütiger Haltung: Der Gemeindebischof spricht nicht zur Gemeinde und betet nicht mit der Gemeinde, ohne zuvor die Gemeinde gesegnet zu haben und sich von ihr segnen zu lassen.«[18]

Die Begrüßung gestalten

Ein Blick in das Evangelische Gottesdienstbuch

Im Evangelischen Gottesdienstbuch ist wie schon in der Erneuerten Agende der Gruß (Salutatio) an den Gottesdienstanfang gerückt. Das entspricht der gottesdienstlichen Situation, dass an dieser Stelle der Liturg bzw. die Liturgin und die Gemeinde einander zum ersten Mal »begegnen«, hieß es einmal in der Erneuerten Agende.[19] So bietet in Kontinuität das Evangelische Gottesdienstbuch eine liturgisch sehr dichte Form des Grußes an:

L.: Im Namen des Vaters und des Sohnes und des Heiligen Geistes.
G.: Amen.
L.: Unsere Hilfe steht im Namen des Herrn,
G.: der Himmel und Erde gemacht hat.
L.: Die Gnade unseres Herrn Jesus Christus
und die Liebe Gottes
und die Gemeinschaft des Heiligen Geistes
sei mit euch allen
G.: und mit deinem Geist.[20]

Die sprachlichen Formeln »Im Namen …« und »Unsere Hilfe …« stammen eigentlich aus dem Rüstgebet (→ S. 81).

17. *C. Mahrenholz:* Kompendium der Liturgik, a.a.O., S. 116.
18. Ebd., S. 116f.
19. Vorentwurf – Erneuerte Agende, S. 15.
20. EGb, S. 68.

Ob der Gruß in verdichteter liturgischer Sprache (»Im Namen …«) oder die freie Begrüßung im Gottesdienst vorgesehen wird, ob mit dem Wochenspruch bzw. einem anderen biblischen Votum begonnen wird (dann muss dieses Wort in der Begrüßung aber auch »entfaltet« werden!) oder mit einem »menschlich« ansprechenden Wort (»Herzlich willkommen!«), sollte zusammen mit dem Gottesdienstvorbereitungskreis überlegt werden.
Auch verdichtete liturgische Sprache kann ohne weiteres die klassische trinitarische Struktur variieren, zwei Beispiele:

Im Namen Gottes,
der das Leben liebt,
der die Liebe lebt,
der uns anstiftet zu einem Leben voll Liebe
und voll Ehrfurcht vor dem Leben.

Eingeladen zum An-Denken dieses Tages
stehen wir zusammen im Namen Gottes,
der uns an die Hand nimmt
und loslässt, wenn es Zeit ist – wie eine Mutter,
der uns das Beten lehrt – zum Vater,
der uns zeigt, wes Geistes Kinder wir sind.

Günter Ruddat

Die *freie Begrüßung* kam schon in der Erneuerten Agende in den aufgeführten liturgischen Strukturmodellen als Überschrift nicht vor, sondern nur in den Erläuterungen. Es hieß dort: Sie gehört »nicht in den Textteil einer Agende«, weil sie »jeweils neu zu gestalten und nach Inhalt und Sprache selbst zu verantworten« ist.[21] Umso gespannter waren wir natürlich, wie sich das Evangelische Gottesdienstbuch einige Jahre später äußert – wo sich in den Gemeinde- und auch in den übergemeindlichen Gottesdiensten deutlich die Tendenz abzeichnet: Es gibt kaum noch Gottesdienste ohne freie Begrüßung.
Wir schauen in den Grundformen nach: Fehlanzeige. Ausnahme: »Aus besonderem Anlass« kann sich dem liturgischen Gruß eine freie Begrüßung anschließen, gegebenenfalls mit einer knapp gehaltenen Einführung in den Gottesdienst.[22] Bei den ausgeformten Liturgien ist davon schon nicht mehr die Rede. Wenn wir das Buch weiter durchblättern, werden wir doch fündig. Z.B. bei Gottesdiensten in kleiner Runde[23] – und beim Familiengottesdienst. Da heißt es unter dem Stich-

21. Vorentwurf – Erneuerte Agende, S. 19.
22. EGb, S.38 bzw. 51.
23. Ebd., S.159.

wort »Begrüßung«: »Die Gemeinde wird willkommen geheißen.«[24] Oder beim »Gottesdienst mit reicheren Interaktionsformen«: »Eine knappe freie Begrüßung drückt Willkommen aus.«[25]

Eine Begrüßung wird unaufgebbarer Bestandteil einer Liturgie, wenn zum Gottesdienst immer weniger »Eingeweihte« kommen und immer mehr Menschen, die nicht regelmäßig zur Kirche gehen und sich in der Liturgie nicht mehr auskennen. Wenn ich mit dem Gemeindegottesdienst auch distanziertere Christinnen und Christen erreichen will, ist die Begrüßung ein »Muss«. Mit der Eingangssituation haben wir uns in unserem zweiten Band ausführlich beschäftigt.[26]

Aus der Ökumenischen Liturgie

Gruß

LiturgIn:	Die Gnade unseres Herrn Jesus Christus und die Liebe Gottes und die Gemeinschaft des Heiligen Geistes sei mit euch allen.
Alle:	*Amen.*

In der Ökumenischen Liturgie wird die »dichte« liturgische Form gewählt, weil in der Einstimmung auf den Gottesdienst (→ S. 59) schon all das »erreicht« wurde, was eine freie Begrüßung bewirken möchte. Der Gruß wird so zu einer liturgischen »Verdichtung« des Geschehens, die ohne den »Vorlauf« nicht vermittelbar und damit auch nicht konzentrierend wäre. Wenn eine liturgische Begrüßung nicht möglich ist, sollten die Kommenden wenigstens an der Tür begrüßt werden.

Ein exemplarischer Baustein

Herzlich willkommen am dritten Advent in unserer Kirche.
Mitten in der Adventszeit feiern wir diesen Gottesdienst
zum Tag der Menschenrechte.

24. Ebd., S. 210.
25. Ebd., S. 222.
26. GGG 2, S.29ff.

Gott gibt jedem Menschen das Leben.
Er will das Leben.
Es ist ihm so wichtig,
dass er selbst in Jesus Christus Mensch geworden ist.

Auf das Licht,
das damit in der Welt leuchtet,
weisen die Kerzen am Adventskranz hin.

Leben ist heilig – und hat Würde.
Deswegen engagieren sich Menschen weltweit
gegen die Todesstrafe und für das Leben.

Gott allein hat über Leben und Tod zu entscheiden.

Und so feiern wir diesen Gottesdienst
im Namen des Vaters, des Sohnes und des Heiligen Geistes.[27]

Gesichtspunkte für die freie Begrüßung

- Eine persönliche Begrüßung vermittelt: Die Kirche nimmt die Menschen, die kommen, wahr und ernst. Deswegen heißt das erste Wort »Herzlich willkommen« – dieses einladende Wort hat auch theologische Qualität (→ S. 63).

Es wird immer wieder gefragt, ob die Begrüßenden zu Beginn als »Ich«-Person auftreten dürfen. Sie führen in der Regel fast durch den ganzen Gottesdienst. Warum sollen sie ausgerechnet an diesem entscheidenden liturgischen Punkt, wo es um die Herstellung einer Beziehung geht, schweigen? Sie nehmen die kostbare Situation wahr und werden sich die ersten frei gesprochenen Worte des Gottesdienstes genau überlegen – auch, in welche Stimmung die Begrüßung hineinführen soll. Lege ich meine Worte meditativ oder festlich an, fröhlich oder nachdenklich?

- »Besondere« Gäste können namentlich begrüßt werden, z.B. Besuch aus der Partnergemeinde, Tauffamilien …
- Nach dem »Herzlich willkommen« wird die Situation aufgenommen (Woher kommen wir? In welchem Zusammenhang bewegen wir uns?). Was gesagt wird, hängt sehr von den Anwesenden ab.
- Ein Stichwort zum Thema wird gegeben bzw. das thematische Feld eröffnet. In dem exemplarischen Baustein wird in die Thematik des Gottesdienstes eingeführt. Eine Begrüßung soll nicht zu einer Co-Predigt werden.

27. Aus: Gottesdienst zum Tag der Menschenrechte 1999 »Leben ist heilig« – Arbeitshilfe des Kirchenamtes der EKD.

- Die Begrüßung kann eventuell technische Ansagen enthalten, um Unsicherheiten bei Veränderungen gegenüber dem normalen Gottesdienstablauf zu begegnen.
- Irritationen können aufgegriffen werden.

An einem Sonntagmorgen war die Kirche kalt. Bestimmt hätten sich einige der Gekommenen fast den ganzen Gottesdienst lang damit beschäftigt bzw. sich darüber geärgert. Ein Hinweis half, sich auf den Gottesdienst zu konzentrieren: »Wir haben leider vergessen, die Heizung anzustellen – aber als wir vor einer Stunde kamen, haben wir das sofort nachgeholt – und um 11 Uhr wird es bestimmt warm sein …«.

- Lieder können (ein)gesungen werden. (→ *Musik im Gottesdienst*, S. 60ff.)
- Schließlich wird das Geschehen (das nicht erst jetzt beginnt, sondern spätestens mit dem Vorspiel begonnen hat) in Gottes Hand gelegt bzw. gesagt, in wessen Namen der Gottesdienst gefeiert wird.

Noch einige Anmerkungen zur Begrüßungspraxis:
- Die Begrüßung muss eine klare Struktur haben. Sie springt nicht zwischen verschiedenen Dimensionen hin und her. Das irritiert.
- Unsicherheiten bei der begrüßenden Person sollten nicht durch aufgesetzte Lockerheit überspielt werden. Auch das irritiert. Denn die »eigentliche« Botschaft (»Ich bin unsicher«) kommt durch die Körpersprache doch an und wirkt stärker als das Gesagte. Wenn Unsicherheiten vermittelbar sind (»Ich hatte auf dem Weg zur Kirche einen Unfall«), können sie ruhig ausgesprochen werden. Das beste Mittel gegen Unsicherheit (im Sinne von »Lampenfieber«): Ich überlege mir genau, was und wie ich es sagen will, blicke in die Gemeinde – und dann geht es los. Dabei sollte ich nur Formulierungen wählen, die ich auswendig sagen kann – es geht um direkte Kommunikation!
- In der Begrüßung sollten auf keinen Fall Abkündigungen verlesen werden! Das wäre verfrüht. Wen interessiert schon zu Beginn des Gottesdienstes, was nach dem Gottesdienst geschieht. Außerdem ist der liturgische Ort der Begrüßung – dieses erste frei gesprochene Wort in der Eingangssituation, die in den Gottesdienst hineinführen will – dafür viel zu kostbar.
- Bitte nur das Notwendige sagen – auf Kürze achten und nicht schwafeln …

Schön, wenn sich nach der Begrüßung das Gefühl einstellt: Wir sind hier herzlich willkommen.

Psalm

Im Kontext des Gottesdienstes

Ein Psalmgebet kann an die Begrüßung anschließen. Ursprünglich wurden Psalmen als Introitus gesungen (→ S. 57f.). Sie sind auch im Evangelischen Gottesdienstbuch an der Position des Introitus – also ganz am Anfang – vorgesehen.

Zur Erinnerung

Im Alten Testament kommen in den Psalmen unzählige menschliche »Ur«Situationen zur Sprache, die vor Gott gebracht werden können. Daran lässt sich im Gottesdienst anknüpfen – auch in unserer Sprache.[28] Der Psalmengesang hat im jüdischen Gottesdienst einen zentralen Stellenwert (Psalter = Gesangbuch). Daran knüpften besonders die Reformatoren wieder an. Die Psalmlieder des EG sind noch deutlich durch Martin Luther (und sein Umfeld) bzw. den Genfer Psalter geprägt (EG 270-310). Die Psalm-Tradition ist besonders in den reformierten Kirchen ausgestaltet worden (vgl. z.B. EG RWL 612-636, u.a. mit den Psalmliedern von Matthias Jorissen). Darüber hinaus ist nicht nur in den lutherischen Kirchen die ökumenische Tradition des »Psalmodierens«[29] aus den Tagzeitengottesdiensten (Stundengebet[30]) aufgenommen worden (vgl. z.B. EG NB 782-789 und EG RWL 782-794).

28. Siehe dazu z.B. *H.D. Hüsch/U.Seidel:* Ich stehe unter Gottes Schutz, Psalmen für Alletage, 3. Aufl., Düsseldorf 1997; *U. Seidel/D. Zils:* Psalmen der Hoffnung, Gladbeck 1973/1982; *Beratungsstelle für Gottesdienste und andere Gemeindeveranstaltungen (Hg.):* Liturgie-Entwürfe für das Kirchenjahr, Frankfurt/M. 1985; *I. Baldermann:* Ich werde nicht sterben, sondern leben. Psalmen als Gebrauchstexte, Neukirchen-Vluyn 1990; *ders.:* Wer hört mein Weinen? Kinder entdecken sich selbst in den Psalmen, Neukirchen-Vluyn 1986; vgl. auch *K. Marti:* Die Psalmen 1-41 (Die Psalmen Davids), Stuttgart 1991; Ps.42-72/73-106, Stuttgart 1992.
29. Einstimmiger Gesang eines Psalms im Wechsel zwischen Vorsänger/in und Chor oder zwischen zwei Chorhälften, nach bestimmten Psalmtönen – orientiert am frühmittelalterlichen gregorianischen Gesang.
30. Dazu zählen: Morgengebet (Mette) – Mittagsgebet – Abendgebet (Vesper) – Nachtgebet (Komplet).

Das Psalmgebet gestalten

Ein Blick in das Evangelische Gottesdienstbuch

Im Textteil des Evangelischen Gottesdienstbuches werden für jeden Sonntag Psalmgebete angeboten.[31] Es wird auch zur freien Gestaltung Mut gemacht:

> Ein biblischer Psalm wird von Einzelnen oder von allen gesprochen. Dazwischen werden Aktualisierungen, Gegenfragen, Entfaltungen von Einzelnen vorgetragen. Die Gemeinde kann sich durch refrainartige Wiederholung eines gleich bleibenden Kernverses beteiligen. Den Schluss kann ein geprägtes kurzes Gebet oder ein entsprechender Gesang der Gemeinde bilden.
> Der Psalm kann auch in der Weise entfaltet werden, dass die Gemeinde Strophen eines Liedes »hineinsingt« und so auf die Verse oder Versgruppen antwortet.[32]

Das Psalmgebet kann, wie es im Evangelischen Gottesdienstbuch vorgeschlagen wird, frei entfaltet werden.[33]
Wir empfehlen die »dichte« Form des von der Gemeinde oder im Wechsel gesprochenen Psalmgebetes, das die Möglichkeit bietet, die Gemeinde stimmlich zu »sammeln«, zu »vereinen«, und den Gottesdienst dadurch in der Phase des Anfangs zu konzentrieren. Viele Psalmen sind im neuen Evangelischen Gesangbuch (EG) abgedruckt (Nr. 702ff.). Wir schlagen vor, die Psalmen in der Regel noch »dialogischer« zu strukturieren als im Gesangbuch vorgesehen, wenn sie im Wechsel gesprochen werden. Das heißt: Schnellere Wechsel (= kürzere Abschnitte) zwischen verschiedenen Gruppen, die sprechen. Es können auch einmal mehr als zwei Gruppen einander abwechseln, einzelne Abschnitte können dann wieder alle sprechen usw. In der Regel ist es hilfreich, den Psalm auf dem Gottesdienst-

31. EGb, S. 242ff.
32. Ebd., S. 205.
33. Im Kyrie- bzw. Gloria-Abschnitt (→ S.72ff. bzw. S. 88ff.) haben wir Gesichtspunkte für das Erlernen solcher freien Formen zusammengestellt.

zettel abzudrucken (was bei solch einer »dialogischen Form« unverzichtbar ist, um lange Anweisungen zu umgehen): Lange Aufschlagzeiten im Gesangbuch sind für die Atmosphäre eines Gottesdienstes tödlich.
Oder: Eines der vielen schönen alten oder neuen Psalmlieder kann an Stelle oder in Abstimmung mit einem gemeinsam gesprochenen Psalmgebet gesungen werden.

Aus der Ökumenischen Liturgie

Psalmgebet (Psalm 23 – gemeinsam gesprochen)

Der Herr ist mein Hirte.
Mir wird nichts mangeln.
Er weidet mich auf einer grünen Aue
und führet mich zum frischen Wasser.
Er erquicket meine Seele.
Er führet mich auf rechter Straße
um seines Namens willen.
Und ob ich schon wanderte im finstern Tal,
fürchte ich kein Unglück.
Denn du bist bei mir –
Dein Stecken und Stab trösten mich.
Du bereitest vor mir einen Tisch
im Angesicht meiner Feinde.
Du salbest mein Haupt mit Öl
und schenkst mir voll ein.
Gutes und Barmherzigkeit
werden mir folgen mein Leben lang.
Und ich werde bleiben
im Hause des Herrn immerdar. Amen.

Lied: Du bist meine Zuflucht[34]

Das Schuldbekenntnis erscheint auf Grund seiner Position in der Ökumenischen Liturgie nach dem Kyrie (→ S. 80).

34. Mein Liederbuch 2 – Ökumene heute, Düsseldorf 1992, B 154.

Herr, erbarme dich (Kyrie)

Im Kontext des Gottesdienstes

Die Eingangsliturgie, also auch das *Kyrie eleison* (= Herr, erbarme dich) und das *Gloria* (→ S. 88ff.), ist vom Woher bestimmt.
Was ich (in der letzten Woche) erlebt habe, bringe ich mit zum Gottesdienst. Es bestimmt mich mindestens am Anfang noch. Ich bringe es mit zu Gott, stelle es in den Rahmen des Gottesdienstes – und nicht nur in den Rahmen *dieses einen* Gottesdienstes, sondern in den Rahmen *aller* Gottesdienste, die gefeiert werden, in den Rahmen aller Gottesdienste, die jemals gefeiert wurden und noch gefeiert werden (→ *Gloria Patri*, S. 57f.). Ich komme »mit meiner Seele« an und stelle sie in diesen »universellen« Kontext. Ich stehe im Zusammenhang mit allen und allem. Das ordnet mich ein in ein Ganzes und weist mir meinen Ort zu. Das erlöst mich davon, Mittelpunkt und Nabel der Welt sein zu wollen oder zu müssen, und nimmt mich doch als einzigartiges Schöpfungswerk Gottes wichtig: Alles, was ich mitbringe, ist bei Gott gut aufgehoben – meine persönliche Situation *und* das, was über mich hinausgeht.

Zur Erinnerung

Der Ruf »*Kyrie eleison*« (= Herr, erbarme dich/hebräisch: *Hosianna* = Herr, hilf doch) ist der umfassendste Gebetsruf aus der Tiefe aller menschlichen Not, »die offenbar urtümlichste Sprachgestalt des Religiösen«[35], in der die Bitte um das notwendende Eingreifen Gottes zur Sprache gebracht wird, die Bitte um Hilfe an Leib und Seele, um Vergebung der Schuld – und »die demütige Huldigung der Größe, Heiligkeit und Barmherzigkeit Gottes«.[36] Ich bringe meine persönliche Situation existenziell vor Gott.
Der Kyrie-Ruf, der auch eine Akklamation (= Beifall, Zuruf) bei der Begrüßung bzw. während des Einzuges des »Herrn« bzw. Herrschers sein konnte,[37] hat eine

35. *A.A. Häußling:* Akklamationen und Formeln, in: Gestalt des Gottesdienstes der Kirche 3, Regensburg 1987, S. 233.
36. *F. Kalb:* Grundriß der Liturgik, 2., überarb. Aufl., München 1982, S. 119.
37. So wurde auch Jesus in Jerusalem empfangen (Mt 21,9).

politische Dimension. »Angesichts der Tatsache, dass man dem römischen Kaiser auf dem Forum mit ›Kyrie eleison‹ begegnete, ist die politische Dimension dieser Akklamation im Gottesdienst unüberhörbar. Wer ›Kyrie eleison‹ im christlichen Gottesdienst singt, kann dies außerhalb des Gottesdienstes keinem Menschen zurufen.«[38]

Im Kirchenkampf während des Dritten Reiches hieß es dementsprechend: »Jesus Christus ist uns gemacht von Gott zur Weisheit und zur Gerechtigkeit und zur Heiligung und zur Erlösung (1 Kor 1,30). … Wir verwerfen die falsche Lehre, als gebe es Bereiche unseres Lebens, in denen wir nicht Jesus Christus, sondern anderen Herren zu Eigen wären, Bereiche, in denen wir nicht der Rechtfertigung und Heiligung durch ihn bedürften.«[39]

Kyrie rufen bedeutet, die eigenen menschlichen Allmachtswünsche zu beschränken, die eigene Angewiesenheit zu bekennen und Vertrauen auszudrücken.[40]

Andere riefen das Kyrie eleison dem Kaiser oder dem Sonnengott zu. Im Alten Testament wird dagegen der Gott Israels so angerufen: »Wende dich zu mir und erbarme dich meiner – denn ich bin einsam und elend.« (Ps 25,16)

Im Neuen Testament wird Jesus so angesprochen: »Ach Herr, du Sohn Davids, erbarme dich meiner!«, schreit die kanaanäische Frau, deren Tochter von einem bösen Geist geplagt wird (Mt 15,22). Und der Blinde von Jericho ruft: »Jesus, du Sohn Davids, erbarme dich meiner!« (Lk 18,39).
Das Kyrie ist wohl schon in der frühesten Kirchengeschichte der Ort der ganz konkreten Klage im Gottesdienst. Wahrscheinlich ist es »aus Bekanntmachungen und Ansagen zu Beginn des Gottesdienstes entstanden …, vielleicht gerade in Verfolgungszeiten: Wer alles verhaftet wurde, vor Gericht gestellt wird, sein Vermögen einbüßte, des Landes verwiesen wurde usw., weil er den ›Kyrios Augustus‹ nicht anbetet, sondern mit der Gemeinde bekennt, dass Jesus Christus der Kyrios ist.«[41] In der Zeit der Bekennenden Kirche während des Dritten Reiches wurde dieser Brauch wieder lebendig: Es wurden die Namen der verhafteten Gemeindeglieder genannt.

38. *C. Grethlein:* Abriß der Liturgik, a.a.O., S. 122.
39. These 2 der Barmer Theologischen Erklärung 1934 – in: *A. Burgsmüller/R. Weth (Hg.):* Die Barmer Theologische Erklärung, Neukirchen-Vluyn 1983, S. 35.
40. Vgl. *M. Josuttis:* Der Weg in das Leben, a.a.O., S. 233.
41. *A. Mauder:* Eröffnung und Anrufungen, Feiernde Gemeinde, Heft 3, Hamburg 1978, S. 8.

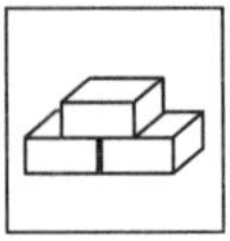

Das Kyrie gestalten

Ein Blick in das Evangelische Gottesdienstbuch

Im Evangelischen Gottesdienstbuch werden Hinweise zur lebendigen Gestaltung des Kyrie gegeben:

> Das Kyrie wird zu einer großen spontanen Bitt-Litanei entfaltet, die sich zusammenfügt aus Äußerungen der Betroffenheit und Klage über Hunger, Krieg, Grausamkeit, Beraubung der Freiheit, Verfolgung aus Glaubensgründen, Zerstörung der Schöpfung, aber auch über Lieblosigkeit, Selbstsucht und Machthunger in der persönlichen Umwelt und im eigenen Herzen. Einzelne Gemeindeglieder treten zum Sprechen nach vorn, wo sie von allen gehört werden können (Zusatz von uns: Mikrophon!). Die Gemeinde antwortet, möglichst singend, mit einem (mehrstimmigen) Kyrie-Ruf. Die Litanei wird durch ein geprägtes kurzes Gebet oder einen entsprechenden Gesang der Gemeinde beschlossen.[42]

Das hört sich gut an. Wie aber kann eine Gemeinde so eine lebendige Form des Kyrie erlernen, die in der frühen Christenheit selbstverständlich gewesen sein muss? »Wir können uns die Gottesdienste der Missionsgemeinde gar nicht mannigfaltig genug vorstellen. Der Leiter betet frei, holt aus dem Schatze seiner Erinnerungen Worte und Wunder des Herrn, spricht frei über sie. Die Gemeindeglieder beteiligen sich mit lauten Akklamationen, wohl auch mit Fragen und Zwischenrufen, Beifallsäußerungen bis zum Klatschen; wer einen Psalm ›hat‹, trägt ihn vor. Zungenreden und Weissagen brechen ungehemmt in den Gang der Feier ein. Gebändigte und ungebändigte Charismen (= Gaben) werden laut, und nicht immer hat einer die Autorität, zu sagen: ›Das ist alles gut, aber ich will euch einen noch köstlicheren Weg zeigen!‹ Vorbilder, irgendwo aufgegriffen, werden nachgeahmt und wieder verlassen, Traditionen irgendwelcher Art fortgeführt und wieder aufgegeben.
In den Missionsgottesdiensten kann sich keine Form bilden, sie sind rein auf Improvisation abgestellt, auf Zeit, Ort, anwesende Personen, Landesbräuche, Volksgewohnheiten.«[43]

Besonders die *spontane Form* des Kyrie muss behutsam erlernt werden und wachsen können. Ein Fehltritt am Anfang macht die weitere Einführung von Neuem

42. EGb, S. 205.
43. *G. Kunze:* Die Lesungen, in: Leiturgia 2, Kassel 1955, S. 127.

besonders schwer. Ich sollte also die Gemeinde nicht etwa spontan mit der Ansage überfallen: »Heute kommen Sie bitte nach vorn und bringen Kyrie-Rufe vor Gott, auf die wir alle mit dem Kehrvers ›Herr, erbarme dich‹ antworten«.
Es gibt lebendige Formen der persönlichen Beteiligung aller durch entsprechende Anleitung, dabei spielen *Stille* und aktuell vorbereitete Texte die Hauptrolle.

Ein exemplarischer Baustein

Einleitung (durch den Liturgen/die Liturgin):

Aus der letzten Woche
bringen wir viel mit
in diesen Gottesdienst:

Unsere Freude,
unseren Dank,
das, was uns belastet,
unsere Trauer,
unsere Schuld.

Wir werden still
und denken an das, was wir vor Gott bringen wollen –
in der Gewissheit:
Bei ihm ist alles gut aufgehoben.

Stille

Danach kann eine zweite Person sagen:

Wir bringen vor Gott auch Klagen,
die über unsere persönliche Situation hinausgehen:
o …
o …
o …

Liturg/Liturgin:
Wir schließen all das zusammen, indem wir Gott anrufen:

Kyrie eleison – Herr, erbarme dich.
o Kehrvers – oder die bekannte Version (EG 178.2)
Gloria → S. 91.

Gottesdienstvorbereitungskreis der Garbsener Stephanusgemeinde

In dem Beispiel wird versucht, an die persönliche Situation aller Anwesenden anzuknüpfen. In der Stille können sie ihren Gedanken nachgehen und sie vor Gott bringen.
Einzelne bringen exemplarische Situationen vor Gott, die über den persönlichen Horizont hinausgehen (Israel/Palästina, Ausländerfeindlichkeit …).
Alle antworten mit dem Kehrvers.
Das Kyrie betont die Klage. Sie kann zur Anklage Gottes werden (»Warum muss ich das erleiden … ?«). Das Kyrie hat *keinen* Fürbittencharakter! Im Gegensatz zu den »vom Wohin« (Sendung) geprägten Fürbitten ist das Kyrie vom »Woher« geprägt und geht über die Klage *nicht* hinaus.

Wohin beim Kyrie blicken?
Diese Frage stellt sich, wenn der Liturg bzw. die Liturgin hinter dem Altar steht als Gegenüber zur Gemeinde. Eine Anrufung geschieht aber eigentlich mit der Gemeinde (also normalerweise in Richtung Altar – auf jeden Fall nicht die Gemeinde anschauend). Ein Kreuz auf dem Altartisch hilft den Blick zu konzentrieren.

Aus der Ökumenischen Liturgie

Foto: © Fritz Baltruweit

Da ist eine Frau.
Sie fällt unter die Räuber.
Sie schlagen sie,
schlagen sie,
ziehen sie aus,
schlagen sie,
lassen sie halb tot liegen
und machen sich davon.

Kehrvers:

Text und Musik: Fritz Baltruweit
Aus: Fritz Baltruweit – Meine Lieder, © tvd-Verlag, Düsseldorf

»Ich bin hungrig.
Du fütterst lieber deine Tiere
und füllst deine Kühlhäuser.
Ich lebe im Sudan
oder bei dir zu Hause um die Ecke.«

»Ich bin durstig.
Dich kümmert es nicht.
Ich verdurste an deiner Gleichgültigkeit,
an deiner Lieblosigkeit.«

Kehrvers

»Ich bin fremd.
Du hast Angst vor mir.
Du verbrennst meinen Container
oder schaust dabei zu.«

»Ich komme von einem anderen Kontinent.
Mein Glaube ist dir fremd.
Du hörst mir nicht zu.
Du verstehst mich nicht.«

Kehrvers

»Du hast mich ausgezogen.
Ich bin nackt.
Du raubst mir
das Allerletzte
für deinen billigen Kaffee
und dein billiges T-Shirt.«

»Ich kann nicht mehr –
ich, der Wald,
ich, der Fluss,
ich, das Tier.
Du hast mich krank gemacht
und allein gelassen.«

»Ich bin gefangen –
abhängig von Sachzwängen
und nicht fähig
zu teilen.«

Kehrvers

In der Ökumenischen Liturgie haben wir für die liturgischen Stationen, also auch für das Kyrie, die Situation des Predigttextes zugrunde gelegt (Vom barmherzigen Samariter – Lk 10,25-37). Im Kyrie wurde die Geschichte mit dem diesen Tag prägenden Text der Bibelarbeit verbunden (Mt 25,31-46).
Der Kyrie-Kehrvers (Höre mich …) erhielt die in Lukas 10 angelegte Zuspitzung. Die Klage steht im Mittelpunkt. Das zeigt, wie Predigttexte das gesamte gottesdienstliche Geschehen in seiner liturgischen Gestalt prägen können.
In der einleitend gespielten Situation wurde der Versuch der konsequenten Deutung im Sinne inklusiver Sprache gemacht.

In der Durchführung zeigte sich, dass diese inklusive Form bei den Teilnehmenden weder als »anstößig« noch als »aufgesetzt« empfunden wurde. Der Samariter hätte selbstverständlich auch eine Samariterin sein können. Der Überfallene steht ebenfalls für »Mensch«, nicht nur für »Mann«. – Viele dachten im Juni 1993 in dem Zusammenhang an die Vergewaltigungslager im ehemaligen Jugoslawien. Wenn ein so deutlicher Schwerpunkt im Gottesdienst inklusiv gedacht und gebracht wird, werden andere Formulierungen (z.B. Herr, erbarme dich ...) relativiert und können – wie es eine Frau ausgedrückt hat – so stehen bleiben.

Aus der liturgischen Werkstatt

Je spontaner im Gottesdienst miteinander umgegangen wird, desto mehr Erfahrung muss eine Gemeinde im Vorfeld mit Spontaneität gemacht haben. Als »Lernfeld« bieten sich Zielgruppengottesdienste und Gruppenerfahrungen bzw. Erfahrungen auf Freizeiten an.
In Jugend- oder Familiengottesdiensten (bei Kindern ist Spontaneität ja noch »normal«) kann der spontane Umgang miteinander »eingeübt« werden, ehe solche Gottesdienstformen auf den »normalen« Sonntagsgottesdienst abfärben.
Ein Vorschlag zum »Einüben« einer spontanen Kyrie-Litanei ist das Miteinander-Erleben der *Zeitungsliturgie*,[44] die besonders für Freizeiten und Seminare zu empfehlen ist:

> Die liturgischen Formen während einer Freizeit sollten besonders hervorgehoben werden – z. B. durch das Aufbauen von einer oder drei Kerzen (falls sie schon dastehen, durch das Anzünden) und vielleicht einer Blume in der Mitte des Kreises.
> Zeitungsseiten liegen um die Mitte herum, sodass immer zwei Personen zusammen sich ein Blatt aussuchen können. Die anleitende Person weist darauf hin, dass je zwei miteinander sich das Blatt ansehen und eine Meldung (bis hin zu Anzeigen) aussuchen möchten. Dann soll der eine die Meldung vorlesen – und die andere dazu einen Einfall, ein Erlebnis erzählen, etwas, was sie damit verbindet. Bevor die Anwesenden sich die Zeitungsteile aussuchen, singen alle gemeinsam einen einfachen, auswendig singbaren Kyrie-Kehrvers, der dann nach jedem Beitrag wieder aufgenommen wird. Nach der Such- und Besprechungsphase gibt es einen Moment der Stille. Der Kehrvers wird gesungen. Es folgen die einzelnen Äußerungen – jeweils abgeschlossen mit dem Kehrvers. Die anleitende Person spricht ein kurzes zusammenfassendes Gebet.

44. Nach einer Idee von Herbert Lindner, Feucht.

Die Zeitungs-Liturgie kann zu einer sehr intensiven Situation führen, wenn sich die Anwesenden darauf einlassen. Die anleitende Person muss sich überlegen, wie sie die Gruppe aus einer Atmosphäre der Betroffenheit wieder herausführt. Zunächst könnte ein stilles Kyrie-Lied gesungen werden,[45] dann zwei bis drei atmosphärisch immer »offener« werdende Lieder.

Schuldbekenntnis (Offene Schuld)

Im Kontext des Gottesdienstes

»Vergeben fördert Gesundheit.« Diese in einem Institut der Hamburger Universität wissenschaftlich herausgefundene Erkenntnis ging durch die Presse: Vergeben führe häufig zur Minderung oder zum Fortfall psychosomatischer Beschwerden, auch, wenn es nur »innerlich« geschehe.[46] – Beides befreit: Wenn mir vergeben wird – und wenn ich selber vergebe.
Das Schuld- bzw. Sündenbekenntnis nimmt die Situation ernst, in der wir uns befinden, und macht uns unsere eigene Angewiesenheit bewusst. Gerade wo Leistung viel bedeutet und wir immer wieder hinter unseren Ansprüchen zurückbleiben, kann schon das Bewusstwerden der Tatsache, dass wir nicht allein stehen, sondern auf Gott gewiesen sind, entlastend und befreiend wirken. Unsere Sehnsucht nach Heilung hat im Gottesdienst Platz und findet Antwort. Unsere Schuld, die wir mitbringen, ist bei Gott aufgehoben und in guten Händen.

Zur Erinnerung

Vergebung ist nicht nur Notwendigkeit für unser (Über-)Leben, sondern immer wieder neue Zusage Gottes.
»Deine Sünden sind dir vergeben«, sagt Jesus zu dem Gelähmten, den vier Männer durch das Dach des Hauses vor Jesu Füße heruntergelassen hatten (Mk 2,5). Seinen Jüngern gibt Jesus die Vollmacht zu vergeben: »Was ihr auf Erden binden

45. Z.B. »Meine engen Grenzen«, Mein Liederbuch 2, a.a.O., B 153; EG RWL 600.
46. *H.P. Held:* Beichten nur beim Therapeuten?, in: *Gemeinschaftswerk für Evangelische Publizistik (GEP) (Hg.):* Der Gemeindebrief – Material- und Gestaltungshilfe, Frankfurt/M. 1993, Nr. 119, S. 14.

werdet, soll auch im Himmel gebunden sein, und was ihr auf Erden lösen werdet, das soll auch im Himmel gelöst sein.« (Mt 18,18) – und zwar in dem Zusammenhang der Verheißung seiner Gegenwart, wo immer Menschen in Jesu Namen zusammen sind: »Wo zwei oder drei versammelt sind in meinem Namen, da bin ich mitten unter ihnen.« (Mt 18,20)

1. Ursprünglich hatte das *Confiteor* (= Ich gestehe, bekenne …) in der Sakristei seinen Ort als Vorbereitung der Amtsträger auf den Gottesdienst.
2. Von dort aus gelangte es als *Rüstgebet* in die Anfangsphase des Gottesdienstes, aber nicht im Sinne einer »Reinigung vor Gott«, sondern als Bekenntnis des grundsätzlichen Verwiesenseins des Menschen auf Gott, im Sinne von: Wir stehen in Gottes Schuld.[47]
Wo ein Gnadenzuspruch im Rahmen des Gloria erfolgt oder wo Abendmahl gefeiert wird, wird der Zuspruch, auf den das Rüstgebet »abzielt« und »hofft«, erfahrbar.
3. Ein Sündenbekenntnis als Teil der *Beichte* (zur Beichte gehören – im Gegensatz zum Rüstgebet – das *Bekenntnis der Sünden* und der *Zuspruch der Vergebung* im Namen des dreieinigen Gottes mit dem Ziel eines neuen Anfangs) kann (auch als Vorbereitung zum Abendmahl) im Eingangsteil geschehen – die Gottesdienststruktur dieses Teils ist dann:[48] (Lied) – Gruß (Begrüßung) – Besinnung und Sündenbekenntnis -Beichtfragen – Absolution (= Vergebungswort durch den Liturgen/die Liturgin) mit Segenswort – Dank – Gloria – Kollektengebet.
4. Die Verbindung des Sündenbekenntnisses mit dem Kyrie ist nicht nur in verschiedenen Gliedkirchen der EKD Tradition, sondern ist auch als Variante im Evangelischen Gottesdienstbuch vorgesehen.[49]

- In dem Exemplarischen Baustein zum Kyrie (→ S. 75) ist dieser Gedanke mitbestimmend.
- *In der Ökumenischen Liturgie* der »Münchener Form« 1993 ist das Sündenbekenntnis zwischen Kyrie und Gloria platziert – auch durch die liturgische Entfaltung des Textes Lk 10,25–37, in dem wir unsere Sünde als »Vorbeisehen an den Opfern« als eine narrative Form der Apathie (Teilnahmslosigkeit) beschrieben sahen. Das Sündenbekenntnis mündet in die Bitte »Komm, Heiliger Geist«.

5. Nach der Predigt/als Beginn des Abendmahlsteils könnte der Ablauf der Beichte (zur Vorbereitung des Abendmahls) so aussehen:[50] Abkündigungen – Fürbitten – Lied zum Dankopfer – Besinnung und Sündenbekenntnis – Beichtfragen – Absolution mit Segenswort – Dank – Abendmahlsliturgie.
6. Alternativ zu 5. ist an der Stelle (oder alternativ dazu zwischen Predigt und Glaubensbekenntnis) im Evangelischen Gottesdienstbuch die *Offene Schuld* (die theologische Ausrichtung ist mit dem Rüstgebet »verwandt«) als Möglichkeit vorgesehen.[51]

Wo auch immer ein Sündenbekenntnis im Gottesdienst gesprochen wird, geht es darum, sich die eigene Situation klar zu machen und auch die eigene Schuld beim Namen zu nennen – aber nicht nach dem Motto »Du sollst jetzt mal ordentlich runtergedrückt werden …«, sondern im Licht der Gnade Gottes, die uns in unserer Situation zugesagt ist.

47. Vgl. *F. Schulz:* Die Offene Schuld als Rüstgebet der Gemeinde, in: Jahrbuch für Liturgik und Hymnologie 4, 1958/59, S. 86ff.
48. Nach Agende Bd. III, Die Amtshandlungen, Teil 3 – Die Beichte, Hannover 1993, S. 41.
49. EGb, S. 69.
50. Nach Agende Bd. III, Die Amtshandlungen, Teil 3, a.a.O., S. 48.
51. EGb, S. 72f., 543ff.

Das Schuldbekenntnis gestalten

Zwei exemplarische Bausteine

1. Aus der Thomasmesse beim Frankfurter Kirchentag 2001
(nach dem Eingangspsalm):

Meditation

From a distance. Ein schöner Song.
(Das Lied wurde vor dieser Meditation gesungen.[52])
Aus der Entfernung sieht mich einer, ist mir nah. Schön wärs.
Ich weiß nicht, wie es Ihnen/euch geht.
Ich habe oft das Gefühl, der oder die »da oben« sieht, hört,
spürt nichts und niemanden. Ist einfach nur weit weg.
Und dann denke ich, er (oder sie) kann ruhig wegbleiben.
Macht mir gar nichts aus, die Entfernung von Gott.

Ich lebe mein Leben, habe »hier unten« genug Nähe, menschliche Kontakte.
Meistens zumindest.
Es sei denn: Ich habe mal wieder meine beste Freundin beleidigt –
weil wir uns einfach zu wenig treffen.
Ich liege im Streit mit meiner Mutter – weil ich ihr nicht mehr zuhören kann.
Ich beschimpfe immer wieder meinen Sohn –
nur weil ich nicht sehen kann, wie er isst.
Vor lauter Alltag und Arbeit reagiere ich mich an meinem Mann ab –
dabei möchte ich ihn eigentlich nur spüren, nahe bei mir.
Geliebt werden will ich und lieben.

Dennoch entferne ich mich, sogar von denen, die mir nahe stehen.
Ich fühle, es läuft alles verkehrt und komme oft nicht dagegen an.
Ich entferne mich von dem Leben, das ich mir wünsche.
Ich wollte doch die ganze Welt verändern
und schaffe es nicht einmal in meiner kleinen.

52. CD Mechthild Werner und Studiogruppe Baltruweit »Du bist ein Engel«, tvd-Verlag, Düsseldorf 2002.

Ich habe zu wenig Geduld,
zu wenig Gespür,
zu wenig Glauben.
... und fühle mich schuldig,
stehe weit weg von allen und allem.
Und dann frage ich: Warum steht Gott mir nicht wenigstens bei?
Wo ist er denn, »da oben?«
(From a distance ...)

Ich weiß nicht, wie es Ihnen, wie es euch geht.
In der Stille wollen wir uns selbst befragen ...

Stille

Zuspruch

Welche Entfernungen wir auch spüren, immer wieder gibt es auch Nähe.
Immer wieder können wir zurückfinden zu uns selbst, zu den andern, zu Gott.
Denn »der da oben« ist längst »hier unten«, ist Mensch geworden,
ganz nah bei uns und dennoch Gott geblieben,
viel weiter und größer in seiner Liebe, als wir es uns vorstellen können.
In Jesu Namen sage ich: »Ihr könnt immer wieder umkehren.
Denn siehe, ich bin bei euch, alle Tage bis an der Welt Ende.«
(Anders gesagt: I am near you. From a distance.)
Amen.

Lied »Gott, in deinen Händen« (→ S. 87)
Mechthild Werner

2. Aus einem Gottesdienst zum Buß- und Bettag 2001
zum Thema »Gewalt überwinden« in Hannover
(vor dem Abendmahlsteil):

»Fremdheit wahr-nehmen – Gewalt überwinden« ist ein großes Wort.
Ich habe mich gefragt:
Was löst das bei mir aus?
Auf welcher Seite stehe ich eigentlich, wenn es darauf ankommt?
Wo habe ich das getan, was ich für richtig hielt?
Wo habe ich gekniffen?
Wo habe ich etwas verdrängt?
Wo war ich zu ahnungslos?
Wo zu bequem?

Stille

Ich bin nicht für mich allein auf der Welt.
Es gibt ein Ganzes,
in das ich verwoben bin.
Es gibt meinen Ort,
meine Gaben
und meine Aufgaben.

Und deshalb spüre ich auch,
wenn etwas verkehrt läuft
oder ich nicht dagegen ankomme.

Wie oft entferne ich mich von dem,
was ich mir von mir wünsche ...
... und habe zu wenig Geduld,
zu wenig Gespür,
zu wenig Glauben
zu wenig Kraft ...

... und fühle mich schuldig.
Wo bin ich schuld?
Warum bin ich schuld?
Wie bin ich schuld?
Und wie komm ich da wieder raus?
Wer hilft mir?

Stille

(Folgender Absatz muss abgedruckt werden:)
Wir sprechen gemeinsam:
Gott, ich möchte gut sein,
etwas zum Guten bewegen.
Ich möchte Fremdheit entdecken, die mich überrascht und bereichert.
Ich möchte Gewalt überwinden.
Ich habe es versucht – oft ist es mir nicht gelungen.
Wir wollten miteinander sprechen – und haben geschwiegen.
Wir wollten einander glücklich machen – und haben gestritten.
Ich wollte an dich denken – und habe es vergessen.
Ich wollte deinen Willen tun – aber ich habe versagt.
Deshalb sage ich dir: Es tut mir Leid. Verzeih mir.
Gott, zeig mir,
zeige uns den richtigen Weg. Amen.

Zuspruch

Gott ist viel weiter und größer in seiner Liebe, als wir es uns vorstellen können.
Gott vergibt dir, was dir Leid tut.
Fang noch mal von vorn an. Du kannst das.
Versuch es noch einmal.

Dir ist deine Schuld vergeben –
im Namen Gottes,
des Vaters, des Sohnes und des Heiligen Geistes. Amen.

Lied »Vertraut den neuen Wegen« (EG 395)

Übung

(mit Pausen sprechen)
Ich lade Sie ein zu einer Übung.
Dazu bitte ich Sie aufzustehen.
Nun drehen Sie sich einmal um 180 Grad um.
Wie haben Sie sich bewegt,
als Sie sich umdrehten?
Rechtsherum? Linksherum?
Wie sah Ihre Schritt-Folge aus?
Schwer? Leicht? Tänzelnd? ...

Was liegt vor Ihnen?
Was bleibt hinter Ihnen?

Das, was Ihnen – und Ihrem Blick – vertraut war,
verändert sich dadurch,
dass es nicht mehr vor, sondern hinter Ihnen liegt.

Wenn wir umkehren,
dann ändert sich unsere Richtung,
unser Blick, vielleicht auch unser Schritt.

Unser Weg führt uns nun zur gemeinsamen Feier des Abendmahls.
Dazu wenden wir uns dem Altar zu.

Text: Fritz Baltruweit, Stephan Wichert von Holten, Silke Kragt und Frank Niemann
Aus: Gewalt überwinden, Liturgieentwürfe zur Ökumenischen Dekade 1, Hannover 2001

Aus der Ökumenischen Liturgie

… und lassen sie halb tot liegen.
Da kommt jemand
vorbei – und sieht sie,
guckt hin, guckt zu …
und geht weiter.

Foto: © Fritz Baltruweit

LiturgIn: Wir haben einen Tag zusammen erlebt und erfahren,
wie reich Begegnungen machen können.
Das ist die eine Wirklichkeit.
Wir wissen aber auch,
wie vielen wir etwas schuldig geblieben sind,
auch heute.
Gott, wir bitten dich um Vergebung.
(Stille)

Alle: *Gott,*
du überwindest,
was zwischen uns und dir,
zwischen uns und anderen Menschen steht.
Vergib uns unsere Schuld,
befreie uns zu einem neuen Anfang.
Amen.

LiturgIn: Gott, gib uns Mut und Kraft,
miteinander zu teilen
und die Einheit deines Geistes zu leben.
Verbunden mit Jesus Christus rufen wir dich an.
Komm, Heiliger Geist!

Alle: *Komm, Heiliger Geist!*

(Der Ruf folgt in verschiedenen Sprachen – jemand aus dem entsprechenden Land spricht ihn vor, alle sprechen ihn nach.)

Lied:

2. Gott, in deinen Händen ist das Leben nah.
Da bricht kein Gericht mein Lebenslicht.
Viele tausend Schulden zeichnen dich bis heut.
Du wiegst sie mit deiner Liebe auf.
Gott, mit deiner Liebe fängt mein Leben an.
Du bist es, der allen Grund ersann.
Gott, mit deiner Liebe fängt mein Leben an.
Dir sing ich mein Lied, solang ich kann.

3. Gott, in deinen Händen ist Vergebung da.
Du baust eine Brücke, die mich trägt.
Sie verbindet Ufer – nichts trennt mich von dir.
Bleib bei mir – begleite meinen Weg.
Gott, mit deiner Liebe fängt mein Leben an.
Du bist es, der meinen Sinn ersann.
Gott, mit deiner Liebe fängt mein Leben an.
Dir sing ich mein Lied, solang ich kann.

Text: Anna-Mari Kaskinen, Übertragung: Fritz Baltruweit, Melodie: Pekka Simjoko
Aus: Fritz Baltruweit – Meine Lieder/CD Jeder Tag ist ein Geschenk – Lebensreise

Ehre sei Gott (Gloria)

Im Kontext des Gottesdienstes

Das *Gloria in excelsis* (Ehre sei Gott in der Höhe) führt nach dem Kyrie in eine neue Stufe der Vergewisserung. Wir dürfen Gott nicht nur alles sagen, klagen und ihm unsere Schuld bekennen. Wir können uns auch dessen gewiss sein, dass unsere unvollkommene Wirklichkeit in seiner göttlichen Treue aufgehoben ist, die uns immer wieder eine neue Perspektive gibt, in dieser Welt zu leben.

Wie allerdings genau diese Weiterführung oder Antwort zu verstehen ist, wird bis heute diskutiert. Denn das Kyrie als »Vermittler« zwischen dem Confiteor (Sündenbekenntnis) und dem Gnadenzuspruch mit Gloria wurde von den Vätern der Agende 1 als »psychologisierend« abgelehnt. Sie wollten ein direktes Nacheinander von Kyrie und Gloria ohne erklärende bzw. vermittelnde Texte: »Es hat eine tiefe innere Berechtigung, dass das Gloria dem Kyrie unmittelbar ohne psychologische Vermittlung zugeordnet ist, was sowohl im liturgischen Vollzug als auch hinsichtlich der musikalischen Weisen zum Ausdruck kommt. Kyrie und Gloria stehen wie zwei erratische Blöcke nebeneinander, die das geheimnisvolle Ereignis der Rechtfertigung widerspiegeln ohne jeglichen Versuch, das Geheimnis im Sinne eines Sündenbekenntnisses mit nachfolgender Gnadenverkündigung rationalisieren zu wollen.«[53]

In unserer Situation, in der es immer weniger Liturgie-»Eingeweihte« gibt, ist es allerdings notwendig, den Gottesdienstablauf verständlich und einleuchtend zu gestalten.[54]
Entscheidend ist, dass deutlich wird: Kyrie *und* Gloria geben uns die Gewissheit, dass wir nicht verlassen sind, sondern uns auf Gott verlassen können in allen Lebenssituationen. Unsere Klagen sind bei Gott gut aufgehoben. Unsere Unvollkommenheit, Angst und Schuld wird von Gott getragen, der uns befreien will zu einem erfüllten Leben. Deshalb singen wir das Gloria. Seine Treue geht weiter als alles, was uns von ihm trennt. Um das – nicht pädagogisierend (nach dem Motto: Jetzt erkläre ich Ihnen mal, warum wir das Gloria singen …), sondern feiernd (… den Zuspruch erfahrend) – auszudrücken, sagen und singen wir »Ehre sei Gott …«.[55]

53. *K.F. Müller:* Das Ordinarium Missae, in: Leiturgia 2, Kassel 1955, S. 28.
54. Vgl. *C. Grethlein:* Abriß der Liturgik, a.a.O., S. 146 bzw. (zur grundsätzlichen Fragestellung) *I. Werlen:* Ritual als kommunikatives Handeln bzw. H. Frisch, Gottesdienst als Mitteilung, in: *K. Ermert (Hg.):* Gottesdienst als ›Mitteilung‹, Loccumer Protokolle 24, Loccum 1983, S. 41ff. bzw. 196ff.
55. Das Evangelische Gottesdienstbuch geht z.T. (S. 69/70) auch in diese Richtung. Siehe besonders auch S. 205! »Das Gloria entfällt vom 2.-4. Advent, in der Passionszeit (außer am Gründonnerstag) sowie am Bußtag und an Werktagen«, EGb, S. 66/70.

Zur Erinnerung

In fast jedem Gottesdienst singen wir die Engelsbotschaft der Weihnachtsgeschichte: »Ehre sei Gott in der Höhe und Friede auf Erden bei den Menschen seines Wohlgefallens« (Lk 2,14).
Das Gloria gelangte erst im neunten Jahrhundert in die römische Messe. Es wurde ursprünglich nur bei besonderen Fest-Anlässen wie Weihnachten und Ostern[56] gesungen und zunächst allein vom Papst und dann vom Bischof angestimmt. Auch in Gottesdienstordnungen, die im Laufe der Reformation entstanden, ist das Gloria nicht unbedingt aufgenommen[57] – es fehlt z.B. in Luthers Deutscher Messe 1526.[58] Die von J.S. Bach und anderen Komponisten seiner Zeit vertonten Messen zeigen, dass für sie das Gloria selbstverständlich als ein Höhepunkt in den Gottesdienst gehört.[59]

Das Gloria gestalten

Ein Blick in das Evangelische Gottesdienstbuch

Im Evangelischen Gottesdienstbuch werden Hinweise für eine lebendige Gestaltung des Gloria gegeben:

> Durch Singkanons, Zusingen in Gruppen, Ansingen von Refrainliedern, Wechsel zwischen Chor- und Gemeindegesängen, singendes Umschreiten des Raumes kann ein den Raum erfüllender Lobgesang entstehen. In

56. *C. Mahrenholz:* Kompendium der Liturgik, a.a.O., S. 83.
57. Vgl. *F. Kalb:* Grundriß der Liturgik, a.a.O., S. 120/121.
58. Vgl. *W. Herbst (Hg.):* Evangelischer Gottesdienst. Quellen zu seiner Geschichte, Göttingen 1992, S. 78.
59. Ebd., S. 145 – Übrigens ist auch heute das »Ehre sei Gott in der Höhe« nicht in allen Gottesdiensten vorgesehen: in der Passionszeit (außer Gründonnerstag) *soll* es, in der Adventszeit *kann* es entfallen (Erneuerte Agende, S. 34). Das Gloria Patri soll nach dem Evangelischen Gottesdienstbuch übrigens nur noch in der Karwoche entfallen (S. 66).

allem sollte die menschliche Stimme als das eigentliche Organ des Gotteslobs zur Geltung kommen. Instrumente können den Lobpreis der Gemeinde begleiten und unterstützen.
Die Gemeinde kann auch von einem Kantor/einer Kantorin ermutigt und angeleitet werden, atmend, summend, lauschend aus der Stille heraus Klangräume aufzubauen und sich selbst darin ausschwingen zu lassen. Auf diesem Hintergrund können geeignete Einzelsänger/Einzelsängerinnen einen spontanen Lobgesang ausführen. Die Gemeinde kann sich zu kurzen mehrstimmigen Lobrufen vereinigen. [60]

In den Anregungen wird deutlich, dass wir darüber nachdenken müssen, wie wir Gott loben wollen, wie ein angemessenes Gotteslob erklingen kann.

Das Wort »(Gott) loben« ist (im Gegensatz zum »Gott sei's geklagt«) in unserem normalen Sprachgebrauch nicht selbstverständlich (höchstens im Sinne von »Gott sei Dank«). Vielleicht hilft uns der Umgang mit unseren Kindern (»Hast du dein Kind heute schon gelobt?«) dazu, auch im Gottesdienst wieder eine Beziehung zu dem Wort zu bekommen.
»Das finde ich gut.« – »Den finde ich gut.« So sagen wir schon eher. Wir werden die Umgangssprache – so wie es in den vergangenen Jahrhunderten immer der Fall war – auch in diesen Teil des Gottesdienstes einbeziehen müssen, wenn wir den Zusammenhang zu unserem Leben herstellen wollen (→ Liturgische Werkstatt, S. 94).

Für das Erlernen der im Evangelischen Gottesdienstbuch vorgeschlagenen freien Gloria-Formen gilt das im Kyrie-Kapitel Ausgeführte (→ S. 74ff.).
Eine praktische Voraussetzung für den zweiten Vorschlag des Evangelischen Gottesdienstbuches: Solche Dinge müssen vorher im Chor, der im Gottesdienstgeschehen nicht von vorn oder hinten agieren, sondern sich unter die Gottesdienstgemeinde mischen sollte, oder in der Gruppe ausprobiert werden.

Vielleicht ist es bei diesem liturgischen Schritt gar nicht so wichtig, dass etwas von dem im Evangelischen Gottesdienstbuch Vorgeschlagenen probiert wird. Entscheidend ist vielmehr, dass der Kyrie-Gloria-Zusammenhang einleuchtend gefeiert wird: Nach einem ermutigenden Wort, das die Treue Gottes zusagt, wird das Lob Gottes in einem von allen gesungenen fröhlichen und rhythmisch-beschwingten Lied zum Ausdruck gebracht (diesen Zweck erfüllte lange Zeit das Lied »Allein Gott in der Höh' sei Ehr …«, EG 175).

60. EGb, S. 205.

Ein exemplarischer Baustein

Fortsetzung von S. 75

LiturgIn: Wir haben unseren Gott angerufen
in der Gewissheit,
dass wir uns auf ihn verlassen können.
In Jesus Christus sagt er uns zu:
»Ich bin bei euch jeden Tag
bis an das Ende der Welt.«
Darum loben wir dich, Gott:

Glorialied – z.B.: Ich lobe meinen Gott, der aus der Tiefe mich holt, damit ich lebe[61]

In dem zusprechenden Wort des exemplarischen Bausteins wird die Intention des Gloria zum Ausdruck gebracht. Ein Bibelwort begründet, fundiert das. Es gibt viele Bibelworte, die an dieser Stelle stehen könnten – und natürlich auch viele (Antwort-)Lieder der Gemeinde.

In der Entfaltung des Kyrie/Gloria-Bausteins wird dabei die »klassische Folge« der EKU-Agende (Erste Form A) aufgenommen, die im Evangelischen Gottesdienstbuch nicht nur als Variante erscheinen sollte:[62]

Schuldbekenntnis (bzw. entfaltetes Kyrie)

Kyrie (Gesang/Kehrvers/Lied)

Gnadenzusage

Gloria (Gesang/Kehrvers/Lied)

61. Mein Liederbuch für heute und morgen, Düsseldorf 1981, B 102 bzw. EG NB 585 /RWL 673.
62. Siehe EGb, S. 68ff.

Aus der Ökumenischen Liturgie

Foto: © Fritz Baltruweit

Da kommt jemand vorbei – und sieht sie liegen,
ist entsetzt, geht zu ihr hin,
gibt ihr zu trinken, gibt ihr zu essen,
gibt der Nackten ein Kleid.

LiturgIn:
Dass jemand uns sieht
und nicht vorbeigeht,
das ist auch wahr.
Davon leben wir.
Davon bekommen wir unseren Atem
und leben auf.

Gott,
dafür danken wir dir
und loben dich.

Lied:

2. Wir sagen Danke, du lieber Gott,
   machst aus uns Sündern dein neues Volk,
   das aus Vergebung den Aufbruch wagt,
   das dir sein Loblied singt, Danke sagt.

3. Wir sagen Danke, du lieber Gott –
   und unser Leben für diese Welt
   werde zum Segen dem, der nichts hat:
   geteiltes Leben macht alle satt.

4. Wir sagen Danke, du lieber Gott,
   wollen den Weg gehn, den du uns rufst;
   er bringt uns Frieden, Gerechtigkeit
   und schenkt die Hoffnung für unsre Zeit.

Text: Melchizedek M. Solis, deutscher Text: Fritz Baltruweit
Musik: Mutya Lopez Soliz – Philippinen, aus: Fritz Baltruweit – Meine Lieder

Nach dem Kyrie wird auch im Gloria der Ökumenischen Liturgie die Geschichte aus Lk 10 mit unserer Wirklichkeit »zusammengeschaut«. So wird das Erfahren von Gottes Nähe, die befreit, in der Wahrnehmung durch die Nächsten konkret.

Aus der liturgischen Werkstatt

Auch die Ausformung eines »freien« Gloria ist erlernbar, besonders wenn es in der Gruppe eingeübt wird:[63]

> Der Ort des Geschehens sollte wie bei der Zeitungsliturgie hergerichtet sein (→ S. 79f.). Die anleitende Person teilt nach dem Singen eines Lobliedes Zettel aus mit der Bitte, einen Satz aufzuschreiben, ein »Lob«, ein Dankeschön für einen Menschen, der mir nahe steht.
> Die Zettel werden eingesammelt, gemischt und neu verteilt. Nach einer kurzen Stille wird ein Halleluja gesungen – die anleitende Person führt in das Lesen der Texte mit dem Hinweis ein, dass wir unser »Lob« nun im Angesicht Gottes miteinander teilen und mit dem Halleluja jeweils darauf antworten wollen. Denn »wie der Mensch ist – so ist Gott«.
> Einige Beispiele: »Du tust mir gut, weil du mich ermutigst und entlastest.« – »Ich danke dir für deine Liebe, mit der du mich trägst und veränderst.« – »Schön, dass bei dir immer Platz für mich ist – an deinem Tisch.« – »Du hast mir Freiheit und Halt gegeben. Danke.« – »Du hast mir einen neuen Weg gezeigt und mich begleitet.« Abgeschlossen wird diese Litanei durch die Wiederholung des eingangs gesungenen Lobliedes.

Im Gegensatz zu der Zeitungs-Liturgie kann die Atmosphäre während oder nach der Lob-Liturgie durch Irritationen bestimmt sein. Ist eine Übertragung der an Menschen gerichteten Worte auf Gott so einfach möglich und legitim? Während die Zeitungs-Liturgie zu einer tiefen Anrufung Gottes werden kann, droht die Lob-Liturgie (eigentlich ist sie eher eine liturgische Übung) zu einer »Didaktisierung« zu entgleisen. Das Positive an der Lob-Liturgie: Wir lernen verstehen, wie das Gotteslob lebendig werden kann, indem wir das, was uns im Alltag begegnet, mit der Gottesbegegnung in Verbindung zu bringen – bis hin zum Sprachgebrauch. Sie schärft unsere Wahrnehmung dafür, dankbar zu leben – in dem Wissen darum, dass Gott uns trägt in dem, was wir Tag für Tag erleben.
Auch hier gilt wieder: Liturgische Erfahrungen in der Gruppe bzw. in »Sonder«-Gottesdiensten sind eine Voraussetzung für das Feiern spontaner Elemente im Gottesdienst für alle.

63. Nach einer Idee von Herbert Lindner, Feucht.

Tagesgebet (Kollektengebet)

Im Kontext des Gottesdienstes

Das *Kollektengebet* (sammelndes, konzentrierendes, zuspitzendes Gebet) – im Evangelischen Gottesdienstbuch auch »Tagesgebet« genannt – schließt den Gottesdienstabschnitt der Eingangsliturgie ab. Was im Kyrie/Gloria-Teil vor Gott gebracht und von Gott in Erfahrung gebracht wurde, wird in dem Gebet »auf den Punkt« gebracht. Als »Scharnier« zwischen Eingangs- und Verkündigungsteil bereitet es auch auf das nun zu uns kommende Gotteswort vor. So spitzt das Kollektengebet die Anrufung auf das konkrete Anliegen dieses einzigartigen Gottesdienstes zu (in diesem Sinne: Gebet zum Tag) und fasst es in einem Satz zusammen. Es ist also auf die spezielle Thematik (→ Proprium → S. 46) des Gottesdienstes zugespitzt.[64] Ein *Eingangsgebet* würde normalerweise auch die Situation des Gottesdienstanfangs aufnehmen[65], besonders wenn es direkt an die Begrüßung oder an das Eingangslied anschließt (vgl. dazu das Beispiel auf S. 97f.).

Zur Erinnerung

Ursprünglich nahm das »nach einer alt-römischen, heidnischen Amtsoration (-anrufung) gebildete Gebet die auf den Gebetsaufruf ›Oremus‹ laut vorgebrachten Bitten der einzelnen Gemeindeglieder auf und fasste sie knapp zusammen (›collecta‹)«.[66] Das »Oremus« (= Lasst uns beten) wurde auch als Einleitung zu einer Gebetsstille gebraucht, die mit einer »Kollekte« (= »Gesammeltes«, einem die Stille ab- und zusammenschließenden Gebet) beendet wurde.[67]

64. Siehe EGb, S. 67 bzw. S. 241ff.
65. Vgl. dazu im EGb, S. 534: Während in Grundform 1 vom Tagesgebet die Rede ist, wird bei Grundform 2 vom Eingangsgebet gesprochen.
66. *C. Grethlein:* Abriß der Liturgik, a.a.O., S. 124.
67. *C. Mahrenholz:* Kompendium der Liturgik, a.a.O., S. 84.

Für das Kollektengebet hat sich eine einheitliche Form herausgebildet:

• *Aufforderung zum Gebet*	Lasst uns (in der Stille) beten:
• *(Gebetsstille)*	*(Stille)*
• *Anrede* oft verbunden mit einem den Dank ausdrückenden oder erklärenden *Zu-Satz*, einer Prädikation Gottes	Heiliger Gott, Du lässt diese Nacht erstrahlen im Geheimnis des wahren Lichtes: Christus ist geboren!
• *Bitte* in der das Anliegen des Gottesdienstes manchmal mit einem Folgesatz zusammengefasst wird:	Erhalte uns in diesem Licht, bis wir einst den unverhüllten Glanz deiner Gottheit schauen.
• *Schlussformel* meist aus einer christologischen Mittlerformel und einer trinitarischen Doxologie gebildet	Durch unsern Herrn Jesus Christus, deinen Sohn, der mit dir und dem Heiligen Geiste lebt und gepriesen wird von Ewigkeit zu Ewigkeit.
• *Bestätigung* (von der Gemeinde gesungen)	Amen.[68]

Das Kollektengebet gestalten

Im Gegensatz zu den möglichen konkreten Klage- (und evtl. auch Dank-) Äußerungen aus der Gemeinde im Kyrie und Gloria sind hier die Liturgin bzw. der Liturg gefragt als Verantwortliche für die inhaltliche Zusammenfassung, Zuspitzung und Ausrichtung auf das, was kommt: das Wort Gottes. Für den Fall, dass das Kollektengebet das erste »frei« gesprochene Wort im Gottesdienst ist, legt sich ein abholender und einladender Charakter nahe – das, was »normalerweise« schon am Anfang des Gottesdienstes zu geschehen hat (→ Begrüßung). Dabei ist es wichtig, auf die Offenheit der Formulierungen besonders im ersten Satz zu achten, damit sich niemand ausgeschlossen fühlt, sondern möglichst alle (aus ihren unterschiedlichen Situationen heraus) in das Gebet »einstimmen« können.

In einem entsprechenden Gottesdienst war das erste frei gesprochene Wort »Gott, wir sind blind …«. Durch diesen Anfangssatz fühlten sich vermutlich nicht alle zum Mitbeten eingeladen, denn sie hatten vielleicht gar nicht das Gefühl, blind zu sein … Und: Wie wirkt so ein Satz auf blinde Menschen?

68. Das dem EGb, S. 255, entnommene Beispiel – vorgeschlagen für die Christnacht – steht für viele im Textteil angebotene Kollektengebete.

Zwei exemplarische Bausteine

Guter Gott,
wir danken dir.
Wir dürfen hier sein
in deinem Haus –
und du machst es hell.

Lass uns für dein Licht
empfänglich sein.

So komm, du Gott, zu uns
in deinem Wort und Geist,
dass sich unser Leben
durch dich erhellt
heute
und jeden Tag.
Amen.

Alternative Sprachgestaltung des Eingangsbeispiels → Zur Erinnerung (S. 96)

Herr, unser Gott,
es ist gut,
dass wir diese Stunde
mit dir haben.
Wir freuen uns,
dass Zeit ist
zum Singen, Nachdenken
und Reden mit dir.

Wir brauchen deinen Dienst an uns,
damit uns (immer) wieder klar wird,
wem wir gehören
und warum wir leben.

Herr, wir bitten dich:
Lass diesen Gottesdienst
nicht beschränkt bleiben
auf diese Stunde und diesen Raum,
sondern lass ihn durch uns
hinauswirken
in den Alltag unseres Lebens
und in das Leben anderer.
Amen.

Silvia Mustert

In beiden Gebeten wird versucht, mit nicht »eingefahrenen Formeln« zu formulieren. Nach dem Kyrie und Gloria wird ein persönlicher Akzent sichtbar. Schließlich wird die »klassische« Schlussformel aufgebrochen und mit eigenem Akzent interpretiert.

Ein Beispiel für ein Eingangsgebet (Gebet zum Ankommen):

Gott, kannst du mich sehen? Dann sieh mich an.
Der Tag geht zu Ende und ich bin hierher gekommen
mit Hunderten von Menschen.
Ich kann sie sehen, aber nicht wahrnehmen,

habe noch Hunderte von Dingen im Kopf –
Gedanken und Gespräche.
Ich sehe Bilder dieses Tages vor mir –
Blicke und Begegnungen.

Stille

Hörst du mich, Gott? Dann hör doch.
Lass mich hier ankommen
bei mir selbst – bei den anderen – und bei dir.
Lass mich wahrnehmen, dass wir miteinander hier sind.
Öffne uns Augen und Ohren,
um zu sehen – ob du da bist – unter uns,
um zu hören – ob du sprichst – zu uns.

Stille

Spürst du uns, Gott? Dann lass dich spüren.
Deinen Geist der Gemeinschaft.
Lass uns aufeinander zugehen.
Öffne uns Herz und Hände,
um zu spüren – wie du uns bewegst –
mit den Füßen aufeinander zu – im weiten Raum deiner Liebe.
So kann dieser Abend beginnen. Amen.

Mechthild Werner – aus der Thomasmesse beim Frankfurter Kirchentag 2001

Aus der Ökumenischen Liturgie

Gott,
du Geist der Liebe und der Veränderung,
komm mit deinem Wort,
erfülle und bewege uns,
im Geiste Jesu Christi einander anzunehmen
und deine Gerechtigkeit auf Erden zu säen. Amen.

Das Kollektengebet in der Ökumenischen Liturgie hat nach der umfassenden Eingangsliturgie den Schwerpunkt der Vorbereitung. Gottes Wort wird kommen – in einer Prozession werden Bibel, Brot und Wein … (→ S. 107) zum Altar getragen. Die Tendenz der folgenden Bibellesungen wird in einem Satz schon angedeutet.

Aus der liturgischen Werkstatt

Beim Tagesgebet liegt die Vorbereitung darin, sich die genaue Funktion des Gebetes und seiner einzelnen Schritte klar zu machen:

- Wie möchte ich Gott anreden?
- Welchen Zu-Satz, welches »Prädikat« möchte ich Gott verleihen?
- Was ist mir in der Begegnung mit den biblischen Texten, die im Gottesdienst vorkommen, wichtig geworden? Wie kann ich das in einem Satz zusammenfassen und als Bitte formulieren?
- Soll eine Schlusswendung mein Gebet abschließen?
  Was ist mir an den »herkömmlichen« Schlusswendungen wichtig geworden? Welchen Akzent möchte ich in diesem Gottesdienst setzen?

Für Kollektengebete gibt es sehr viele Vorlagen.[69] Es liegt nahe, auf vorhandene Texte zurückzugreifen. Vorliegende Texte sind aber in der Regel als »Ideenbörse« gemeint, die in die eigene Sprache zu übertragen sind. Die Liturgin bzw. der Liturg selbst *betet*. Er bzw. sie liest kein Gebet ab, sondern begibt sich in die Kommunikation mit dem Gott, der die Gemeinde und ihren Gottesdienst begleitet.

69. Z.B. im Textteil des Evangelischen Gottesdienstbuches. – Zu empfehlen sind das »Gottesdienstbuch« von C. Zippert, 3. Aufl., Gütersloh 1995, und die »Liturgieentwürfe für das Kirchenjahr« der Beratungsstelle für Gottesdienste und andere Gemeindeveranstaltungen in Frankfurt/M. (2. Aufl. 1985 – leider vergriffen) – oder auch: *H. Rosenstock/H. Köhler:* Du Gott, Freundin der Menschen. Neue Texte und Lieder für Andacht und Gottesdienst, Stuttgart 1991 und *U. Kock-Blunk (Hg.):* Das neue Gottesdienstbuch. Gebete, Lesungen und Lieder für die Sonn- und Feiertage des Kirchenjahres, Gütersloh 2001.

Problemanzeige

Nach der ausführlichen Beschreibung der Bedeutung von Teil A (Eröffnung und Anrufung) stellt sich unübersehbar die Frage, ob denn die traditionelle Eingangsliturgie ihre eigentliche Funktion (das »Mit Leib und Seele ankommen«) einlöst oder zumindest fördert – gerade wenn wir uns die vor Augen stellen, für die Gottesdienst eine »fremde Heimat« ist.
Unzweifelhaft lassen gerade die Anrufungen zu Beginn des Gottesdienstes (Ehr sei dem Vater .../Herr, erbarme dich .../Ehre sei Gott ...) ein »Heimatgefühl« bei den gottesdienstlichen Insidern entstehen, aber »die Anderen« bleiben draußen.

Die dem Wort- und Abendmahlsteil einmal vorgelagerte und immer mehr erweiterte Eingangsliturgie erfüllt für viele ihren ursprünglichen Sinn nicht mehr, nicht nur mit dem Körper, sondern auch mit der Seele im Gottesdienst anzukommen.[70]
Die Bedeutung des Eingangsteils wird in der Regel »auf die immer gleiche Minimalgestalt«, nämlich auf das Singen von Kurzformeln, die kaum jemand versteht, reduziert und damit »abstrahiert«.[71]
So empfehlen sich die im Evangelischen Gottesdienstbuch in diesem Zusammenhang vorgestellten Varianten, im Gottesdienst entweder Psalm, Kyrie oder Gloria zu betonen und auf die anderen Elemente zu verzichten.[72]

Eine *elementare Struktur* der Eingangsliturgie (Teil A) könnte so aussehen:[73]

Musik zum Eingang	bzw.	Musik zum Eingang	bzw.	Musik zum Eingang
Begrüßung		Begrüßung		Begrüßung
(Votum/Psalm)		Eingangsgebet		Lied
Lied		Lied		Psalm
Eingangs-/Tagesgebet		Psalm		Kehrvers (Kanon)
		Kehrvers (Kanon)		Tagesgebet

70. Vgl. *J. Stalmann:* TOP Gottesdienst, a.a.O., S. 88f.
71. Ebd., S. 105.
72. EGb, S. 40.
73. Vgl. ebd., S. 51f. (Grundform II).

B. Die Botschaft wahrnehmen (Verkündigung und Bekenntnis)

Das Wort Gottes im Kontext des Gottesdienstes

In der ersten Phase des Gottesdienstes haben wir hinter uns gebracht, was wir aus der letzten Woche »mitbrachten«, und es in den Rahmen des Gottesdienstes und aller Gottesdienste gestellt. Wir durften im Kyrie »aussprechen«, was uns belastet. Das Gloria gab uns die Gewissheit, dass Gott mit uns ist. Im Kollektengebet ist das Anliegen des Gottesdienstes konzentriert und zugespitzt worden.
Nun sind wir offen für Gottes Wort, das unseren Tag erhellen, uns aufbauen, unsere Situation deuten und uns den Weg in die nächste Woche weisen will.
Wir antworten auf das Empfangene mit dem Bekenntnis unseres Glaubens.

Nachdem wir mit Leib und Seele im Gottesdienst angekommen sind, ist jetzt Zeit für das, was sich die Menschen vom Gottesdienst erhoffen: Anregungen für das eigene Christsein, Kraft für den Glauben, den Alltag und die Nächstenliebe. Sie wollen ausgeglichener, gestärkter und nachdenklicher nach Hause gehen. »Am tiefsten getroffen, am meisten erfreut, am dankbarsten für den Gottesdienst sind die Teilnehmer dann, wenn der Prediger ihnen ein Gefühl von Vertrauen, von Geborgenheit erweckt hat.«[1] (→ S. 239) So hat sich ein Gottesdienstvorbereitungskreis mit der Frage zu beschäftigen, wie ein Gottesdienst geschehen kann, in dem Gottes frohe Botschaft Wirklichkeit wird, Gestalt gewinnt, einen Körper bekommt mitten in unseren Lebenszusammenhängen … und wie wir in ihm die Befreiung erfahren, die im Evangelium steckt, und den Geist Gottes mit seiner heilenden Kraft. Die Sehnsucht nach einer heilenden Wirkung des Gottesdienstes ist stark – in der Erinnerung an all das, was Jesus zeichenhaft wirkte. Wir können im Gottesdienst etwas von Gottes segensreichem Dienst an uns erfahren.
Das Heilende[2] ist etwas Heiliges im Gottesdienst, etwas Unverzichtbares gerade in einer zerstörten und zerstörungswütigen Welt. Der evangelische Gottesdienst betont dieses Evangelium, diese gute Botschaft, die nun in den Teilen B. (Die Botschaft wahr-nehmen), C. (Miteinander ein Leib werden) und D. (Mit dem Segen weitergehen) Gestalt gewinnen will. Wir tun gut daran, dieses Geschehen, das vom Heiligen Geist ausgeht, nicht zu blockieren.

Die biblischen Lesungen

»Vor einer Überlastung der evangelischen Gottesdienste mit Texten hat das Landeskirchenamt in Wolfenbüttel gewarnt. In einem … Rundschreiben an alle Gemeinden … vertritt das Landeskirchenamt die Auffassung, drei Lesungen bibli-

1. *M. Josuttis:* Der Weg in das Leben, a.a.O., S. 213.
2. Vgl. dazu *W. Reich:* Gottesdienst mit den Mühseligen und Beladenen, Heil und Heilung im Gottesdienst, in: *W. Reich/J. Stalmann:* Gemeinde hält Gottesdienst, Hannover 1991, S. 85-91.

scher Texte und möglicherweise auch noch des Predigttextes im Gottesdienst seien – von Ausnahmen abgesehen – ›zu viel des Guten‹.« epd 29.12.1993[3]

Im Kontext des Gottesdienstes

Oft folgt nach dem Tagesgebet ein »Gewitter des Wortes« (zwei bis drei Lesungen), das hier und da in unterschiedlicher Weise »blitzartig« einschlägt.[4]

Ein fester Kanon von Lesungen ist im »Perikopenbuch« (→ S. 122) für jeden Sonntag vorgeschlagen und abgedruckt:[5] eine alttestamentliche Lesung, die *Epistel*lesung (aus den Briefen des Neuen Testaments), die *Evangeliums*lesung, der Psalm des Sonntags, weitere Predigttexte – und so genannte *Marginal*texte (weitere für den Sonntag »geeignete« Bibeltexte, die »am Rande« [von lat. margo = Rand] als alternative Predigttexte empfohlen sind). Die *Perikopen* (= »rings herum ausgeschnittenes Stück«) der Epistel- und Evangeliumslesungen hatte schon Martin Luther aus der kirchlichen Tradition übernommen, weil er »auf jeden Fall die Kontinuität der alten Kirche wahren wollte.«[6] Sie verbinden uns heute mit unterschiedlichsten Kirchen.
Es ist allerdings kein Gesetz, die vorgesehenen Lesungen – und dann auch noch alle – in jeden Gottesdienst übernehmen zu müssen. Auch eine kontinuierliche Bibellese- und Predigtreihe in mehreren aufeinander folgenden Gottesdiensten (»lectio continua«) ist denkbar – oder andere Variationen. Oder *ein* biblischer Text bildet den Leitfaden für den Gottesdienst und wird in unterschiedlicher Art und Weise entfaltet. Dabei kann u.U. der Bibeltext sogar die Agende für den Gottesdienst in sich bergen[7].

Mehrere Lesungen haben ihren Sinn darin, dass *ein* biblischer Text nie für sich allein steht, sondern dass verschiedene biblische Texte einander bedürfen und interpretieren. Das Lesen mehrerer biblischer Texte spiegelt unsere christliche Existenz wider: Auch wir können nicht für uns allein Christ sein, sondern brauchen einander. Auch eine Kirchengemeinde, eine Kirche kann nicht für sich allein Kirche sein – wir brauchen einander. In diesem Zusammenhang sind gerade auch alttestamentliche Texte, Texte aus der hebräischen Bibel wichtig, die unsere Verbundenheit mit den jüdischen Geschwistern dokumentieren.
Die Frage der Vermittlung der Textfülle bleibt dabei weitgehend offen.[8] Es bleibt zu fragen, »ob die dreifache Schriftlesung nicht in den meisten Fällen die Auf-

3. epd, Nr. 226/93, S. 3.
4. *M. Josuttis:* Der Weg in das Leben, a.a.O., S. 238.
5. In den Herrnhuter Losungen (Psalm, Epistel, Evangelium, Predigttext), dem Pfarramts- oder Kirchlichen Mitarbeiterkalender und dem Sonn- und Festtagskalender sowie im Liturgischen Kalender des EG (Nr. 954) sind die entsprechenden Bibelstellen ebenfalls angegeben.
6. Nach *C. Grethlein:* Abriß der Liturgik, a.a.O., S. 126.
7. Siehe unser Beispiel in der »Ökumenischen Liturgie« bzw. vgl. *G. Ruddat:* Bibel als Leitlinie für die Liturgie, in: *K. Danzeglocke u.a. (Hg.):* Gottesdienst – Fremde Heimat, Düsseldorf 2001, S. 120-122.
8. Nach einer Reduktion auf ein bis zwei Lesungen (je nach Übereinstimmung zwischen Lesungs-

nahmefähigkeit der (in immer geringerem Maße mit der Bibel vertrauten) Menschen übersteigt und so eventuell zu einer Immunisierung gegenüber dem biblischen Wort führt.«[9] Manchmal ist weniger mehr. Die Wirkung, die eine gut erzählte Geschichte haben kann, ist durch die Menge der Erzählungen nicht unbedingt zu ersetzen. Im Evangelischen Gottesdienstbuch heißt es in diesem Zusammenhang: »Soll die Zahl der Lesungen im Gottesdienst vermindert werden, wird auf jeden Fall das Evangelium des Sonn- oder Festtags gelesen.«[10]

Zur Erinnerung

Biblische Lesung ist unverzichtbarer Bestandteil des Gottesdienstes. Die biblischen Lesungen gehören wie das Beten und die Abendmahlsfeier zum Urgestein der Liturgie.

Zwei »Urgestein«-Quellen sollen kurz vorgestellt werden:
1. Besonders katholische Theologen berufen sich auf Lk 24,13–35 – die Emmaus-Geschichte. Aus der Geschichte ergeben sich (liturgisch gesehen) zwei große Blöcke:

- der Wort-Gottesdienst und
- die eucharistische Feier (Abendmahl).

Wenn die Emmaus-Geschichte als Modell für den Gottesdienst herangezogen wird, sollte die Bewegung, die in der Geschichte steckt, für das Gottesdienst-Geschehen noch stärker entdeckt werden: Gottesdienst als Weg, als Prozess …
2. Eine weitere Quelle finden wir bei *Justin* (spätestens 150 n.Chr.).[11] Dort sind wesentliche Schritte aufgezeichnet, die bis heute das Gottesdienstleben bestimmen (sollten):

- Jemand liest aus den »Memoiren« der Apostel (aus dem kaum vollendeten Neuen Testament) und der Propheten (aus dem Alten Testament) vor.
- Der »Präsident«, Vorsteher, Älteste der Gemeinde legt »diese Dinge« aus.
- Alle stehen auf und beten »für unsere Mitglieder« (Fürbitten, die mit der Lesung korrespondieren).
- Alle geben einander den Friedenskuss, der das Gebet besiegelt (ein starkes Zeichen – als »Besiegelung« des Gebets!).
- Brot und Wein werden in die Versammlung gebracht.
- Der Vorsteher betet ein »langes Gebet« über Brot und Wein.
- Alle antworten mit »Amen«, d.h.: Wir stimmen dem Gebet zu.
- Diakone teilen Brot und Wein aus (Kinder sind selbstverständlich dabei). Denen, die nicht da sind, werden Brot und Wein von den Diakonen gebracht.
- Die etwas geben können, geben es dem Vorsteher (Dankopfer). Er verteilt es an die, die es brauchen.

und Predigttext) in den meisten Agenden des 19. Jahrhunderts kehrte die Agende 1 zur zwei- bzw. dreifachen Schriftlesung zurück.

9. *C. Grethlein:* Abriß der Liturgik, a.a.O., S. 146.
10. EGb, S. 71.
11. In der Fassung von *A. Chupungo:* Liturgie-Vorlesung, Manila 1992: Die Apologie Justins des Märtyrers, bes. 65,1-5 und 67,3-6, hg. von G. Krüger, Tübingen 1915 – Auszüge (deutsch) in: *A.M. Ritter:* Alte Kirche, Neukirchen-Vluyn 1977, S. 37f.

Bilder im Gottesdienst

Nicht nur die geheimnisvollen Ikonen der orthodoxen Christenheit oder die mittelalterlichen Armenbibeln, sondern auch die Kinderbibeln unserer Tage erinnern uns an den elementaren Weg, vom Bilder-»lesen« zum Sprechen zu gelangen. In einer Zeit der Videoclips ist »Verlangsamung der Seh-Gewohnheiten« angesagt, Zeit zum stillen Betrachten und zum Ent-Decken der »Bilder-Sprache«. Dabei wird am besten mit den Bildern »vor Ort« begonnen: Von der Kirchentür zum Kirchenfenster, vom Altar bis zum Opferstock wird unversehens eine Geschichte des Glaubens lebendig, wie sie in diesem unverwechselbaren Raum Gestalt gewonnen hat.

Schritte des Umgangs mit Bildern (in Anlehnung an G. Lange)

1. Was sehe ich?
Alle »lesen« das Bild, tasten es mit den Augen ab und gehen still in dem Bild spazieren. Anschließend (mindestens 3 Minuten Zeit zur Meditation) werden die spontanen Wahrnehmungen miteinander ausgetauscht. – Bei der Betrachtung von Plastiken (oder anderen Gegenständen) lässt sich viel von blinden Menschen lernen, die hand-greiflich sehen.
2. Wie ist das Bild aufgebaut?
Jetzt wird das Bild – mit Hilfe einer Person, die sich vorbereitet hat – systematisch entdeckt: seine Formen und Farben, seine Strukturen und Elemente werden in ihrer unverwechselbaren »Ordnung« bewusst gemacht.
3. Was löst das Bild in mir aus?
Alle versuchen, sich ihre Gedanken und Gefühle zu verdeutlichen. Welche Stimmung wird hervorgerufen, auf welche Gestimmtheit zielt das Bild? Finde ich es ansprechend oder eher abstoßend?
4. Was hat das Bild zu bedeuten?
Erst jetzt wird die Thematik des Bildes, seine Botschaft und ihr Bezug zur Bibel oder zu einem Thema des Glaubens zur Sprache gebracht. Dabei kann ein Vergleich mit anderen künstlerischen Arbeiten zum Thema helfen, seinen unverwechselbaren Standort, seine Traditionen und seine mögliche Innovationskraft zu ermitteln.
5. Wo komme ich in dem Bild vor?
Wenn ich mich schließlich in das Bild hineinziehen und in seine Geschichte verwickeln lasse, kann sich so etwas wie eine ganz persönliche Predigt entwickeln.

Mögliche Zugänge: In welcher Figur (Rolle) finde ich mich am ehesten wieder? Oder bleibe ich in der Zuschauer-Rolle? Wie verwandelt mich die Begegnung mit dem Bild?
Für die Einbeziehung von Bildern in einen liturgischen Ablauf empfiehlt sich – abgesehen von einer möglichst gemeinsamen Vorbereitung, die auch den Dialog mit den musikalisch Verantwortlichen sucht – folgende Struktur:

- (Biblische Lesung)
- Zeit zum Betrachten des Bildes (dazu evtl. meditative Musik)
- Bild-Meditation (evtl. mit integrierter biblischer Lesung)
- Stille zum Weiter-Sehen
- Gebet aus der Stille (zum Weiter-Gehen)

Diese Grundform lässt sich z.B. für Abendgottesdienste einfach umrahmen:
Einstimmung – Begrüßung – Lied – (Psalm-)Gebet …
… Vaterunser – Abendlied – Segen – Ausklang.

Zum technischen Umgang

Wenn die Bilder nicht selbst groß genug und für alle sichtbar sind, stellt sich die Frage nach einem Diaprojektor (mit Zoom), Tageslichtprojektor (ohne Gebläse) oder Videobeamer. Bei der Vorbereitung des Raumes (Verdunkelung …) ist die Frage der Projektion auf eine Leinwand oder (besser) auf die Wand der Kirche vorher durch Ausprobieren zu klären. Handbilder (die es inzwischen zu vielen Bildern gibt) oder Fotoabzüge im Postkartenformat geben das Bild zum verweilenden Betrachten und zum Mitnehmen an die Hand.

Literatur/Bildmaterialien (Dias/Folien/Hand- und Wandbilder)

Vgl. die meditative Zuordnung von Bildern in den Regionalausgaben des EG für Bayern-Thüringen-Württemberg und dazu die Erschließungshilfen in: *K. Raschzok (Hg.):* Die Bilder im Gesangbuch, Erlangen 1995.
M.L. Goecke-Seischab/E. Domay: Botschaft der Bilder, Lahr 1990 (Lit.); *H.-U. Schmidt/H. Schwebel (Hg.):* Mit Bildern predigen, Gütersloh 1989; *H. Schwebel/A. Mertin (Hg.):* Bilder und ihre Macht – zum Verhältnis von Kunst und christlicher Religion, Stuttgart 1989.
J. Zink: DiaBücherei Christliche Kunst, Eschbach … (24 Bde. mit 1440 Farbdias und 16 Tonkassetten); Auswahl zu Themen oder Kirchenjahreszeiten (wie *H.K. Berg:* Weihnachten sehen), Bilderzyklen einzelner Künstler der Gegenwart wie Marc Chagall (C. Goldmann), Walter Habdank (P. Neuenzeit), Roland P. Litzenburger (G. Baudler), Thomas Zacharias (F.K. Doedens/G. Lange), S. Köder u.a. – meist kostenlos zugänglich in den Mediotheken der Kirchenkreis-/Dekanatsstellen.

Die Textfülle gestalten

In einem besonderen Gottesdienst, für den mehr als eine Stunde eingeplant ist, kann versucht werden, dem zentralen Text – z.B. dem Evangelium – zwei andere Texte (Altes Testament/Epistel) gedanklich einleuchtend zuzuordnen.
Die biblischen Texte sollten nicht für sich allein stehen. Der Bezug zueinander kann durch entsprechende Überleitungen ausgedrückt werden. Auch bietet sich bei einander zugeordneten Texten ein Medienwechsel an, z.B.: Ein alttestamentlicher Text wird durch ein Lied besungen und kommentiert, die Epistel durch eine gegenständliche Meditation entfaltet, das Evangelium durch die Predigt ausgelegt (→ Ökumenische Liturgie).

Aus der Ökumenischen Liturgie

Foto: Jens Schulze, © Ev. EXPO-Büro

Fotocollage: © Jens Schulze

Da kommt jemand,
bringt sein Wort mit,
Licht, das das Dunkel erhellt,
Brot, Wein und Öl –
und vor allem: sich selbst.

In einer Prozession werden eine Bibel, Licht, Brot, Wein und Öl zum Altar getragen. Der Kehrvers »Nada te turbe« aus Taizé wird dazu gesungen.

Nichts beunruhige dich, nichts ängstige dich: Wer Gott hat, dem fehlt nichts. Gott allein genügt.

Jacques Berthier: Taizé, France

Die Lesung aus dem Alten Testament nimmt einen Ausschnitt des Predigttextes und die Überschrift des gesamten Ökumene-Tages auf – und bringt so zwei Abschnitte, die den Tag bestimmen, zusammen:
Wir hören Worte aus dem fünften Buch Mose: »Du sollst Gott von ganzem Herzen lieben, mit ganzer Seele – mit allem, was du hast – und deinen Nächsten wie dich selbst.« »Ich habe euch Leben und Tod, Segen und Fluch vor Augen gestellt, damit du das Leben wählst – und am Leben bleibst, du und deine Nachkommen, indem ihr eurem Gott gehorcht und ihm nachfolgt.«
(5 Mose 6,5; 3 Mose 19,18; 5 Mose 30,19f.)

Die Lesung wird entfaltet in einer spontanen Mitmachaktion der Theologin Frau Chung Hyun Kyung (Seoul/Korea).[12]

Eine Epistellesung – Röm 15,4-7, die die Kirchentagslosung (also wieder Bekanntes) aufnimmt – wird weitergeführt durch eine Zwischenmusik mit dem nächsten liturgischen Text nach Lk 10 und einer Öl-Meditation:

12. Siehe dazu: *Chung Hyun Kyung:* Schamanin im Bauch – Christin im Kopf. Frauen Asiens im Aufbruch, Stuttgart 1992 und dazu das Interview von Fritz Baltruweit mit Chung Hyun Kyung, Evangelische Kommentare 6/93, S. 334-336.

Foto: © Fritz Baltruweit

Da kommt jemand,
bringt Wein mit – und Öl,
um die Wunden zu verbinden.

Öl-Meditation:
Da kommt jemand –
ein Ausländer übrigens oder eine Ausländerin.
Er bringt etwas mit. Oder sie bringt etwas mit.
Etwas mitgebracht bekommen, das ist schön.

Das Mitbringsel, das Öl, ist uns zunächst einmal so fremd
wie dieser Jemand aus dem Ausland.

Das soll gut für meine Wunden sein?
Das soll heilen?
Das soll ein Zeichen für Gottes Segen sein?

Oft brauche ich nichts nötiger,
als dass mir jemand gut zuspricht,
mich aufbaut –
auch meine Verletzungen verbindet, die mir zu schaffen machen.

Das zu erfahren ist das Evangelium,
die gute Botschaft, von der wir leben,

die auch heute Gestalt geworden ist unter uns
in …

Das Öl des Samariters, der Samariterin
kann zum Zeichen werden
für die Wirklichkeit der Welt Gottes.

Wir teilen euch jetzt Öl aus,
dieses kostbare Zeichen der Welt Gottes.
Und ich lade euch ein,
eure Fingerkuppen in das Schälchen mit dem Öl einzutauchen
und eurem Nachbarn, eurer Nachbarin
das Zeichen auf die Stirn zu malen,
das uns miteinander verbindet.

Wir zeichnen einander ein Kreuz auf die Stirn
und können etwas von der Kraft und von der Zärtlichkeit spüren,
die wir einander geben können,
können etwas spüren
von der Kraft und von der Zärtlichkeit Christi.

Foto: © epd-Bild/Rüdiger Niemz

Sololied während der Austeilung:

2. Aus Tag und Abend sind wir gemacht.
   Wenn dir kalt wird, will ich dich wärmen.
3. Aus Angst und Hoffnung sind wir gemacht.
   Wenn du Tod sagst, sage ich Leben.

Text: Lothar Zenetti, Musik: Fritz Baltruweit
Aus: Fritz Baltruweit – Meine Lieder/CD Jeder Tag ist ein Geschenk

Gott,
wir danken dir für dieses Zeichen
deiner biblischen Geschichte,
das uns heiler macht, als wir waren …
Durch nichts wissen wir besser,
wohin wir gehören, als durch das Zeichen des Kreuzes.
Du segnest uns – und wir dürfen ein Segen sein.
Wir danken dir. Amen.

Evangeliumslesung: Lk 10,25-37
Chorlied als Predigteinstimmung
Predigt zur Evangeliumslesung

Lied nach der Predigt:

Du warst eingemauert; du hast überdauert Lager, Bann und Haft.
Bist nicht totzukriegen; niemand kann besiegen deiner Liebe Kraft.
Wer dich foltert und erschlägt, hofft auf deinen Tod vergebens,
Samenkorn des Lebens.

Jesus, Freund der Armen, groß ist dein Erbarmen mit der kranken Welt.
Herrscher gehen unter; Träumer werden munter, die dein Licht erhellt.
Und wenn ich ganz unten bin, weiß ich dich an meiner Seite,
Jesu, meine Freude.

Text: © Gerhard Schöne, Melodie: EG 396

Eine *gegenständliche (Symbol-) Meditation* prägt den Gottesdienst nachhaltig. Sie sollte gedanklich gut vorbereitet und in das Gesamtgeschehen so eingebettet sein, dass sie im Gottesdienstverlauf das »Gewicht« bekommt, das ihr entspricht.

Foto: Kathrin Straube, © Ev. EXPO-Büro

Ein Blick in das Evangelische Gottesdienstbuch

Auf die »normale« Sonntagssituation geschaut, gerät auch im Evangelischen Gottesdienstbuch eine sachlich angemessene und nachvollziehbare Zuordnung von Texten sowie eine »dramaturgische« Gestaltung des Verkündigungsteils anhand eines biblischen Textes in den Blick:

> An die Stelle verlesener Bibeltexte treten andere Ausdrucksformen: Biblische Geschichten werden szenisch gespielt oder in Sprechrollen aufgeteilt. Bibeltexte können auch in bildnerischer Gestaltung durch das Medium der Kunst neu zum Sprechen gebracht werden.
> An die Stelle der lehrhaften Episteln können Glaubenstexte kirchlicher Überlieferungen treten. Kontrastierende »Gegentexte« können die Aufmerksamkeit für die biblische Botschaft schärfen. Die Predigt wird mehr die Aufgabe haben, das Ensemble der verschiedenen Texte und Ausdrucksformen aufeinander zu beziehen und die unmittelbare Begegnung mit dem biblischen Zeugnis zu fördern.[13]

Die Umsetzung dieser Anregungen ist wohl einfacher als die im Rahmen der Eingangsliturgie. Vieles kann am Schreibtisch der Pastorin bzw. des Pastors geschehen – und Mitwirkende, die lesen, gibt es in vielen Gemeinden.
Auch dieser Teil kann eine reizvolle Aufgabe für einen Gottesdienstvorbereitungskreis sein.
Die positive und lebendige Wirkung szenischer Spiele oder des Lesens von biblischen Texten mit verteilten Rollen wird bereits in Familiengottesdiensten erfahren worden sein. Vorstellbar wäre auch, dass eine Lesung im Gottesdienst jeweils von Konfirmandinnen und Konfirmanden gestaltet wird. In dem Zusammenhang sind Lese- und Spielproben vor dem Mikrophon unerlässlich (denn mit der akustischen Verständlichkeit »steht und fällt« der Gottesdienst → *Inszenierende Technik im Gottesdienst*, S. 115ff.), aber schon nach kurzer Zeit wird sich durch solche Proben ein Stab an (jugendlichen) Mitwirkenden gebildet haben, die Spaß an der Sache haben und die immer qualifizierter im Vortrag werden.

13. EGb, S. 205f.

Aus der liturgischen Werkstatt

Das Lesen der Bibeltexte ist eine gute Möglichkeit, Gemeindeglieder am Gottesdienst aktiv zu beteiligen. Wir wollen ermutigen, diese Möglichkeit möglichst weit und unterschiedlich zu verfolgen:

- Auch das Lesen des Bibeltextes, z.B. durch einen blinden Menschen (aus einer Bibel in Blindenschrift), kann einmal sehr eindrucksvoll und »wortmächtig« sein (der Text könnte dann zusätzlich abgedruckt werden).
- Bei ausländischen Gästen bieten sich mehrsprachige Lesungen an.
- Lesen sollte vorbereitet und geübt werden!

Fragebogen zur Vorbereitung des Lesens

- Was geht mich der Bibeltext an? Kann ich ihn lesen, »als wäre es die spannendste Geschichte der Welt«?
- Wie sind die Betonungen zu setzen, wo die Pausen einzuhalten?
- Wie sind Eigennamen auszusprechen und zu betonen?
- Wie viele Lesungen soll es im Gottesdienst geben? Welche?
- Wie bette ich die Lesung(en) in den Verkündigungsteil ein?
- Wann bietet es sich an, einen Text mit verteilten Rollen zu lesen? Besonders Jesus-Geschichten können – von mehreren gelesen – in ihrer Dynamik deutlicher und eindrucksvoller entfaltet werden.
- Welche Bibelübersetzung wähle ich? Die Gute Nachricht wird am verständlichsten sein; die Luther-Übersetzung ist sprachlich am eindrücklichsten; die Einheitsübersetzung verbindet uns mit den katholischen Christen.
- Setze ich vor die Lesung ein *Präfamen*(= Vorrede/Vorwort)? Bei den meisten Lesungen erleichtert ein Präfamen das Verstehen und das Sich-Einlassen auf den Text. Wir empfehlen, Vorlagen[14] nur als Assoziationshilfe zu benutzen und im Gespräch in der Gemeinde Präfamina für die Lesungen zu entwickeln.
- Wie oft lese ich mir den Text in der Vorbereitung laut vor?

Mit dem Präfamen sind wir bei den liturgischen Stücken, die die Lesungen umrahmen.

14. Z.B. Neue Texte für den Gottesdienst Nr. 5/6 – Präfamina, Hannover 1980.

Inszenierende Technik im Gottesdienst

»Man kann nicht *nicht* inszenieren«, schreibt Hans-Martin Gutmann.[15] Und wir fügen hinzu: Eine Inszenierung des Gottesdienstes bemerkt man eigentlich erst, wenn etwas schief läuft und nicht gut gemacht ist. Das heißt: Bei der Frage der »Inszenierung« geht es nicht um irgendwelche »Mätzchen«, die man im Gottesdienst machen kann oder nicht, sondern um das Geschehen zwischen Orgelvorspiel und Orgelnachspiel. »Inszenierung« ist kein »Evangelium« – es geht darum, dass wir unsere Sache gut machen, dass wir den Gottesdienst so gestalten, »dass Gottes Verheißung und befreiende Macht hier und jetzt den Raum erfüllt«.[16]

Inszenierung meint: Es geht im Gottesdienst um mehr als um die Rolle des Liturgen bzw. der Predigerin, es geht um die Gesamtgestaltung. Je stärker wir den Gottesdienst nicht als Soloveranstaltung verstehen, sondern auch andere mit einbeziehen, desto mehr rücken die Verantwortlichen (in der Regel die Pastorin bzw. der Pastor) *auch* in die Rolle des Regisseurs.

Was ist ein Regisseur? In einem Regie-Lehrbuch steht: »Er ist Vater und Mutter, Priester, Psychologe, Freund, Autor, Schauspieler, Fotograf, Kostümbildner, Elektronikfachmann, Musiker, grafischer Künstler und spielt noch ein Dutzend weitere Rollen.«[17] – Viele dieser Rollen »können« wir. In einigen (gerade »technischen«) Disziplinen sind wir oft noch Anfängerinnen und Anfänger – besonders, was die »optische Situation« des Gottesdienstes angeht. Dabei ist gerade diese Dimension besonders wichtig: Wir leben in einer »visuell geprägten Gesellschaft«. »Das Fernsehen in der Bundesrepublik strahlte 1952/53 ein Programm mit einer Dauer von täglich etwa zweieinhalb Stunden aus. Fast fünfzig Jahre später sind es täglich bereits ca. 450 Stunden Programm (im Sendegebiet von Berlin) – also 180-mal so viel. Konnte 1952/53 das Fernsehangebot anfangs von ca. 10.000 Empfängern gesehen werden, so besitzen im Jahre 2001 mehr als 34 Millionen Haushalte mindestens ein Fernsehgerät, und dies sind ca. 98 Prozent alles Haushalte in Deutschland.« – »Wo noch Anfang der achtziger Jahre in der Regel drei Fernsehprogramme zu sehen waren, gibt es heute zwischen 25 und 30. Ca. 12.000 Kinospielfilme zeigt das Fernsehen jährlich, ungezählte Fernsehfilme und Serienfolgen nicht eingerechnet.«[18]

Wir müssen natürlich in unseren Gottesdiensten nicht unbedingt »in das gleiche Horn blasen«, aber wir müssen uns mit dieser Situation auseinander setzen. Denn: »Bilder beeinflussen das Handeln, provozieren unabhängig vom Wort Einschätzungen, die nachhaltig wirken, gerade weil sie sprachlich nicht völlig auflösbar sind. Vor-Urteile, Emotionen, Affekte werden wesentlich stärker durch Bilder als durch Sprache geprägt. Die Macht der Bilder entwickelt Suggestion und Faszination und kann dieses andererseits auch in einer, dem Sprachlichen nur selten zugänglichen Weise destruieren.«[19]

Die Frage drängt sich auf: Welche (visuellen) Veränderungen in der Liturgie gab es eigentlich in dem oben beschriebenen Zeitraum?

15. *H.-M. Gutmann:* Der Herr der Heerscharen, die Prinzessin der Herzen und der König der Löwen. Religion lehren zwischen Kirche, Schule und populärer Kultur, 3. Aufl., Gütersloh 2002, S. 227ff.
16. Ebd., S. 230f.
17. *Alan A. Armer:* Lehrbuch der Film- & Fernsehregie, 3. Aufl., Frankfurt/M. 2000, S. 7.
18. *Knut Hickethier:* Film- und Fernsehanalyse, 3. Aufl., Stuttgart/Weimar, 2001, S. 1, 12.
19. Ebd., S. 169.

Den Fragen der Inszenierung werden wir in *Gemeinde gestaltet Gottesdienst, Band 4* ausführlich nachgehen, besonders den Fragen

- der Inszenierung des Raumes,
- einer guten Dramaturgie,
- der optischen Gestaltung, auch der Lichtgestaltung,
- einer Musik, die atmosphärisch die Botschaft unterstützt,
- der Symbole im Gottesdienst,
- nach dem »Wort«, der Botschaft, die in »Atmosphäre« übersetzt ist.[20]

Hier nur einige wenige »technische« Anmerkungen: Im Gottesdienst möchte ich die »Akteure« hören und sehen.

Das Sehen

Oft wird in den Kirchen alles Mögliche angeleuchtet, nur die Person, die am Pult etwas zu sagen hat, steht im Dunkeln. ... Manchmal wird sie von der Leselampe etwas »geisterhaft« von unten beleuchtet.
Ich möchte die sprechende Person nicht nur hören, sondern auch sehen – mit ihrer Körpersprache, ihrer Mimik und Gestik, weil auch das zum Verstehen des Textes wichtig ist. Deshalb sollte eine (dezente) Beleuchtung der »Aktions«orte des Gottesdienstes selbstverständlich sein.

Bei *Krippenspielen* und anderen *szenischen Beiträgen* wirkt schon der Einsatz von zwei Scheinwerfern Wunder. Sie lassen auch eine kleine Szene »in einem völlig neuen Licht erscheinen« und bieten eben die Möglichkeit, die Akteure »ins rechte Licht« zu setzen und das, was sie zu sagen haben, zu unterstreichen. Scheinwerfer sind übrigens gar nicht so teuer.
Ein Vorschlag: Besorgen Sie sich für die Kirchengemeinde einfach mal 2-3 Scheinwerfer (mit Stativen) und experimentieren Sie damit. Die Licht-Gestaltung ist für Menschen, die sie einmal entdeckt haben, aus dem gottesdienstlichen Geschehen nicht mehr wegzudenken.

Das Hören

Da der protestantische Gottesdienst besonders durch eine »Hör-Kultur« geprägt ist, sind in den meisten Kirchen Verstärkeranlagen vorhanden. Es hat sich herumgesprochen, dass man (Mann) die Kirche nicht mehr »zusammenschreien« muss, sondern dass die nuancierte Stimmführung einen Text oder die »Spreche« differenziert und lebendig zu gestalten vermag. So hat es

20. Siehe dazu auch die Ausführungen in *F. Baltruweit/D. Haite/J. Hellwig (die drei Programmgestalter des EXPO-Christus-Pavillons):* Kirche, die sich öffnet. Modelle und Bausteine für ein neues liturgisches Erleben und Gestalten, Gütersloh 2001, S. 153ff.

manchmal große Vorteile, mit dem Mikrophon ganz »nah« und »leise« – sozusagen am Ohr der Zuhörer/innen – zu sprechen.
Bei Sprachübertragungen wird die »Klangregelstufe« normalerweise bei den »Tiefen« in den Minus- und bei den »Höhen« in den Plusbereich geregelt. Bei Musikübertragungen werden auch die »Tiefen« betont. Normalerweise beträgt die Entfernung vom Mund zum Mikrophon 10-15 cm. Bei den »Chor«-Mikrophonen, die normalerweise im Altarbereich verwendet werden, kann die Entfernung deutlich größer sein. Was bei Mikrophonen von Musikanlagen notwendig ist, nämlich mit dem Mund 2-3 cm an das Mikrophon heranzugehen, löst bei Kirchenanlagen Übersteuerungen aus. Bei allen Akteuren ist Verstehbarkeit das oberste Gebot. Das Sprechen vor dem Mikrophon muss geübt werden, bis es »sitzt«. Dabei macht das Erlernen der Variationsbreite der eigenen Stimme im Zusammenhang mit dieser einfachen Technik Spaß. Und es ist – einmal eingeübt – immer wieder »abrufbar« (»wie beim Schwimmen«).

Auch kleine *Gesangsgruppen* sollten verstärkt werden (mit den im Altarbereich gebrauchten Chormikrophonen).
Besonders die *Gitarre* sollte bei »voll besetztem« Haus nicht nur als »Schrammelgitarre« zu hören sein (oft ist nicht einmal das der Fall). Vor die Gitarre kann ein Mikrophon gestellt werden. Preiswert ist auch die Anschaffung eines »Pick-up-Mikrophons«, das auf der Schalendecke der Gitarre mit einem Klebestreifen befestigt wird und an eine vorhandene Anlage angeschlossen werden kann. Noch besser aber ist, sich (als Gemeinde) eine Gitarre mit eingebauten Tonabnehmern anzuschaffen, die über einen (Gitarren-)Kofferverstärker – kaum klangverfälscht – verstärkt wird. Nach einer kurzen Einübung wird auf diese Weise eine wesentlich differenziertere Begleitung auch für Menschen möglich, die meinen, das Gitarrenspiel nicht meisterlich zu beherrschen.

Für *Kindergruppen*, die etwas spielen, bietet sich der Einsatz einer (am Rohrstock leicht selbst zu bauenden) »Angel« an. Das ist ein langer Stock, an dem vorn ein Mikrophon befestigt ist. Und das hält jemand dem Kind, das gerade etwas zu sagen hat, vor den Mund.

Bei einer Neuanschaffung einer Verstärkeranlage sollte auch an das Kriterium gedacht werden, dass die Anlage nicht allein sprachtauglich ist (nach dem Motto: »Sprachanlagen erinnern beim Hören oft an die Qualität eines Telefonhörers«), sondern auch musiktauglich. So wird nicht nur die Sprachqualität technisch deutlich verbessert – es werden sich auch vielfältige weitere Möglichkeiten eröffnen – vom Anschließen von Mikrophonen für Gitarre, Sologesang und Chorgruppen bis hin zu CD-Einspielungen und Beamer.

Die Rahmenstücke der Lesungen

Halleluja

Der *Halleluja*-Gesang (= Gelobt sei Gott) bereitete ursprünglich die Evangeliumslesung vor. Mit dem Halleluja sollte Großes eingeleitet (nämlich das Evangelium als die wichtigste Lesung im Gottesdienst) und an eine große Tradition angeknüpft werden: In wie vielen biblischen Büchern, in wie vielen Psalmen wird dieses schön-klingende Lob-Wort Gott zugesungen ... »Halleluja! Lobt Gott ... für seine Taten! ... Alles, was Atem hat, lobe Gott – Halleluja!« (Ps 150).
Im Evangelischen Gottesdienstbuch schließt das »Halleluja« wie in Agende 1 die Epistellesung ab. Es kann sinnvollerweise auch nach der alttestamentlichen Lesung gesungen werden, die häufig statt der Epistel gelesen wird.[21]

Wochenlied

Dann wird das Singen des Wochenliedes vorgeschlagen.
Es wurde eingeführt, weil das sonntags im Gottesdienst eingeübte »Lied der Woche« die Hausandacht der Familie an jedem Tag der Woche prägen sollte. Aber wo geschieht das noch?
Wenn die Voraussetzung für den Sinn des Wochenliedes entfällt, schließt sich die Frage an, ob ein allein auf den Sonntag bezogener jährlich wiederkehrender Zyklus von Wochenliedern nicht eine entsprechend kontinuierliche Gottesdienstteilnahme voraussetzt, von der wiederum heute nur in »Einzelfällen« ausgegangen werden kann.
Wir schlagen vor, Halleluja und Wochenlied miteinander in einem *Halleluja-Lied*[22] zu verbinden, das als »liturgisches Stück für eine begrenzte Zeit« etwa vierteljährlich ausgetauscht wird. So könnten über einen längeren Zeitraum bestehende, aber schließlich doch wechselnde Lieder die Tradition des Wochenliedes fortführen und gleichzeitig den in der Regel etwas einsam dastehenden Halleluja-Gesang inhaltlich aufnehmen.

- Die Epistel- bzw. alttestamentliche Lesung könnte vorher durch den Lektor bzw. die Lektorin abgeschlossen werden mit Worten wie »Wort des lebendigen Gottes« oder »Das ist das Wort der Heiligen Schrift«, der Halleluja-Gesang z.B. so eingeleitet werden: »Lasst uns Gott loben mit unserem ganzen Leben – Halleluja.«

21. Das Halleluja entfällt in der Passionszeit sowie an Bußtagen (Evangelisches Gottesdienstbuch, S. 71). »Hilfen zum Verstehen« für das Entfallen solcher liturgischer Stücke stellt *J. Stalmann* u.a. nach dem Motto zusammen: »Niemand spielt in jedem Gottesdienst immer mit allen Registern ...« (TOP Gottesdienst, a.a.O., S. 111).
22. Z.B. Halleluja – Suchet zuerst Gottes Reich in dieser Welt (EG 182).

- Wenn ein Chor im Gottesdienst mitwirkt, kann er das Halleluja durch zusätzliche Strophen entfalten, während die Gemeinde den bekannten Halleluja-Gesang als Kehrvers dazu singt.
- Im unierten Gottesdienst kann z.B. ein Halleluja-Lied Lesung und Bekenntnis verbinden (→ Grundform II des Evangelischen Gottesdienstbuches[23]). Hier (oder auch zwischen zwei Lesungen) ist ein »klassischer« Ort der Chormusik, an dem der Lobpreis Gottes in unterschiedlichster Weise Gestalt annehmen kann.

Versikel

Die Evangeliumslesung wird durch die so genannten Versikel umrahmt (*Ehre sei dir, Herre – Lob sei dir, o Christe*). Wie kann ihre Bedeutung im Gottesdienst heute nachvollzogen werden? Inwieweit ist verständlich, was wir da singen?

»In der gottesdienstlichen Lesung der Evangelien tritt der Gemeinde der menschgewordene Gottessohn in der Geschichte seiner Erdentage entgegen. Ihn begrüßt die Gemeinde mit dem ›Ehre‹-Ruf und dankt ihm am Schluss mit dem ›Lob‹-Ruf.«[24] Diese Beschreibung lässt uns den ursprünglichen Sinn der Versikel nachvollziehen. Im gottesdienstlichen Ablauf fügten sie sich einmal harmonisch in ein gesungenes Ganzes ein: Ankündigung der Lesung (vom Liturgen gesungen) – »Ehre sei dir, Herre« (von der Gemeinde gesungen) – Evangeliumslesung (vom Liturgen gesungen) – »Lob sei dir, Christus« (von der Gemeinde gesungen).

Liturgie B

Wir müssen heute nach neuen Formen suchen, die den Sinn wieder verständlich machen und über den »Signal«wert hinausgehen (Nun beginnt die Evangeliumslesung – und jetzt ist sie vorbei …).

- Vielleicht ist zunächst wirklich die beste Lösung, die Versikel wegzulassen, besonders in Gottesdiensten, wo viele das Gefühl haben: »Die Versikel wirken ›aufgesetzt‹«.
- Bei der Suche nach Alternativen sind wir noch nicht weit gekommen. Ein Vorschlag »auf dem Wege« für den möglichen Ablauf einer (Evangeliums-) Lesung:
  - Einleitung der Lesung (Präfamen → S. 114)
  - Lesung
  - Schlusswort der Lektorin bzw. des Lektors
  - evtl. Antwort der Gemeinde.

23. EGb, S. 53.
24. *C. Mahrenholz:* Kompendium der Liturgik, a.a.O., S. 68.

Ein exemplarischer Baustein

(um bei dem Beispiel zu bleiben: zu Lk 10,25-37)

LektorIn:
Im Evangelium des heutigen Sonntags wird Jesus von einem Schriftgelehrten gefragt: »Wie ist es mir möglich, ewig zu leben?«
Es gibt ein Hin und Her, einen Austausch von Fragen und Argumenten – und schließlich antwortet Jesus mit einer Geschichte, die wir wohl alle kennen: ein Ausländer kommt und hilft einem Menschen in Not.

So steht es geschrieben im 10. Kapitel des Lukasevangeliums: …

LektorIn (abschließend – nach der Lesung):
Das ist das Evangelium Jesu Christi.

Gemeinde:
Jesus, du bist die Liebe, die keine Grenzen kennt. Wir danken dir.

Solche Antworten bzw. Versikel können Gottesdienstvorbereitungskreise in Gemeinden zu den einzelnen biblischen Texten gut erfinden.

Die Predigt

Im Kontext des Gottesdienstes

Die *Predigt*[25] wird seit Agende 1 (im Gegensatz zu früheren Agenden) als Teil der Liturgie verstanden. Das ist nicht selbstverständlich. Für viele ist die Predigt mit ihren »vorgeschriebenen« biblischen Texten das zentrale Geschehen des Gottesdienstes.

25. In diesem Abschnitt sollen homiletische (die Predigt»lehre« betreffende) Gesichtspunkte nur eine untergeordnete Rolle spielen; uns geht es vor allem um die liturgischen Aspekte der Predigt.

Eine historische und theologische Wirkung der Hervorhebung des Predigtgeschehens war, dass die Predigt als das Hauptstück des Gottesdienstes angesehen wurde. Mancherorts kamen Gottesdienstbesucher »erster Klasse« erst zur Predigt in den Gottesdienst. Sie wurde empfunden als der große »Auftritt«, neben dem ›die Liturgie‹ (nur) als Rahmenwerk erscheinen kann, besonders für den, der wöchentlich das schwere Werk der Predigtvorbereitung zu tun hat.«[26] Diese »Wirkungsgeschichte« sollte bereits in der Agende 1 bewusst korrigiert werden: Die Predigt ist ein Teil eines Ganzen.

In der Predigt wird die Enge des Alltagshorizontes durch eine in die Situation hinein ausgelegte Botschaft von außen aufgebrochen. Aktuelle Ereignisse werden in das Licht der Heilsgeschichte gerückt. Der Alltag wird »erleuchtet« durch den aktuellen und persönlichen Zuspruch Gottes, durch eine Horizonterweiterung,[27] die unser Leben und Handeln deuten und bestimmen möchte. Der Prediger bzw. die Predigerin wird sich oft fragen: Wer kann denn diese Zielvorgabe einlösen? Wer hat heute wirklich etwas zu sagen? – Predigt ist immer auch »Geistgeschehen« und vermag Menschen in einer Weise zu »treffen« und anzusprechen, über die wir uns oft nur wundern können. Das ist tröstlich für alle, die auf der Kanzel stehen.

Zur Erinnerung

Im Synagogengottesdienst in Nazareth wurde Jesus die Thorarolle gereicht und er las aus ihr vor, *»und als er das Buch zutat, gab er's dem Diener und setzte sich. Und aller Augen in der Synagoge sahen auf ihn. Und er fing an, zu ihnen zu reden.«* (Lk 4,20f.) Die in der Synagoge und bei Jesus kennen gelernte Form der Predigten (→ Bergpredigt Mt 5-7, Seepredigt Mk 4,1 u.v.a.) nahmen die Christen in ihre Gottesdienste auf. Sie hatten ursprünglich missionarische Züge (Mk 16,15 oder Apg 2,4) oder waren auf das Bleiben in der Apostellehre ausgerichtet (Apg 2,42). Vollmächtige Prediger gab es in den Epochen der Kirchengeschichte zu allen Zeiten.[28] Besonders Martin Luther und die Reformatoren bewirkten, dass das Predigtgeschehen zum Zentrum des (evangelischen) Gottesdienstes geworden ist. Luther schlug übrigens vor, frühmorgens über die Epistel, vormittags über das Evangelium und nachmittags über die alttestamentliche Lesung zu predigen.[29]

26. *J. Stalmann:* TOP Gottesdienst, a.a.O., S. 118f.
27. Vgl. *M. Josuttis:* Der Weg in das Leben, a.a.O., S. 243f.
28. Es wird immer wieder auf große Prediger wie Bernhard von Clairvaux († 1153), Berthold von Regensburg († 1272), Meister Eckhart († 1327), Johannes Tauler († 1361) und Johann Geiler von Kaysersberg († 1510) hingewiesen (z.B. *F. Kalb:* Grundriß der Liturgik, a.a.O., S. 141), die Predigten mit umrahmenden Kurzliturgien neben der Messe und oft *vor* der Kirche hielten. Sie boten eine Alternative zur Messe und waren sozusagen ihre »Konkurrenz« (vgl. dazu auch *W. Schütz:* Geschichte der christlichen Predigt, Berlin 1972, S. 65f.).
29. *W. Herbst (Hg.):* Evangelischer Gottesdienst. Quellen zu seiner Geschichte, 2., überarb. Aufl., Göttingen 1992, S. 74.

Die Predigt gestalten

Vorfragen für die Gestaltung

- Wie lange predige ich?
  Wird die Predigt als ein Teil der Liturgie verstanden, sollte sie vom zeitlichen Rahmen her sinnvoll in ihr eingebettet sein. Faustregel: Die Predigt sollte in einem Gottesdienst mit Abendmahl ein Fünftel, in einem Gottesdienst ohne Abendmahl ein Viertel der Gesamtzeit nicht überschreiten.[30]
- Wo predige ich?
  Auf der Kanzel, am Lesepult oder frei vor der Gemeinde? Ist der Ort der Kanzel in der Kirche nah bei der Gemeinde oder ihr Gegenüber? Predige ich mit der Gemeinde auf einer Ebene oder weit »über« ihr – nach dem Motto »Das Wort kommt von oben«?
- Was will ich sagen? Was ist mein Ziel?
  Wenn ich den Predigttext zweimal abschreibe, ihn zu gliedern und zu paraphrasieren versuche, klärt sich schon vieles von dem, was ich sagen will.
- Wie kann gelingen, dass der Predigttext wirklich gehört wird?
  Wie leite ich den Text ein? Wie baue ich eine Spannung auf, dass die Menschen, die zuhören, auch wissen wollen, was der Text zu sagen hat?

Die Predigttexte sind wie die Lesungen im *Perikopenbuch* zusammengestellt (S. 102). Es gibt sechs Predigtreihen. Neben den »Lesungstexten« (aus dem Alten Testament, der Epistel und dem Evangelium) gibt es drei weitere sog. Predigtreihen. Alttestamentliche Texte bilden ca. alle vier Wochen einmal die Grundlage der Predigt. Alle sieben Jahre ist eine Predigt über denselben Text zu hören.
Das EG sowie das EGb bieten wie schon das Gottesdienstbuch von C. Zippert (→ S. 99, Anm. 69) für jeden Sonntag einen eigenständigen Abschnitt an. Zu Beginn wird ein Überblick über die thematische Ausrichtung des Sonntags (das »Proprium« → S. 46) anhand des Wochenspruchs und der Überschriften der sechs Predigttexte gegeben. Marginaltexte (mit »M« gekennzeichnet) und Psalmen → S. 69ff.) vervollständigen das thematische Feld, das durch die Gesamtschau der sechs Predigttexte eines Sonntags eröffnet wird.
Natürlich ist auch das Predigen von nicht für den Sonntag vorgeschlagenen Texten möglich. Das ist selbstverständlich, wenn eine Predigtreihe für mehrere Sonntage konzipiert wird (z.B. zum Glaubensbekenntnis). So etwas bietet sich ebenfalls an, wenn aus einem besonderen Anlass ein besonderes Thema den Gottesdienst prägen soll (z.B. das Thema »Frieden«).
Auch beim Aussuchen eines Themas lohnt sich ein Blick in das Perikopenbuch, denn oft ist das für den Sonntag vorgesehene Thema ganz brauchbar.[31]

30. Vgl. *F.K. Barth:* Liturgieentwürfe, Materialheft 36, Beratungsstelle für Gestaltung, Frankfurt/M. 1982, S. 341.
31. Eine andere Möglichkeit bieten z.B. die von P. Krusche u.a. herausgegebenen Themenstudien für Predigtpraxis und Gemeindearbeit (4 Bände), Stuttgart 1977ff.

Ein Blick in das Evangelische Gottesdienstbuch

Das Evangelische Gottesdienstbuch weist auf Möglichkeiten hin, das in der herkömmlichen Form »eintönige« Predigtgeschehen aufzubrechen:

> Die Straffung des Lesungsteils gibt die Möglichkeit, die Predigt auf verschiedene Weise auszugestalten: als Verkündigungsgespräch (»Podiumsgespräch«, Gruppengespräch in der Gemeinde) oder in Anknüpfung an eine Spielszene oder unter Einbeziehung kritischer Rückfragen oder als geleitete Meditation in Phasen der Annäherung und Annahme der biblischen Botschaft.
> Wichtig ist vor allem die Eröffnung der Möglichkeit zu Äußerungen der Gemeinde, die sonst dem Predigtmonolog nur zuhören darf. Es besteht auch die Möglichkeit, aus Gruppengesprächen erwachsene kurze Beiträge christlicher Erfahrung und biblischer Weisung durch Einzelne vortragen zu lassen und dem ermutigenden Zeugnis von Christen Raum zu geben. Die Aufgabe des Predigers/der Predigerin wird es sein, Textvorgaben zu erläutern und die Beiträge durch Ergänzung und Begrenzung aufeinander zu beziehen.[32]

Damit werden zwei wesentliche Momente aufgenommen, die unserer Zeit angemessen sind und die deshalb immer wieder eingefordert werden:

- Wir müssen die lange Rede aufbrechen, die im Zeitalter der schnell wechselnden (Fernseh-)Bilder für die meisten Menschen eine Überforderung darstellt.
- Die Predigt muss dialogischer werden – und die (Kern-)Gemeinde möchte gerade an diesem Teil des Gottesdienstes aktiv beteiligt sein.

Aus der liturgischen Werkstatt

Auf drei Ebenen wollen wir die Fragen der Gestaltung angehen:
1. mit einem Fragebogen, der für alle Predigt-Formen gilt,

32. EGb, S. 206.

2. mit einem Beispiel für eine Predigt, die das Dialogische nicht nur »geistlich«, sondern auch in der Form aufnimmt,
3. mit der Befragung von Möglichkeiten für ein Aufbrechen der Predigt im Sinne der aktiven Partizipation der Gemeinde.

1. Predigt-Fragebogen[33]

- Welchen Eindruck vermittelt mir meine Predigt, wenn ich sie durchlese (oder mir laut vorlese)? Kommt das, was ich sagen will, deutlich zur Sprache – auch in der Form und Art, wie es geschrieben ist und wie ich predigen werde?
- Kann ich in einem Satz zusammenfassen, was die Predigt will?
- Was ist mir besonders gut gelungen?
- Gibt es etwas, was mich stört?
- Ist der Satzbau klar und unkompliziert (Jeder Dass-Satz bindet Konzentration)? Stimmt die Sprache? Treffen die Begriffe das, was ich vermitteln will? Sind Fremdworte in die Predigt hineingeraten? Stehen die Verben nah am Subjekt?
  Ist es »Spreche« (Kann es »Spreche« werden?) oder viel zu sehr »Schreibe«?
- Ist die Predigt für die Angeredeten interessant, relevant und ihnen angemessen? Was könnten sie mit nach Hause nehmen? Welche Fragen und Antworten braucht die Gemeinde vom Text?
- Werden Antworten nur in theologisch abstrakter Sprache angeboten, die sozusagen eine Deutung des Textes in die Wirklichkeit hinein verweigert?
- Welche Bedeutung haben Bilder und Geschichten in meiner Predigt? Wenn wir Bilder und Geschichten aufnehmen, haben wir Verantwortung für sie. Wenn ein Bild als »Problemanzeige« aufgenommen wird, wartet die Gemeinde auf eine (nicht unbedingt »glatte«) »Problemlösung« im Licht des Bibeltextes.
- Wie rede ich von Gott? In welcher Sprache?
- Wie rede ich von den Menschen, der Gesellschaft, der »Welt«?
- Predige und formuliere ich eher »positiv« oder eher »negativ« (Gott ist nicht wie …)? Weiß ich, was ich positiv von Gott sagen will?

33. Peter Bukowski diskutiert in seinem Buch »Predigt wahrnehmen« (Neukirchen-Vluyn 1990) umfassend und ausführlich Kriterien für die Predigt und ihre Vorbereitung – diesem Buch sind die meisten der folgenden Fragen entnommen (bes. S. 23).

- Bleibe ich bei einer Predigtform – oder springe ich zwischen verschiedenen hin und her?
- Fällt es mir leicht, meine Predigt zu gliedern (mit vier bis fünf Überschriften)? Habe ich eine erkennbare und hörbare Gliederung? Wie sind die quantitativen Gewichte auf die einzelnen Gliederungspunkte verteilt und welche Funktion haben sie? Welche theologischen Grundentscheidungen spiegeln sich im Predigtaufbau wider?
- Hat die Predigt eine oder mehrere Einleitungen? Ist sie zu kurz, zu lang, gerade richtig? Motiviert sie, den weiteren Predigtweg mitzugehen?
- Hat die Predigt einen oder mehrere Schlüsse? Ist der Schluss organischer Teil des Ganzen? Welche Funktion hat er?
- Sind die in der Predigt gegebenen Handlungsanweisungen erfüllbar?
- Passen das angegebene Problem und die vorgeschlagene Lösung, die gestellte Frage und die versuchte Antwort zusammen?
- Wie viele »Begriffs-Dinos(aurier)« – »steile« dogmatische Begriffe – finde ich in meiner Predigt? Wie sind sie eingebettet, erklärt und übersetzt in die Wirklichkeit?
- Hat die Predigt die richtige Länge (oft ist weniger mehr)?

2. Dialogische Predigt

Dialog-Predigten sind lebendiger als Monologe, vor allem wenn vorher noch nicht alles festgelegt ist und es zu einem wirklichen Gespräch kommt. Dialog-Predigten können gut auch Menschen aus der Gemeinde einbeziehen, wie folgendes Beispiel (ein Ausschnitt aus einer Predigt zu Johannes 5,1-9 – die Heilung des Gelähmten am Teich Bethesda – und Römer 15,7 – Nehmt einander an, wie Christus euch angenommen hat) zeigt:[34]

Peter: Also, weißt du – was der Pfarrer erzählt hat über die Heilung an diesem Teich, das war doch gut gesagt, das passte: Ich habe keinen Menschen, der mir hilft. Das passt doch auch gut auf dich. Du brauchst ja schließlich einen Menschen, der dir hilft. Und ich – ich will dir ja auch gern helfen. Gestern z.B. beim Mittagessen, da konntest du den Teller nicht so gut festhalten – und ich habe ihn dir abgenommen. …

34. Aus: *G. Ruddat:* Nehmt einander an, in: *R. Zerfaß (Hg.):* Mit der Gemeinde predigen, Gütersloh 1982, S. 97-103; wieder abgedruckt in: *E. Domay (Hg.):* Integrative Gottesdienste, Gütersloh 2000, S. 87-90.

Stefan (spastisch gelähmt): Ja, das war auch nett von dir gemeint; aber was glaubst du, wie schön es ist, auch einmal selbst etwas zu können. Irgendwann hast du die Nase voll, dass dir immer einer helfen muss oder auch nur helfen will. Weißt du, manchmal macht uns eure Hilfe noch hilfloser.
Ich glaube, bei Jesus war das anders, der hat dem Lahmen etwas zugetraut – und ihn dem Wunder überlassen, dem Wunder der Selbstständigkeit, und da wurde das Wunder alltäglich, All-tag.
Peter: Ja, das stimmt, Jesus hatte so seine eigene Art, mit den Menschen umzugehen. So sehe ich das auch – gerade mit solchen wie Behinderten (so im weiten Sinne), Aussätzigen, Blinden, Lahmen – so wie du im Grunde bist.
Jesus ist auf sie zugegangen, hat sie angesprochen, er hat auf sie gehört, und das war in seiner Zeit oft schon wunderbar genug.
Stefan: Ja, da hast du sicher Recht, der Jesus hatte so seine eigene Art. Aber, weißt du, mir ist die Frage, ob wir sein Spezialauftrag waren … Da sagen Leute, ja, für die Behinderten, für diese armen Geschöpfe, ist Gott ganz gut. Die Behinderten brauchen Jesus. Die brauchen einen Halt, was haben die denn sonst schon? – Aber wir, so sagen die Leute, wir kommen schon selber klar. Das halte ich eben für ganz schön arrogant, so richtig typisch. ›Wir haben das nicht nötig -Jesus und so‹.
Peter: Wir sind also eingebildet. So eine Art Menschen erster Klasse.
Stefan: Oft tut ihr so.
Ich meine, Jesus will sagen: Jeder Mensch ist auf Hilfe angewiesen – vom ersten bis zum letzten Tag seines Lebens …

Zur Dialogpredigt kann Mut gemacht werden, wie das Beispiel zeigt:

- Im Dialog kommen unterschiedliche Lebenssituationen authentisch zur Sprache.
- Um das Miteinander, das Einander-Annehmen und den Weg dorthin wird ernsthaft gerungen.
- Es entsteht eine lebendige Auseinandersetzung um die Interpretation biblischer Zusammenhänge.

3. Predigt – und die Gemeinde macht mit

Gerade auch an der Predigtarbeit beteiligt zu werden, das wünschen sich zunehmend mündige bzw. mündig werdende Gemeinden. So kann ich im Gottesdienst z.B. einmal eine *Bibelarbeit*[35] in Kleingruppen unter folgenden Fragestellungen versuchen:

Was schenkt uns der Bibeltext?
Was ist seine frohe Botschaft?
Was möchte der Bibeltext von uns?
Was sollen wir tun?

Der Pastor bzw. die Pastorin (oder eine andere verantwortliche Person) hätte dann die Aufgabe, sich in den verschiedenen Gruppen über die Gespräche zu informieren, auf entstehende Fragen zum Text zu antworten und ein Resümee zu versuchen (→ S. 264).
Auch so etwas will eingeübt sein. Ausgangspunkt für eine solche Gruppenarbeit im Sonntagsgottesdienst kann (wieder) eine Erfahrung während einer Freizeit sein. Deshalb soll hier ein Strukturvorschlag für einen »Spontan«-Gottesdienst (für einen solchen Gottesdienst wird kaum Vorbereitungszeit gebraucht) während einer Freizeit als Impuls dienen, der das Predigtgeschehen zum Zentrum hat:

- Vorbereitung des Ortes
- Lieder
- Ruhe finden
  und sich vergegenwärtigen, in wessen Namen wir zusammen sind (Eingangs-Meditation)
- Lied
- Unsere Situation vor Gott bringen – klagen, danken
  Das kann spontan geschehen oder von einer Kleingruppe vorbereitet sein – natürlich ist hier auch das Einbringen der Zeitungs- bzw. der Lobliturgie möglich (→ S. 74 bzw. S. 90).
- Lied
- Bibeltext – auf die Situation hin ausgesucht
  Er deutet die Situation und bietet den Beteiligten eine Perspektive für ihre Situation an.
- Gruppenarbeit zum Text
  Fragestellung s.o. – oder: Was sehen wir (im Text)? Wie urteilen wir? Wie sollen wir handeln?

35. Vgl. dazu u.a. *M. Fander:* Bibel vor Ort. Ökumenisches Werkbuch zur Bibelarbeit, Stuttgart 1991 oder z.B. zu den verschiedenen Formen des in Afrika entstandenen »Bibel-Teilens« die elementare Arbeitshilfe: Bibel Teilen. Bekannte Texte neu erleben. Missio, Aachen 1998.

- Formulierung einer Fürbitte in der Gruppe
- Lied
- Einander mitteilen: Was hat der Text uns zu sagen …
- Resümee
- Die in den Gruppen überlegten Fürbitten vor Gott bringen, zwischen den Bitten einen Kehrvers singen und mit einem kurzen zusammenfassenden Gebet schließen
- Abendmahl feiern (Gebet zur Vorbereitung – Einsetzungsworte – Vaterunser als Tischgebet – miteinander Brot und Wein/Saft teilen – Dank)
- Friedenszeichen
- Segen

- Eine weitere Möglichkeit, den massiven Predigtblock aufzubrechen, bieten
  - das persönliche Eintragen von Voten aus dem Vorbereitungskreis zu einzelnen Schwerpunkten des Predigttextes,
  - spontane Anfragen an die Predigt am Ort der Abkündigungen (kurze Voten – auch das braucht Einübung),
  - geeignete Medien (Musik, Bild …), die dem Predigtgeschehen noch andere Dimensionen geben (z.B. Vertiefung, Verfremdung …).

Die Rahmenstücke der Predigt

Das Predigtgeschehen des evangelischen Gottesdienstes wird bis heute durch eine eigenständige Liturgie gestaltet, die in den »Predigt-(Prädikanten«[36])-Gottesdiensten des 15. Jahrhunderts wurzelt und die zu einem beachtlichen Teil in die Agende 1, dann in die Erneuerte Agende und schließlich in das Evangelische Gottesdienstbuch eingegangen ist:

Lied vor der Predigt

Das *Lied vor der Predigt* bereitet die Predigt vor – es fordert zum »rechten Hören« auf.[37]

36. Das sind Gottesdienste, die in der Hauptsache aus der Predigt bestanden und in denen für die qualifizierte Predigt eigens angestellte »Prädikanten« (= Prediger) Dienst taten (→ S. 121).
37. Wenn nur *eine* Lesung im Gottesdienst vorkommt, wird an dieser Stelle oft das Wochenlied gesungen. (→ S. 118).

- Mit Recht wird allerdings gefragt, ob so eine Aufforderung zum »rechten Hören« vor der Predigt nicht viel zu spät kommt, ob sie nicht bereits vor der (ersten) Lesung hätte gesungen werden müssen.[38]
- Welche Funktion soll für mich dieses Lied haben?

Kanzelgruß

Der *Kanzelgruß* setzt (geschichtlich gesehen) voraus, dass der Prediger bzw. die Predigerin erst zur Predigt im Gottesdienst auftritt[39].
Der bisher nicht aufgetretene Prediger begrüßte einmal an dieser Stelle die Gemeinde:
»Gnade sei mit euch und Friede von Gott, unserm Vater,
und dem Herrn Jesus Christus.« (Röm 1,7b)
»Die Gnade unseres Herrn Jesus Christus und die Liebe Gottes
und die Gemeinschaft des Heiligen Geistes sei mit euch allen.« (2 Kor 13,13)
»Gnade sei mit euch und Friede von dem,
der da ist und der da war und der da kommt.« (Offb 1,4b)

Folgerichtig heißt es im Evangelischen Gottesdienstbuch:
»Ist der Liturg/die Liturgin zugleich Prediger/Predigerin, so entfällt der Kanzelgruß.«[40]

- Welche Bedeutung hat der Kanzelgruß für mich?[41]
- Er setzt die von dem »neuen« (?) liturgischen Ort, der Kanzel, gesagte Predigt von der bisherigen Liturgie ab, sorgt für eine Zäsur und signalisiert: Jetzt geht es los.[42]

38. *J. Stalmann:* TOP Gottesdienst, a.a.O., S. 123.
39. In der Alten Kirche knüpft die Predigt – wie es auch heute in der röm. kath. Kirche normal ist – direkt an das Evangelium an, ohne Kanzelgruß oder Ähnliches …
40. EGb, S. 42.
41. Auch ein *(stilles) Gebet* in dem Sinne »Lasst uns miteinander um den Segen des Wortes bitten« oder »Herr, tue meine Lippen auf, dass mein Mund deinen Ruhm verkündige« (Ps 51,17) ist mancherorts üblich. Ist das für mich eine Alternative?
42. *C. Mahrenholz* sagt: Die liturgischen Rahmenstücke der Predigt unterstreichen ihren besonderen Charakter, sie veranschaulichen, »dass die Predigt grundsätzlich und theologisch in der evangelischen Kirche eine besondere Wertung besitzt und dass sie hier eine Funktion erfüllt, die vielleicht erst von der Reformation in ihrer vollen biblischen Bedeutung erkannt worden ist.« – Kompendium der Liturgik, a.a.O., S. 72.

- Oft wird der Gruß zum Gebetswunsch verändert (Die Gnade Jesu Christi ... sei mit uns ...). Damit wird die »Richtung« des Grußes »verkehrt« – aber die konzentrierende Wirkung dieses Gebetswunsches spricht für sich – und ich beziehe mich in die Gemeinde ein als Mensch, der wie alle zum Priestertum aller Gläubigen gehört, nun aber eine besondere Aufgabe übernommen hat: der Gemeinde das Gotteswort auszulegen.
- Was bedeutet der Kanzelgruß für die Gemeinde? Sie wird spüren, ob ich ihn »nur so dahinsage« oder ob ich bewusst »dahinter stehe«.

Votum

Wenn der Predigttext nach dem Kanzelgruß gelesen wird,[43] kann noch einmal ein *Votum*, ein »liturgischer Übergang«, ein »Trenner« zur freien Rede folgen in dem Sinn »Gott, segne an uns dieses Wort« oder »Dass dein Wort in meinem Herzen starke Wurzeln schlägt und dein Geist in meinem Leben gute Früchte trägt, deine Kraft durch mich die Welt zu deinem Ziel bewegt – Gott, du kannst dieses Wunder tun.«

Die inhaltliche Zielrichtung der Worte spricht für sich. Aber:
- ○ Wie viel Gewicht darf ein solches Wort haben? – Lenkt es nicht zu sehr ab vom Duktus Predigttext/Predigt?
- ○ Ist ein solches Gebetswort nicht vielmehr nach der Predigt sinnvoll?

Kanzelgebet

Ein *Kanzelgebet* – besonders in reformierten »Gegenden« praktiziert – kann am Schluss der Predigt wesentliche Inhalte der Predigt als Bitte oder Dank aufnehmen und damit das Allgemeine Kirchengebet/Fürbittengebet entlasten.
- ○ Es soll nicht in Konkurrenz zum Fürbittengebet stehen, muss also kurz sein; aber auch inhaltlich soll es deutlich vom Fürbittengebet unterschieden sein. Es kann den Dank für das gehörte Gotteswort enthalten und die Bitte um den Segen des Wortes.[44]

43. Wo ich den Predigttext einführe – ob ich ihn sozusagen vor die Predigt setze oder »induktiv« darauf zugehe und ihn nach einer Vorbereitung bzw. einer vorbereitenden, den Kontext deutlich machenden Geschichte bringe –, ist eine homiletische Entscheidung. Im zweiten Fall wird ein Votum (»so mitten in der Predigt«) kaum angebracht sein ... Abgesehen davon gibt es Texte, bei denen mir »Gott segne an uns dieses Wort« nur schwer über die Lippen kommen würde – z.B. wenn es vorher heißt »Bindet ihm die Hände und die Füße und werft ihn hinaus! Da wird Heulen und Zähneklappern sein.« (Mt 22,13)
44. Vgl. *C. Mahrenholz:* Kompendium der Liturgik, a.a.O., S. 75.

Kanzelsegen

Der *Kanzelsegen* beschließt die Predigt:
»Der Friede Gottes, der höher ist als alle Vernunft, bewahre eure Herzen und Sinne in Christus Jesus.« (Phil 4,7)

Für ihn gilt dasselbe wie für den Kanzelgruß: Er war einmal die »letzte Aktion«, das Abschiedswort des Predigers, der danach im Gottesdienst keine »leitende« Funktion mehr hatte oder auch schon zum nächsten Gottesdienst aufbrach.

> Folgerichtig heißt es im Evangelischen Gottesdienstbuch:
> »Der Kanzelsegen entfällt, wenn Liturg/Liturgin zugleich Prediger/Predigerin ist.«[45]

- Welche Funktion hat der Kanzelsegen heute? Verstärkt er den Schluss der Predigt – oder relativiert er ihn? Bringt er die Predigt ins »rechte Lot«? Ist es für den Prediger bzw. die Predigerin vielleicht sogar entlastend, dieses Schlussvotum zu sagen (Gottes Zusage geht weit über meine Worte hinaus)?
- Auch ein einfaches »Amen« (→ S. 231) kann etwas für sich haben, weil es den Schluss der Predigt unterstreicht.

Lied nach der Predigt

Im *Lied nach der Predigt* antwortet die Gemeinde auf das Gehörte. In dem Lied wird die Predigt zusammengefasst oder weitergeführt. Eine die Predigt meditierende Instrumentalmusik bietet Raum zum Nachklingen und Nachdenken[46]. Das hat gerade dann etwas für sich, wenn nach der Predigt das Glaubensbekenntnis die Antwort der Gemeinde auf die gesamte Botschaft (Lesung/en und Predigt) darstellt:

Predigt
|
Musik
|
Bekenntnis
|
Lied

45. EGb, S. 43.
46. Vgl. oben zum Thema »Bibeltexte in der Musik«, S. 57, Anm. 9.

Spiel im Gottesdienst

»Der Mensch merkt sich 20 % dessen, was er hört; 30 % dessen, was er sieht; 60 % dessen, was er sieht und hört; 70 % dessen, was er selbst sagt und 90 % dessen, was er tut.« (Magda Kelber)

○ *Kinder* aus dem Kindergottesdienst gestalten mit einfachen biblischen Spielstücken den (Familien-)Gottesdienst: Da werden Geschichten nachgespielt und die »Zuschauer« einbezogen, da werden Geschichten mit kleinen Veränderungen in die Gegenwart überspielt, angespielt oder mögliche Fortsetzungen ausprobiert und schließlich Geschichten mit offenem Ende weitergespielt … Und das von der Fingerpuppe bis zur riesigen Stabpuppe mit unterschiedlichsten Mitteln.

○ Auf Freizeiten mit *Konfirmandinnen und Konfirmanden* bleiben Spielversuche nicht Beschäftigungstherapie, sondern gewinnen überraschende Bedeutung auch für die Gottesdienstgestaltung, wenn sich z.B. im Weiterspielen der Geschichte vom barmherzigen Samariter eine Reihe von »Denk-Mälern« entwickelt, bei denen sich einer in die Rolle des Priesters versetzt, der gerade zu Hause in Jericho angekommen ist und von seinem Erlebnis unterwegs erzählt hat – und dies in einer Gebärde ausdrückt … und die anderen entsprechend ihre »Ein-Stellung« dazu pantomimisch ausdrücken, bis die Szene für einen Moment »erstarrt«.

○ *Jugendliche* bringen im Religionsunterricht, im Schul- und Jugendgottesdienst provozierende Zugänge ein, die mit Texten aus der Werbung, mit Comics oder aktuellen Hits spielen, verfremden, persiflieren – und damit ihre Weltsicht im »Streit um die Wirklichkeit« ins Spiel bringen.

○ In bibliodramatischen Erfahrungen haben inzwischen auch viele *Erwachsene* neue Möglichkeiten kennen gelernt, biblische Botschaft hautnah zu erleben, sich mit biblischen Personen zu identifizieren und sich in scheinbar alte Geschichten neu verwickeln zu lassen.

Solche oder andere Zugänge zum Spiel im Gottesdienst erinnern nachdrücklich daran, dass das Spiel Menschen auch generationsübergreifend anzusprechen vermag, sich mit immer mehr Sinnen einzubeziehen und sich so ganz persönlich der Botschaft anzunehmen: Durch die Identifikation bekommen sie einen existenziellen Zugang zu einer biblischen Geschichte und ihren Personen und begreifen gleichzeitig ihre Aktualität. Spiele brauchen die Vorbereitung der Verantwortlichen für eine Regie, die Freiräume schafft, und für einen Prozess, der Betroffenheit auslöst und zum »Eigentlichen« kommt.

o Einer nicht so bekannten Möglichkeit elementaren Spiels im Gottesdienst widmen wir einen exemplarischen Baustein: einer *Erzählung mit Chor.* »Das große Fest«, ein Spiel zum Gleichnis vom großen Abendmahl (Lk 14,16-23) ist auf einer Freizeit mit behinderten Jugendlichen und Erwachsenen für einen Gemeindefest-Gottesdienst im Freien entwickelt worden, bei dem Stabpuppen die Rollen der verschiedenen »Typen« (Aktualisierungen biblischer Personen) übernehmen und die Gemeinde sich mit Hilfe eines (vorsprechenden) Chorführers die verschiedenen Rollen »anzieht«. Dieser Prozess der Rollen-Übernahme bietet zusätzlich zu dem ergänzenden Spiel-Lied (→ S. 212f.) viele Möglichkeiten, im Verlauf des Gottesdienstes an das Spiel anzuknüpfen.

Literatur/Materialien

R. Schinzer: Spielräume in der Bibel, Göttingen 1989.
G.M. Martin: Sachbuch Bibliodrama. Praxis und Theorie, Stuttgart 1995 (Lit.).
F. Rohrer: Hoffnung erspielen. Eine Methodik des Handelns. Materialheft 82, Frankfurt/M. 1998.
Ders.: Glauben gestalten. Eine Praxis des Spiels. Materialheft 86, Frankfurt/M. 1999 (Lit.)

Foto: © Dethard Hilbig

Spiel im Gottesdienst – ein exemplarischer Baustein

DAS GROSSE FEST

Eine Erzählung mit Chor
für Stabpuppen und Gemeinde
nach Lukas 14,16-23

Sprechrollen
E = ErzählerIn
C = ChorführerIn
A = Alle (Gemeinde)

E (tritt vor)
Freunde, hört mal her!
Mein Herr veranstaltet
ein großes Fest.
Alles ist vorbereitet.
Das Haus ist geschmückt.
Die Tische sind gedeckt,
die Musik ist bestellt –
ein großes Fest,
sage ich euch!
C Wer ist eingeladen?
A Wer ist eingeladen?
E Alle sollen zum Fest
kommen.
C Alle?
A Alle?
E Alle sind zum großen
Fest meines Herrn
eingeladen.
(bleibt stehen)
C (beginnt V. 1 zu singen)
A »Freunde, kommt mal
her!…« (V. 1)
E Kommt!
Es ist alles bereit!
(Schüler kommt rech-
nend/schreibend von
der Seite;
E tritt ihm entgegen)
Bist du bereit?
*C Keine Zeit – kann nicht
kommen.*
A Keine Zeit – kann nicht
kommen.
(beide ab)
(Discogirl kommt mit
Kassettenrekorder –
Musik von der Seite;
E tritt ihr entgegen –
dann Musik aus, sie
geht ab wieder mit Musik)
E Bist du bereit?
*C Keine Lust – kann nicht
kommen.*
A Keine Lust – kann nicht
kommen.
(beide ab)
(Putzfrau kommt
schrubbend o. a. von der
Seite; E tritt ihr
entgegen)
E Bist du bereit?
*C Viel zu tun – kann nicht
kommen.*
A Viel zu tun – kann nicht
kommen.

(beide ab)
(Geschäftsmann kommt mit Zeitung und Aktentasche von der Seite; E tritt ihm entgegen)

E Bist du bereit?

C *Geschäfte, Geschäfte – kann nicht kommen.*

A Geschäfte, Geschäfte – kann nicht kommen.
(beide ab)
(Schlafmütze kommt gähnend von der Seite; E tritt ihm entgegen)

E Bist du bereit?

C *Heute nicht – kann nicht kommen.*

A Heute nicht – kann nicht kommen.
(beide ab)

E Könnt ihr euch nicht einmal Zeit nehmen? Meint ihr nicht, ihr könntet was Wichtiges verpassen? Das Wichtigste vielleicht?

C *(beginnt V. 2 zu singen)*

A »Freunde, hört mal her! ...« (V. 2)

E Mein Herr ist traurig, mein Herr ist enttäuscht. Bis jetzt haben alle abgesagt. Keiner will kommen. Wir wollen doch ein großes Fest feiern. Vielleicht kommen die andern?

C *Sind wir die andern?*

A Sind wir die andern?

E Das Fest ist für alle, die kommen.

C *Für uns?*

A Für uns?

E Alle sollen zum großen Fest meines Herrn kommen.

C *(beginnt V. 1 zu singen)*

A »Freunde, kommt mal her! ...« (V. 1)

E Kommt, es ist alles bereit! (Kranker kommt stöhnend von der Seite; E tritt ihm entgegen) Bist du bereit?

C *Ich bin krank – soll ich kommen?*

A Ich bin krank – soll ich kommen?
(beide ab)
(Alte kommt mit Stock von der Seite; E tritt ihr entgegen)

E Bist du bereit?

C *Ich bin alt – soll ich kommen?*

A Ich bin alt – soll ich kommen?
(beide ab)
(Kind kommt mit Luftballon im Rollstuhl von der Seite; E tritt ihm entgegen)

E Bist du bereit?

C *Ich bin doch ein Kind – soll ich kommen?*

A Ich bin doch ein Kind – soll ich kommen?
(beide ab)
(Trauernde kommt mit Bild und Trauerflor von der Seite; E tritt ihr entgegen)

E Bist du bereit?

C *Ich bin traurig – soll ich kommen?*

A Ich bin traurig – soll ich kommen?
(Trauernde ab)

E Kommt zum großen Fest. Mein Herr lädt euch alle ein: Kommt – es ist alles bereit.

C *(beginnt V. 3 zu singen)*

A »Freunde, seht mal her! …« (V. 3)
Während dieser Strophe geht E einmal um den Altar und tritt dann wieder in der Mitte vor.)

E Mein Herr hat gesagt: »Wir wollen ein großes Fest feiern.
Hast du auch alle eingeladen? Du weißt doch, es ist genug Platz für alle da.« Darum sage ich auch: Kommt!

C *Er meint doch nicht uns?*

A Er meint doch nicht uns?

E Alle sollen zum großen Fest meines Herrn kommen.

C *(beginnt V. 1 zu singen)*

A »Freunde, kommt mal her! …« (V. 1)

E Kommt, es ist alles bereit! (Punker oder Skinhead kommt von der Seite;
E tritt ihm entgegen)

E Bist du bereit?

C *Ich soll kommen – was geht mich dein Herr an!?*

A Ich soll kommen – Was geht mich dein Herr an!?
(beide ab)
(Ausländer kommt von der Seite;
E tritt ihm entgegen)

E Bist du bereit?

C *Ich soll kommen – ich verstehe ja doch nichts.*

A Ich soll kommen – ich verstehe ja doch nichts.
(beide ab)
(»Penner« [= Nichtsesshafter] kommt von der Seite;
E tritt ihm entgegen)

E Bist du bereit?

C *Kann ich denn kommen?*

A Kann ich denn kommen?

E Kommt zum großen Fest – mein Herr lädt euch alle in sein Haus ein.
Er meint es ernst.
Kommt – es ist alles bereit.

C *(beginnt V. 4 zu singen)*

A »Freunde, sprecht es aus! …« (V. 4)

Text: Günter Ruddat in Anlehnung an eine Vorlage von *Jürgen Koerver:* Die verlorene Drachme und andere biblische Erzählungen mit Chor, Stuttgart 1982.

Glaubensbekenntnis

Im Kontext des Gottesdienstes

Die ganze Verkündigung in Bibel-/Gottes-Wort und Auslegung wird »beschlossen« durch das *Glaubensbekenntnis* (Credo = Ich glaube).
Das Bekenntnis ist so etwas wie ein »Kompendium des christlichen Glaubens«, das weit über die persönlich aktuelle Lebens- und Glaubenssituation hinausgeht und uns in der Ökumene miteinander verbindet. Im Sprechen reihen wir uns »in die Gemeinschaft derer ein, die seit zweitausend Jahren durch das Hören der Heilsgeschichte zum Leben gefunden haben.«[47] Insofern kann und muss das Bekenntnis nicht in allen Punkten und von allen durch die persönliche Situation und den persönlichen Glauben »abgedeckt« sein – und das sollte einer Gemeinde vielleicht auch einmal zu ihrer Entlastung gesagt werden. Es kommt hier auf das Ganze an, in das wir eingebettet sind und das weit über uns hinausgreift.

Zur Erinnerung

Das Bekenntnis, das ursprünglich und auch in nachreformatorischer Zeit nicht zu jedem Gottesdienst gehörte, sondern vor allem an Festtagen gesprochen wurde, ist nicht erst in der Erneuerten Agende und dann im Evangelischen Gottesdienstbuch Antwort auf die Lesungen und die Predigt: Es gelangte einst dadurch vor die Predigt, dass im Mittelalter die Predigt in der Messe (im Gegensatz zu den mit »Star«Predigern besetzten Predigt-Versammlungen mit einer sich bildenden »Kurz-Liturgie« »vor der Kirche« → S. 121) häufig ausfiel – bzw. das Bekenntnis trat an die Stelle der Predigt. Im Evangelischen Gottesdienstbuch wird ihm der ursprüngliche liturgische Ort zurückgegeben – und somit haben wir im Gottesdienst wieder ein Moment mehr, das uns mit der Ökumene verbindet.

Die drei ökumenischen Bekenntnisse der Alten Kirche

Das Apostolicum, das Nicaenum (Ökumenisches Glaubensbekenntnis von 381) – beide sind im Gesangbuch (EG) abgedruckt – und das Athanasianum werden

47. *M. Josuttis:* Der Weg in das Leben, a.a.O., S. 240.

»Ökumenische Symbole« genannt. Dabei signalisiert das griechische Wort »Symbol« so viel wie ein »miteinander zusammengetragenes (vertraglich vereinbartes) Markenzeichen«, durchaus eine gute Erinnerung für die Erarbeitung aktueller Glaubensbekenntnisse.

Das *Nicaenum*[48] (nach dem Konzil von Nicaea 325) »ist so einer der wenigen Fäden, mit denen die zerrissenen Fetzen des geteilten Rocks der Christenheit noch zusammengehalten werden.«[49] In ihm wird besonders der christologische Teil als Bekenntnis gegen die Irrlehre des Arius (gestorben 336) entfaltet, die Jesus als von Gott adoptiertes Geschöpf ansah und damit die Gottheit Jesu bestritt. Das in seiner heutigen Form auf das Zweite Ökumenische Konzil von 381 in Konstantinopel zurückgehende Glaubenszeugnis (darum besser: Nicaenum-Constantinopolitanum) ist seit dem Vierten Ökumenischen Konzil in Chalcedon (451) offizielles Bekenntnis der ungeteilten Alten Kirche und ging als solches in die Messe ein.[50]

Das Apostolische Glaubensbekenntnis (*Apostolicum*)[51] fasst »den wesentlichen Inhalt des apostolischen Glaubens« zusammen.[52] Es geht auf ein schon im zweiten Jahrhundert in Rom beheimatetes Bekenntnis zurück und erhielt seine ausführliche Gestalt in der Auseinandersetzung mit der *Gnosis*[53], die in ihrer Erlösungslehre die Menschlichkeit Jesu nicht ernst nahm. Das in der Taufe und im Wortgottesdienst angesiedelte Bekenntnis wird hauptsächlich im Protestantismus und in der römisch-katholischen Kirche verwendet, hat aber keinen offiziellen Status in der orthodoxen Kirche.[54]

Eine Legende erzählt von der Entstehung des Bekenntnisses: Jeder der Apostel hat einen ihm wichtigen Glaubenssatz beigesteuert – und alle zusammen ergaben dann das Apostolische Glaubensbekenntnis. Weil sogar die Apostel ihren Glauben nur an einem Satz des Bekenntnisses »festgemacht« haben, kann auch diese Legende entlastend für mein Verhältnis zum Glaubensbekenntnis sein (→ Im Kontext des Gottesdienstes).

48. Der Text findet sich im EGb, S. 74f.
49. *J.N.D. Kelly:* Altchristliche Glaubensbekenntnisse. Geschichte und Theologie, Göttingen 1972, S. 294.
50. Siehe *H.-G. Link (Hg.):* Gemeinsam glauben und bekennen. Handbuch zum Apostolischen Glauben, Paderborn/Neukirchen-Vluyn 1987, S. 37.
51. Der Text findet sich im EGb, S. 74.
52. Ebd., S. 40.
53. Unter Gnosis (griech. Erkenntnis, vgl. z.B. bei Paulus allgemein »Wissen um göttliche Geheimnisse«, das dem Glauben aus dem Geist Gottes nachgeordnet wird, 1 Kor 2 u.ö.) ist ein – auch in christlichen Ausprägungen auftretender – hellenistischer Religionstyp in den ersten Jahrhunderten n.Chr. (später variiert im Gnostizismus) zu verstehen. Den verschiedenen Richtungen ist gemeinsam, dass nach dem Sündenfall aus der Zerstörung des ursprünglichen »Lichtreichs« die Welt entstand, in der in jeder Menschenseele ein »Lichtfunke« bewahrt ist, der durch Verbreitung der Gnosis nach endzeitlicher Vereinigung zur Wiederherstellung des Lichtreichs führt. Neben dieser tragenden Erlöser-Rolle des Menschen konnte sich später auch ein Urmensch-Erlöser-Mythos entwickeln.
54. Ebd., S. 40.

Das so genannte Athanasianische Glaubensbekenntnis (*Athanasianum*), das dem Kirchenvater Athanasius († 373) zugeschrieben wird, aber nicht auf ihn zurückgeht, ist als »westkirchliches lateinisches Lehrgedicht« wahrscheinlich um 500 n. Chr. in Südfrankreich oder Spanien entstanden.[55] Obwohl es in die lutherischen Bekenntnisschriften einging, erlangte es im Gottesdienst keine große Bedeutung. Die Barmer Theologische Erklärung ähnelt im »Strickmuster« diesem Bekenntnis. Bekenntnisse sind eigentlich immer in Auseinandersetzungen entstanden, in Lehrkämpfen, die die Kirche in ihrer Existenz bedrohten. Gemeinden, die den Kirchenkampf nach 1933 miterlebt haben, ist das »in ganz neuem Sinne wieder bedeutsam geworden«.[56] Die *Theologische Erklärung der Barmer Bekenntnissynode von 1934*[57] ist das Bekenntnis dieser Zeit und erlangte – wie seine »alten Vorgänger« – auch in Gottesdiensten Bedeutung.

Das Glaubensbekenntnis gestalten

Die Hauptbedeutung des Bekenntnisses im Gottesdienst liegt im gemeinsamen Sprechen eines Textes, der uns mit Menschen unterschiedlicher Konfessionen und Generationen verbindet – schon dieses gemeinsame Sprechen ist ein Zeugnis gegenüber Gott und den Menschen. Darüber hinaus ist unser persönliches Bekenntnis in der aktuellen Situation – wie auch das der Gemeinde – immer wieder gefragt.

Ein Blick in das Evangelische Gottesdienstbuch

Im Evangelischen Gottesdienstbuch wird deshalb vorgeschlagen:

> Das Credo kann auch in der Weise ausgeführt werden, dass Aktualisierungen und Entfaltungen zwischen die überlieferten Glaubenssätze gestellt werden oder dass ein aktuelles Glaubenszeugnis vorausgeht oder folgt. Wichtig ist dabei, dass die Gemeinde durch Laiensprecher/Laiensprecherinnen und mitsprechend beteiligt ist.[58]

55. Ebd., S. 42.
56. *C. Mahrenholz:* Kompendium der Liturgik, a.a.O., S. 69.
57. Z.B. abgedruckt in EG RWL 858.
58. EGb, S. 206.

Exemplarische Bausteine

Alle: *Ich glaube an Gott, den Vater … und der Erde.*
Eine(r): Gott ist unser Vater.
Er sorgt sich um uns.
Er liebt uns.
Er hat Angst um uns
und Freude für uns.
Er ist unser Vater.
Mit allen Sorgen können wir zu ihm kommen.
Er hilft uns
und zeigt uns den richtigen Weg.
Ein himmlischer Vater – alles geht von ihm aus.
Keine Blume wächst,
die er nicht geschaffen hat.
All die Bäume und das Gras hat er gewollt.
Und da er so lieb zu uns ist,
lasst uns nicht kaputtmachen,
was er uns geschenkt hat.
Alle: *Und an Jesus Christus … und die Toten.*
Eine(r): So sehr hat uns Gott geliebt,
dass er uns Jesus Christus auf die Erde schickte.
Jesus, der Mensch,
dessen ganzes Leben der Menschheit gehört.
Jetzt wissen wir, wie wir leben sollen:
Wir sollen Jesus nachfolgen, der sein ganzes Leben opferte.
Er hat uns erlöst.
Wir sind frei – und leben.
Jesus, irgendwann einmal möchte ich begreifen können,
wie wertvoll dieses Geschenk ist.
Alle: *Ich glaube an den Heiligen Geist … und das ewige Leben.*
Eine(r): Gemeinschaft.
Ja, das ist es, was mich hält.
Das ist es, was mich stärkt und immer wieder neu ermutigt.
Gott schickt seinen Heiligen Geist zu uns,
sodass wir fest zusammenstehen können.

Wenn wir den Heiligen Geist annehmen,
ihn aufnehmen,
dann schaffen wir es auch,
jeden Menschen in die Gemeinschaft aufzunehmen.
Dann spüren wir Gottes Gegenwart.

Ulrike Pape

Das Bekenntnis einer 15-jährigen Jugendlichen, das die drei Glaubensartikel entfaltet, zeigt: Diese dialogische Form des Zusprechens und des Gemeinsam-Sprechens kann so manchen »sperrigen« Satz des Bekenntnisses aufbrechen.

Der Umgang mit dem Glaubensbekenntnis im Gottesdienst muss grundsätzlich neu überdacht werden. Viele können das Apostolische Bekenntnis nicht mehr auswendig sprechen.
Wenn Menschen im Gottesdienst erwartet werden, die zur Kerngemeinde »dazustoßen«, muss es abgedruckt werden. Aber auch im Falle des Abdruckens müssen wir uns fragen, ob wir z.B. Eltern und Paten ernsthaft auffordern können, ihren christlichen Glauben in der traditionellen Form zu bekennen, die für sie ohne Erklärung kaum nachvollziehbar ist. Denn es ist ein Unterschied, ob eine Frau aus dem Bibelkreis mit einer Formulierung des Bekenntnisses nicht klarkommt oder ob jemand mit dem ganzen Sprachgebilde nichts mehr anfangen kann.
In einer Gemeinde wurde beim Taufgottesdienst deshalb folgendes Bekenntnis gesprochen:

Unser Gott
ist uns Vater und Mutter.
Er ist bei uns Tag und Nacht.
Aus seiner Liebe ist die Welt entstanden –
und auch wir.
Er hat uns so gemacht, wie wir sind.
Er behütet uns ein Leben lang.

Er hat uns Menschen lieb:
Kranke und Gesunde,
Schwache und Starke,
Junge und Alte,
Einheimische und Ausländer,
Mädchen und Jungen,
Frauen und Männer.

Darum sollen auch wir einander lieb haben
und in Frieden miteinander leben.
Wir haben zu essen und zu trinken,
manchmal schon zu viel –
Hilf, dass wir teilen lernen.

Jesus Christus ist unser Bruder.
Vor fast zweitausend Jahren hat er auf dieser Erde gelebt.
Er hat die Menschen geliebt,
weil Gottes Liebe in ihm war.
Er hat gelitten unter den Menschen,
die nichts von der Liebe wissen wollten.
Er ist für uns gestorben.
Gott hat ihm aber an Ostern neues Leben geschenkt.

Er ist auch heute bei uns.
Wir nennen ihn den Geist Gottes unter uns.
Er hilft uns zu einem Leben,
in dem wir friedlich miteinander umgehen können.
Er hilft uns,
dass wir uns mit offenen Augen ansehen,
dass wir uns umsehen und erkennen,
wo Menschen unsere Hilfe brauchen.

Er schenkt uns Leben –
und er will immer bei uns sein.
Er ist unser Freund
und er macht auch uns
zu Freundinnen und Freunden. Amen.

Hans Jürgen Milchner

In diesem Bekenntnis wird der Versuch gemacht, unsere Situation ernst zu nehmen und Formulierungen zu finden, die auch für Menschen wenigstens zum großen Teil nachvollziehbar sind, die zwar selten zum Gottesdienst kommen, sich aber dennoch (in ihrer Mitgliedschaft) zur Kirche halten.
Es nimmt auch ernst, dass wir unseren Glauben immer wieder neu und aktuell zu bekennen haben – in unserer Sprache, unserer Zeit und unserer Situation. Aktuelle Bekenntnisse können zur Schärfung des christlichen Bewusstseins beitragen:

Ich kann es lernen, empfindsam zu sein,
am Unrecht der anderen zu leiden, an den Schmerzen der anderen,
an ihrem Hunger und an ihren Ängsten.
Es ist möglich, sich in andere einzufühlen:
zu verstehen, wie ein Türke empfindet, wie ein Hindu denkt
oder wie ein Russe fühlt.[59]

Auch das Glaubenszeugnis[60] von Menschen wie *Dietrich Bonhoeffer* kann einen Impuls geben, den eigenen Glauben zu befragen und als Bekenntnis zu formulieren.

Ich glaube,
dass Gott aus allem, auch aus dem Bösesten,
Gutes entstehen lassen kann und will.
Dafür braucht er Menschen,
die sich alle Dinge zum Besten dienen lassen.

Ich glaube,
dass Gott uns in jeder Notlage
so viel Widerstandskraft geben will,
wie wir brauchen.
Aber er gibt sie nicht im Voraus,
damit wir uns nicht auf uns selbst,
sondern allein auf ihn verlassen.
In solchem Glauben
müsste alle Angst vor der Zukunft überwunden sein.

59. Aus einem Bekenntnis in: *P. Klever/H. Behrends/F. Baltruweit:* Zu(m)-Frieden sein, in: *E. Domay (Hg.):* Friedensgottesdienste, Gütersloh 1992, S. 74.
60. *D. Bonhoeffer:* Widerstand und Ergebung, 15. Aufl., Gütersloh 1994, S. 19. Dieser Text findet sich – allerdings gekürzt – auch in manchen Gesangbüchern (z.B. EG RWL 813).

Ich glaube,
dass auch unsere Fehler und Irrtümer
nicht vergeblich sind,
und dass es Gott nicht schwerer ist,
mit ihnen fertig zu werden
als mit unseren vermeintlichen Guttaten.

Ich glaube,
dass Gott kein zeitloses Fatum* ist,
sondern dass er auf aufrichtige Gebete
und verantwortliche Taten wartet und antwortet.

Dietrich Bonhoeffer
 (* = Schicksal)

Eine Vermittlung zwischen »Tradition« und »Situation« kann durch Glaubensbekenntnisse geschehen, die schon einmal von Menschen verschiedenster Konfessionen »symbolträchtig« gemeinsam gesprochen worden sind – und die auf diese Weise auch den Weg in viele Gemeinden gefunden haben. Ein Beispiel dafür ist ein Bekenntnis, das bei der Vollversammlung des Ökumenischen Rates der Kirchen in *Canberra 1991* eine Rolle gespielt hat:

Eine/r:	Wir glauben an Gott, der uns liebt und der will, dass wir uns alle lieben.
Alle:	*Das ist unser Gott.*
Eine/r:	Wir glauben an Jesus, der sich den Kindern zuwandte und sie in seine Arme nahm. Er wollte eine Welt, in der alle Menschen in Frieden zusammenleben.
Alle:	*Das ist Jesus Christus.*
Eine/r:	Wir glauben an den Heiligen Geist, der mit uns am Werk ist, bis alles gut und wahr ist.
Alle:	*Das ist der Heilige Geist.*
Eine/r:	Wir können die Kirche sein, die die Menschen an Gott erinnert, weil wir einander lieben.
Alle:	*Das glauben wir. Amen.*

Credo der Zärtlichkeit (2001)

Ich glaube, dass wir glauben können und sollen,
dass in der Härte der Welt
die Zärtlichkeit nicht als Schwäche,
sondern als Stärke das Leben
zu wahrer Liebe verändert.

Ich liebe es zu glauben,
dass der Glaube an die Liebe
der Hoffnung zarter Anfang ist,
denn die Zärtlichkeit ist die sanfte Gewalt,
die uns davon befreit, schon fertig zu sein.
Also sind wir miteinander unterwegs.

Ich hoffe, dass ich nicht allein glaube,
die Liebe, die stark ist wie der Tod,
lässt Stille reden, wenn wir verstummen,
umfängt uns zärtlich zur Freiheit
und lernt von den Engeln
behutsam zugegen zu sein
wie steter Tropfen am Stein.

Henning Schröer[61]

Für welches Glaubensbekenntnis Sie sich auch immer entscheiden – es sollte ein einziges sein. Alles andere ist eine Doppelung und wertet sich gegenseitig ab.

Wenn das Apostolische Bekenntnis durch ein aktuelles Bekenntnis ersetzt werden soll, *muss* es abgedruckt werden, damit es für alle nachvollziehbar und eine Auseinandersetzung mit ihm möglich wird. Wenn es von allen (oder möglichst vielen) mitgesprochen werden soll, könnte eine kurze »Lesepause« hilfreich sein, damit sich die am Gottesdienst Teilnehmenden klar darüber werden können, was sie gleich miteinander sprechen. Eine Einladung zum Mitsprechen, die die Möglichkeit zu schweigen ausdrücklich einschließt, leitet dann das gemeinsam gesprochene »moderne« Bekenntnis ein, ohne zu vereinnahmen und auszugrenzen:

Ansage
|
meditative Musik oder Stille
(Zeit zum Lesen des Bekenntnisses)
|
Einleitung
|
Gemeinsames Sprechen

61. Siehe S. 9, Anm. 1.

Ein Text zum Weiter-Denken:

Gott, es ist ein Segen.
Du bist da von Anfang an
wie Mutter und/oder Vater.
Du schenkst uns das Leben
und gibst uns einen Namen.
Du zeigst uns die Welt
und vertraust uns deine Schöpfung an.
Du willst, dass wir Menschen ein Segen sind – für alle Welt.
Das glaube ich – und dazu stehe ich.

Gott, es ist ein Segen.
Du wirst Mensch
mitten unter uns
in Jesus Christus.
Er lebt deine Liebe bis ans Kreuz
und ruft uns zur Nachfolge.
Er steht auf gegen den Tod
und stellt uns auf die Füße.
Du willst, dass wir in Christus den Weg des Friedens gehen – für alle Menschen.
Das glaube ich – und dazu stehe ich.

Gott, es ist ein Segen.
Du gehst mit uns,
Heiliger Geist,
unter allen Umständen.
Du sprichst uns an wie ein Freund, wie eine Freundin,
und holst uns heraus aus der Furcht.
Du trittst für uns ein
und machst uns Mut
jeden Tag.
Du willst, dass wir hoffen
auf einen neuen Himmel und eine neue Erde,
in denen Gerechtigkeit wohnt – für alle Zeit.
Das glaube ich – und dazu stehe ich. Amen.

Günter Ruddat

Die Frage, ob ein traditionelles oder ein aktuelles Bekenntnis im Gottesdienst vorkommen soll, kann nur ambivalent beantwortet werden. Zum einen müssen Menschen auch zu dem stehen können, was sie bekennen – und das spricht oft für ein »neues« Bekenntnis, zum anderen wird ein neues Bekenntnis kaum das »alte« ersetzen und völlig ablösen können. Das Glaubensbekenntnis bleibt eben auch ein ökumenisches Zeugnis für die Geschichte unseres Glaubens, das wir mit unserem Glauben nie ganz einholen werden, das uns aber verbindet mit Christen vieler Traditionen und Generationen.[62]

Ein kleiner Baustein liturgischer Werkstatt: Die *Einleitung* des Glaubensbekenntnisses

Wie sollte das gemeinsame Sprechen eines Bekenntnisses eingeleitet werden?

- Ein Bekenntnis ist ein Zeugnis und kein Gebet. »Lasst uns nun das Glaubensbekenntnis beten …« ist eine nicht adäquate Einleitung.
- Es soll niemand das Gefühl haben, vereinnahmt zu werden. » Wir wollen nun unseren christlichen Glauben bekennen …« ist also auch keine adäquate Einleitung.
- Die imperativische Einleitung » Wir sprechen …« hört sich an wie ein Befehl und ist darum ebenfalls kaum adäquat.
- Was bleibt: Eine einladende Formulierung wie »Lasst uns nun miteinander das Glaubensbekenntnis sprechen bzw. unseren christlichen Glauben bekennen in der Verbundenheit mit allen Christen dieser Erde«.

Entsprechendes gilt auch für die Einleitung von Gebeten.

Bekenntnislieder

Im Evangelischen Gottesdienstbuch wird ausdrücklich darauf hingewiesen, dass das Bekenntnis auch gesungen werden kann.[63] Martin Luther schlägt »Wir glauben all an einen Gott«[64] (EG 183) für die »Deutsche Messe« vor, Rudolf Alexander Schröders Lied »Wir glauben Gott im höchsten Thron« (EG 184) wird dazugesetzt.

62. Vgl. dazu *H. Schröer:* Unser Glaubensbekenntnis heute. Versuch einer theologischen Bilanz, Hamburg 1971 (vergriffen).
63. EGb, S. 43 bzw. 72.
64. Vgl. *W. Herbst:* Evangelischer Gottesdienst, a.a.O., S. 82.

Neuere Lieder sind möglich wie das von Gerhard Schöne neu übertragene »Jesu, meine Freude« (→ S. 111) oder »Vertrauen wagen« (EG NB 607):

2. Unrecht erkennen sollen wir getrost,
   denn du, Gott, weist uns den Weg einer Umkehr.
3. Schritte erwägen können wir getrost,
   denn du, Gott, weist uns den Weg deines Friedens.
4. Glauben bekennen wollen wir getrost,
   denn du, Gott, weist uns den Weg deiner Hoffnung.
5. Vertrauen wagen dürfen wir getrost, denn du, Gott, bist mit uns,
   dass wir lieben.

Text, Melodie und Satz: Fritz Baltruweit
Aus: Fritz Baltruweit – Meine Lieder, © tvd-Verlag, Düsseldorf

Nicht nur Bekenntnistexte, auch Bekenntnislieder können in einem gemeinsamen Prozess neu geschrieben werden. Mit Konfirmandinnen und Konfirmanden ist während einer Freizeit das Bekenntnis(lied) »Du bist mein Gott« entwickelt worden, das nach der Melodie des Halleluja-Liedes (EG 182) gesungen werden kann:

Du bist mein GOTT, der mich für das Leben schafft –
Dein sind das All und die Erde.
Ich bin dein Mensch, der von dir erhält die Kraft,
dass deine Welt EDEN werde.

Du wirst ein MENSCH, der das Leben teilt mit mir –
Dein sind das Kreuz und das Sterben.
Ich bin dein Freund, der das Leben lernt von dir,
dass Menschen LIEBE ererben.

Du bleibst ein GEIST, der mich heute auferweckt –
Dein sind Mut, Wahrheit und Weite.
Ich bin dein Kind, das von dir wird angesteckt,
dass FRIEDEN jetzt sich verbreite.

Günter Ruddat

Taufe im Gottesdienst[65]

Menschen, die im Rahmen einer Taufe den Sonntagsgottesdienst besuchen, gehören in der Regel zu den Christen, die sich an ›lebenszyklischen‹ Gottesdiensten orientieren, »vermutlich insbesondere deshalb, weil sie mit ihren eigenen Lebensvollzügen unmittelbar in diesem Gottesdienst vorkommen« (K.F. Daiber → S. 239). Weil sie vermutlich sonntags selten kommen, müssen wir behutsam und liebevoll mit ihnen umgehen, damit sie etwas von der einladenden und frohmachenden Botschaft Gottes erfahren. Im Wie meines Auftretens erfahren sie das Was der Botschaft.
Die Kinder der Tauffamilien können zur Chance für die Gestaltung der Tauffeier im Sonntagsgottesdienst werden.

- In der *Begrüßung* können wir die Tauffamilien erwähnen, die heute zum Gottesdienst gekommen sind.
- Zu Beginn der Taufhandlung (in der Regel nach der Bibellesung und einem einleitenden Lied) können die Kinder, die getauft werden sollen, noch einmal ausführlicher vorgestellt werden. Zu den *Namen* der Kinder kann z.B. »in Auseinandersetzung« mit dem Taufspruch eine Geschichte erzählt werden.
- Dann wird das *Taufevangelium* gelesen – oder (auswendig) paraphrasiert. Es kann sich eine *kurze Auslegung* anschließen. Am besten geschieht das zusammen mit den anwesenden Kindern. Zu verschiedenen großen Bildern, z.B. dem von der Kindersegnung (Markus 10,13-16), erzählen die Kinder das, was sie auf dem Bild sehen (→ Inszenierende Technik S. 115) – das kann ergänzt werden.
- Es schließt sich die *Tauffrage* an die Eltern und Paten an, z.B.: »Wollt ihr, dass das euch anvertraute Kind Teil unserer Gemeinde und unserer Kirche wird? Wollt ihr versuchen, eurem Kind die Menschenfreundlichkeit Gottes nahe zu bringen, so antwortet: Ja, mit Gottes Hilfe.«
- Alle sprechen das *Glaubensbekenntnis* (zu bedenkende Fragen → S. 137ff.)
- Die Familien kommen zum *Taufstein* – auch alle Kinder, die in der Kirche sind … Die Kinder schöpfen das *Wasser* in den Taufstein.
- Das Kind/die Kinder werden (ordentlich mit Wasser) getauft (*Tauformel*) und erhalten das *Zeichen des Kreuzes*: »Du gehörst jetzt zu Jesus Christus«.

65. Siehe dazu ausführlich: GGG 2, S. 48ff. (Lit.).

- Der *Taufspruch* kann dem Kind von einem Paten/einer Patin oder einem Gemeindeglied zugesprochen werden – vielleicht zusammen mit einem Wunsch für das Kind.
- Der *Segen* wird (mit Handauflegung → S. 229) dem Kind und gesondert auch der Familie und den Paten zugesprochen.
- Dem Kind wird eine *Taufkerze* mit auf den Weg gegeben.
- Es folgt ein *Schlussgebet* (falls das nicht in den Fürbitten geschieht) für das getaufte Kind/die getauften Kinder und ein *Schlusslied*, z.B. »Kind, du bist uns anvertraut« u.a. (EG RWC 596).
- Der Gottesdienst »geht weiter« mit der Predigt.

Fotos können im oder/und nach dem Gottesdienst gemacht werden, wenn alle anderen »draußen« sind und sich die Beteiligten noch einmal in Ruhe »postieren« können. Fotos sind wichtig (auch Video), weil sie für die Tauferinnerung ein wesentliches »Zeugnis« sind. Auch da deutet sich ein Wandel der »allgemeinen Einstellung« an. Der für Gottesdienst zuständige Oberlandeskirchenrat in Hannover, Hans Christian Brandy, sagt: »Fotos und Filme gehören heute selbstverständlich dazu. Sie sind ja auch sinnvoll: Gottesdienste sind öffentlich, und wir haben ein Interesse daran, dass sie in der Öffentlichkeit sichtbar sind. Fotos und Filme können für Familien wertvolle Erinnerungen an »ihren« Gottesdienst sein. ... Störungen, besonders durch herumgehende Personen, sollten vermieden werden. ... Moderne Technik macht manches leichter – gegen eine lichtstarke Videokamera auf einem festen Stativ oder digitale Fotos von der Empore dürfte kaum etwas sprechen.«[66] – In manchen Gemeinden wird bereits jeder Gottesdienst per Video aufgezeichnet, anschließend vervielfältigt und verkauft bzw. verschenkt.

66. In: Dialog 2/2001, Hannover 2001, S. 15.

Abkündigungen und Dankopfer (Kollekte)

Im Kontext des Gottesdienstes

Die *Abkündigungen* schließen an das Lied nach der Predigt an und können die Predigt konkretisieren: Hier hat das seinen liturgischen Ort, was wir aufgrund des verkündigten Wortes zu tun haben. In diesem Sinn kommt die Gemeinde mit ihren Menschen, die Kirche und ihre (ökumenische) Diakonie in den Blick.[67]

Zur Erinnerung

Die Abkündigungen erhielten im Gottesdienst die Position nach der Predigt, weil vor dem Abendmahl die Katechumenen (= Taufanwärter) entlassen wurden.

»Die neutestamentlichen Briefe, deren ursprünglich liturgische Verwendung heute allgemein anerkannt wird, bringen viele praktische Hinweise für eine bestimmte, nur für die Empfänger geltende Situation, Grüße an namentlich genannte Gemeindeglieder, Fürbitten, Bitten um Opfergaben usw.«.[68]
»*Was aber die Sammlung (für die Jerusalemer Gemeinde) … angeht: wie ich in den Gemeinden in Galizien angeordnet habe, so sollt auch ihr tun …*« (1 Kor 16,1)
»*Ich will zu euch kommen, sobald ich durch Mazedonien gezogen bin …*« (1 Kor 16,5)
»*Ich befehle euch unsere Schwester Phoebe an, dass ihr sie aufnehmt*« (Röm 16, 1)
»*Grüßt euch untereinander mit dem heiligen Kuss*« (1 Kor 16,20)
Die Textstellen aus den Paulusbriefen zeigen: Das Gotteswort hat etwas mit ganz »normaler« Gemeinde zu tun, mit uns.

67. Siehe *J. Stalmann:* TOP Gottesdienst, a.a.O., S. 100.
68. *F. Kalb:* Grundriß der Liturgik, a. a. O., S. 144.

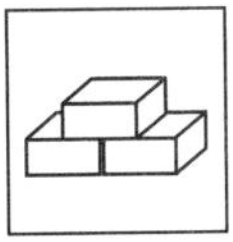

Die Abkündigungen gestalten

Normalerweise sind die Abkündigungen unserer Gottesdienste durch folgende Bestandteile geprägt:

- Taufen, (Konfirmationen,) Trauungen und Beerdigungen (*Kasualien*, von lat. casus = Fall, Bezeichnung für die sog. »kirchlichen Amtshandlungen«) werden abgekündigt.
- Für die *Kollekte* (= Geld-Sammlung) des vergangenen Gottesdienstes (und die Spenden der vergangenen Woche) wird gedankt und der Zweck der Kollekte(n) im aktuellen Gottesdienst angekündigt.
- Es werden Einladungen zu Gemeindeveranstaltungen ausgesprochen.
- Manchmal werden kirchenamtliche Bekanntmachungen verlesen.

Anregungen

Abkündigungen, die »langweilig heruntergelesen« werden, sind für einen lebendigen Gottesdienst tödlich. Abkündigungen bieten aber die Möglichkeit, dem Gottesdienst durch die ihr eigene Form Farbe zu geben und sich als höchst aktueller Teil zu »entpuppen«:

- Das »Geheimnis« für das Gelingen vieler Dinge im Gottesdienst liegt in der Gestaltung der Überleitungen. Wie beginne ich die Abkündigungen? Gibt es Elemente oder Aussagen im Gottesdienst, die ich wieder aufnehmen kann, um einen organischen Einstieg zu schaffen?
- Habe ich mich auf die Kasualabkündigungen gut vorbereitet? Oft ist es seit langem der erste Besuch einer betroffenen Familie im Gottesdienst. Wie geschieht die seelsorgerliche Zuwendung, wie persönlich ist die Fürbitte? Wenn diese Abkündigungen am Schluss direkt vor den Fürbitten geschehen, werden die Fürbitten ganz konkret und gemeindebezogen beginnen.[69]
- Bei den Einladungen zu Gemeindeveranstaltungen sollte nicht der gesamte Veranstaltungskalender verlesen und damit Langeweile erzeugt (sinnvoller ist,

69. Neben vorformulierten Gebetstexten im Evangelischen Gottesdienstbuch (S. 549ff.) weisen wir hin auf *J. Buchna:* Kasualgebete, Gütersloh 1984 bzw. *C. Zippert/J. Frank:* Neue Kasualgebete, Gütersloh 1985. Bei der Auswahl und Verwendung solcher Gebetstexte ist aber immer die konkrete Situation zu beachten und die persönliche Zuwendung zu den Menschen, die gekommen sind – siehe auch GGG 2.

für die, die neu im Gottesdienst sind, Gemeindebriefe am Ausgang bereitzulegen), sondern einzelne besondere Vorhaben können genauer vorgestellt werden.
Gebe ich als Hauptamtliche bzw. Hauptamtlicher an diesem Ort auch Ehrenamtlichen eine Chance? Beteiligte an bestimmten Gemeindeveranstaltungen können ihre Einladung persönlich vortragen und das vielleicht viel lebendiger als der Pastor bzw. die Pastorin. Mitarbeiter und Mitarbeiterinnen können an dieser Stelle vorgestellt oder verabschiedet werden, Menschen aus der Partnergemeinde können hier berichten und vieles mehr …

- Wenn Ehrenamtliche die Abkündigungen formulieren und vortragen, haben Hauptamtliche die Pflicht, in Gesprächen immer wieder durch eine gemeinsame Reflexion der Praxis für eine gute Vorbereitung und ein ehrliches Feedback zu sorgen. Das tut (im umgekehrten Fall: wenn sie selbst die Abkündigungen vortragen) Hauptamtlichen auch gut!
- Kollektenansagen bieten manchmal die Möglichkeit, von dem Projekt, für das gesammelt wird, ein Bild zu zeigen. Und wenn vorgegebene Texte der landeskirchlichen Kollektenempfehlungen von der abkündigenden Person hin überarbeitet, gekürzt und zugespitzt werden und nicht einfach nur abgelesen werden, kann auch dieser Teil lebendig werden.

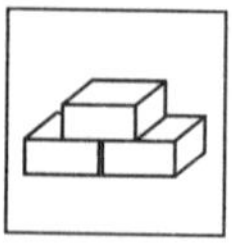

Ein Beispiel (mit Ein- und Überleitung)

»Wer sich rühmen will, der rühme sich des Herrn«, haben wir vorhin von Paulus gehört. Besonders gut gelingt uns das ja immer dann, wenn wir miteinander singen können.
Deshalb möchte ich Ihnen die heutige Kollekte ganz besonders ans Herz legen. Sie ist für die Anschaffung der neuen Gesangbücher bestimmt, die Ende dieses Jahres herauskommen werden. Das werden ziemlich dicke Bücher sein mit einer großen Sammlung von alten, bekannten und auch vielen neuen Liedern. Und da der Gottesdienstbesuch bei uns ja meistens ganz gut ist, brauchen wir natürlich auch entsprechend viele Bücher. Dafür bitten wir Sie heute um Ihre finanzielle Unterstützung. – Jetzt singen wir aus den alten Gesangbüchern, während die Kollekte eingesammelt wird, das Lied Nr. …

Kollektenansagen sind wichtig, weil alle ein Recht haben zu wissen, wofür sie ihr Geld spenden.
Die Gemeinde hat ein Mitbestimmungsrecht bei der Auswahl der Projekte, für die gesammelt wird: Im Kirchenvorstand/Presbyterium wird ein nicht unerheblicher Teil der Kollekten beschlossen. Ursprünglich stellten sie die Finanzierung der gesamten Gemeindearbeit (Personalkosten, Bauunterhaltung, Gemeindediakonie) und auch der gemeindeübergreifenden Diakonie sicher. Gegenwärtig wird in der Regel eine sog. *Klingelbeutelkollekte* für die Belange der jeweiligen Gemeinde während des Predigtliedes oder direkt nach den Abkündigungen und die landeskirchlich empfohlene *Kollekte am Ausgang* (oder umgekehrt) eingesammelt. Gelegentlich gibt es alternativ zur Klingelbeutelkollekte oder zusätzlich noch einen so genannten Opferstock (Geldkasten) für spezielle Zwecke wie die Renovierung der Kirche oder der Orgel oder für die ökumenische Partnerschaftsarbeit. Nach dem Einsammeln sollte das Geld nicht unvermittelt in der Sakristei verschwinden, sondern als Dankopfer zum Altar gebracht werden.[70]

- Ein Brief aus der Partnergemeinde kann wenigstens in Auszügen vorgelesen werden.
- Sogar kirchenamtliche Bekanntmachungen können interessant werden, wenn sie kommentiert werden. Auf jeden Fall sind sie auf die eigene Gemeinde zu beziehen.
- Vielen fällt es bei den Abkündigungen leichter als bei anderen Teilen des Gottesdienstes, auch einmal zu lachen, wenn sie persönlich farbig gestaltet werden.
- Auch fällt es an diesem liturgischen Ort vielleicht leichter als auf der Kanzel, profiliert zu bestimmten Ereignissen in der Gemeinde, im Ort oder in der Welt Stellung zu nehmen.
- Es können Voten von einzelnen zu den Aussagen der Predigt zusammengetragen (→ S. 128) und die Konsequenzen der Verkündigung für die konkrete (Gemeinde-)arbeit bedacht werden.
- »Are there any other announcements?« – Die in die Gemeinde gerichtete Frage »Gibt es noch andere Dinge mitzuteilen?« kennen wir besonders aus Kirchen der weltweiten Ökumene. Und dann steht jemand auf und sagt: »Wir wollen in der Fürbitte an … denken, weil …« – Ist so eine Praxis erst einmal eingeübt, brauchen wir uns um die Lebendigkeit der Abkündigungen keine Sorgen mehr zu machen …
- Schließlich kann die »Zusammenschau« unterschiedlicher Anliegen der Gemeinde noch einmal mit Gottes Wort beschlossen werden: der Spruch der kommenden Woche (oder der Kanzelsegen) richtet den Blick nach vorn.

70. Siehe zum biblischen Hintergrund *D. Georgi:* Der Armen zu gedenken. Die Geschichte der Kollekte des Paulus für Jerusalem, Neukirchen-Vluyn 1993.

- Wir wollen auch auf die *Möglichkeit* hinweisen, *die Abkündigungen »auseinander zu ziehen«*, d.h. die einzelnen Teile dort zu sagen, wo sie »liturgisch angebracht« bzw. als Handlungsanweisung notwendig sind. Für die drei immer wiederkehrenden Punkte der Abkündigungen kann das so aussehen:
  - Die Kollektenansage geschieht vor dem Lied, bei dem die Gaben eingesammelt werden.
  - Die Kasualabkündigungen bilden den Auftakt des Fürbittengebetes.
  - Die Einladung zu bestimmten Veranstaltungen geschieht im Sendungsteil.

Fürbittengebet

Im Kontext des Gottesdienstes

Die *Fürbitten* schließen oft direkt an die Abkündigungen an – und sollten genauso aktuell sein, wie es auch den Abkündigungen möglich ist. Als Abschluss des Verkündigungsteils und Nahtstelle zur Abendmahlsliturgie ist das Fürbittengebet ein »irdisches« Gebet für die Menschen. Der Lobpreis Gottes und der »Aufschwung der Herzen in die himmlischen Gefilde« sind der Abendmahlsliturgie vorbehalten. Die Fürbitten bringen wir in der Gewissheit vor Gott, dass wir mit allen Wünschen, Bitten und Fürbitten zum Tisch Jesu Christi kommen dürfen. Oder sie sind schon vom Wohin der Sendung geprägt, wenn kein Abendmahl gefeiert wird; dann führen sie uns weiter zur Sendung in den Alltag.

Zur Erinnerung

Ursprünglich war dieses *Allgemeine Kirchengebet*, das nicht nur für mich, sondern *allgemein* für alle bittet, durch beide eben genannten Dimensionen geprägt: diejenigen (die Katechumenen), die nicht am Abendmahl teilnahmen, wurden an dieser Stelle entlassen, die »Eingeweihten« bereiteten sich auf die Abendmahlsfeier vor. Drei Schwerpunkte kennzeichneten jahrhundertelang das Gebet: Fürbitte für die Kirche, für die Reiche dieser Erde und für die Notstände und Notleidenden in der Welt.[71]

71. Siehe *C. Grethlein:* Abriß der Liturgik, a.a.O., S. 131ff.

Unterschiedliche Formen »stabilisierten« sich:

- Die *Prosphonese* (= Anrede), bei der der Liturg bzw. die Liturgin ein Fürbittengebet allein spricht,
- die *Ektenie* (= »ausgebreitet« – ob damit die stärker entfaltete Form gemeint ist oder die Hände, die sich ausgebreitet zum Himmel emporheben, ist nicht klar), bei der die Gemeinde auf die Bitten des Liturgen bzw. der Liturgin (ursprünglich: des Diakons!) mit »Herr, erbarme dich« o.Ä. antwortet,
- das *Diakonische Gebet*, »d.h., der Liturg und der Diakon (bzw. Lektor) teilen sich das Gebet so, dass der am Lesepult stehende Diakon die (Gebets-)Anliegen vorbringt und der Liturg am Altar (meist kollektenartige) Gebete dazu spricht (statt des »Herr, erbarme dich« der Gemeinde, die aber jeden Gebetsteil mit »Amen« abschließt), oder umgekehrt der Liturg am Altar die Anliegen nennt, die vom Diakon am Lesepult mit Gebeten aufgenommen werden.«[72] Den Schluss des Diakonischen Gebets bildet ein »kollektenartiger Lobpreis des Liturgen am Altar«.[73]

Das Fürbittengebet ist eigentlich ein Gebet der Gemeinde – und es war schon immer ein Herzstück des Gottesdienstes: »Alle stehen auf und beten für ›unsere Mitglieder‹«, heißt es bei Justin (→ S. 103).

Die Fürbitten gestalten

Wenn das Fürbittengebet ein Gebet der Gemeinde ist, sollten verschiedene Personen aus der Gemeinde stellvertretend für alle dieses Gebet sprechen, während die Gemeinde mit einem Wort oder Kehrvers auf die einzelnen Bitten antwortet. Wenn die Fürbitten etwa von einem alten Menschen, einem Kind, einer Jugendlichen, einem Mitglied des Kirchenvorstands und vom Pastor bzw. der Pastorin nach Verständigung über die Schwerpunkte möglichst eigenständig formuliert gesprochen werden, dann werden sie wirklich zum Gebet der Gemeinde. Dass dabei nicht immer nur eine theologische Ausrichtung zur Geltung kommt, tut dem Ganzen nur gut.

Fürbitten aus der Gemeinde sind eine in kurzer Zeit realisierbare Möglichkeit – sogar spontan und frei (»Ich zünde eine Kerze an für …«), die – erst mal erreicht – bei »pfarrerzentrierten« Gottesdiensten sehr vermisst werden wird. Dabei ist ein gemeinsam oder durch den Pastor bzw. die Pastorin gesprochener Abschluss sinnvoll. Bei den Abkündigungen kann z.B. gefragt werden, wer am nächsten Sonntag bei den Fürbitten mitmachen möchte. In einem Treffen (eine Viertelstunde vor dem Gottesdienst) werden dann die Fürbitten untereinander abgestimmt. Damit so etwas erst einmal in Gang kommt, können am Anfang einige gezielt angesprochen werden.

72. Ebd., S. 132.
73. *C. Mahrenholz:* Kompendium der Liturgik, a.a.O., S. 78.

Für das Fürbittengebet in »traditioneller Form« (Pastor bzw. Pastorin bereitet es vor) gibt es viele Gestaltungshilfen – u.a. im Textteil des Evangelischen Gottesdienstbuches und in den bei den Gestaltungsvorschlägen zum Kollektengebet angeführten Büchern *und* in dem »Ökumenischen Fürbittkalender«, der die »Allgemeinheit« des Kirchengebets unterstreicht und über das Jahr hin die Länder unserer Erde und ihre Menschen in den Blick nimmt. Ein Abschnitt daraus an jedem Sonntag wäre für ein Jahr einmal zu überlegen.[74]

Wichtig ist, sich auch bei den Fürbitten klar zu machen, dass es sich bei den Hilfen um *Vorlagen* handelt, die das eigene Beten nicht abnehmen. Ein freies Gebet mit ein oder zwei Versprechern ist viel glaubwürdiger als ein lieblos abgelesener Text nach dem Motto: »Gut, dass ich die Predigt hinter mir habe – den Rest kriege ich jetzt auch noch hin …«.

Der folgende exemplarische Baustein ist ein Beispiel dafür, wie aus einer Vorlage[75] ein eigenständiges persönliches Gebet formuliert werden kann:

Ein exemplarischer Baustein

Gott,
du bist in unsere Welt gekommen in einem Menschen wie wir.
So kommen wir, Gott, zu dir,
wie Kinder zu Vater und Mutter kommen.
Wir kommen mit unserer Freude und allem, was uns bedrückt.
Wir kommen zu dir mit den Menschen,
mit denen du uns verbunden hast.
Wir denken an sie – und bitten dich:

Sei bei allen Vätern und Müttern,
die Mühe mit ihren Kindern haben
und denen die Arbeit über den Kopf wächst.

Sei bei den Kindern und Jugendlichen,
die mit ihrer Welt nicht zurechtkommen.

74. *H.G. Link (Hg.):* Mit Gottes Volk auf Erden. Ökumenischer Fürbittkalender, neue, vollst. überarb. Fassung, Frankfurt 1989 (Engl. Originalausgabe: Ökumenischer Rat der Kirchen, With all God's people, The New Ecumenical Prayer Cycle, Genf 1989).
75. *C. Zippert:* Gottesdienstbuch, a.a.O., S. 33 (Erster Sonntag nach Epiphanias).

Gib ihnen Menschen an die Seite,
die sie verstehen und sie liebevoll begleiten.

Sei bei den Erwachsenen,
die traurig sind über eine Enttäuschung,
über einen Abschied, über ein Versagen.
Gib ihnen Geduld
und lass ihnen die Hoffnung nicht ausgehen.

Sei bei denen, die keinen Lebensmut mehr haben
und die sich einsam und unverstanden fühlen.
Gib du ihnen Wärme und Geborgenheit,
wenn wir es nicht können.

Gott,
in der Stille sagen wir dir,
was uns auf der Seele liegt,
was uns beschäftigt:

Stille

Gott,
du willst uns trösten wie eine Mutter,
für uns sorgen wie ein Vater.
Dir vertrauen wir uns an
durch Jesus, unseren Bruder.

Und wie er beten wir nun auch zu dir:
Vater unser im Himmel …

Silvia Mustert

Die *Stille Zeit* ist eine wichtige Form, allen das Mitbeten zu ermöglichen. Deshalb kann der Schlussteil des Fürbittengebets regelmäßig in der Stille miteinander verbracht werden, ehe mit dem *Vaterunser* das Gebet gemeinsam abgeschlossen wird (falls kein Abendmahl gefeiert wird).
Die Stille sollte nicht zu kurz, vielleicht eine Minute lang sein. Im Falle einer folgenden Abendmahlsfeier bietet sich nach der Stillen Zeit ein von allen gesprochener »sammelnder« Abschluss an (→ Ökumenische Liturgie).

Aus der Ökumenischen Liturgie

Fortsetzung von S. 111

Apostolisches Glaubensbekenntnis – von allen gesprochen:

Ich glaube an Gott, den Vater,
den Allmächtigen, den Schöpfer des Himmels und der Erde,
und an Jesus Christus, seinen eingeborenen Sohn, unsern Herrn,
empfangen durch den Heiligen Geist,
geboren von der Jungfrau Maria,
gelitten unter Pontius Pilatus, gekreuzigt, gestorben und begraben,
hinabgestiegen in das Reich des Todes,
am dritten Tage auferstanden von den Toten,
aufgefahren in den Himmel;
er sitzt zur Rechten Gottes, des allmächtigen Vaters;
von dort wird er kommen, zu richten die Lebenden und die Toten.

Ich glaube an den Heiligen Geist,
die heilige christliche Kirche, Gemeinschaft der Heiligen,
Vergebung der Sünden,
Auferstehung der Toten und das ewige Leben.

Foto: © Fritz Baltruweit

Ich zahle für sie,
die andere halb tot geschlagen haben.
… und zieht zwei Silbergroschen heraus
und sagt:
»Wenn du mehr brauchst, dann sag es mir.«

Kollektenankündigung und -sammlung
(Lieder)

Fürbitten einzelner Mitwirkender in verschiedenen Sprachen (*spontan*)

Kehrvers:

Taizé

LiturgIn: Lasst uns gemeinsam sprechen:
Alle: *Geist Gottes, wandle uns –*
gib uns die Gaben, die wir brauchen,
um im Geist und in der Wahrheit
deine Kirche zu sein. Amen.

Mit der *in der Ökumenischen Liturgie* gemeinsam gesprochenen »Schlusskollekte« (Sammlung, Konzentration der einzelnen ganz unterschiedlichen Bitten) wird durch die Bitte »Wandle uns« der Übergang zur Feier des Abendmahls vorbereitet.

Falls kein Abendmahl gefeiert wird und das Fürbittengebet die »Schaltstelle« zum Sendungsteil ist, wird das Vaterunser am besten ohne Überleitung angeschlossen.

Ein Blick in das Evangelische Gottesdienstbuch

Im Evangelischen Gottesdienstbuch gibt es Gestaltungsvorschläge für das Fürbittengebet nach der Abendmahlsfeier:

> Das in den Sendungsteil gestellte Fürbittengebet kann Gebetsanliegen aus der Gemeinde aufnehmen, wenn es der Gemeinde ermöglicht wurde, an geeigneter Stelle, z.B. während der Austeilung des Abendmahls, auf bereitgestellte Zettel Fürbittwünsche aufzuschreiben. Die Zettel werden gesammelt und während eines Liedes geordnet, damit sie im Fürbittgebet zur Sprache kommen. Diese »Fürbittsammlung« kann auch mit der Gabensammlung verbunden werden. Der Sammlung von Gebetsanliegen kann auch ein während der Woche in Kirche oder Gemeindehaus ausliegendes Fürbittenbuch dienen.[76]

Aus der liturgischen Werkstatt

1. Inklusiv formulieren

Wir müssen auch bei »dichten Sprachformen« wie den Gebetsteilen auf inklusive Formulierungen achten (→ S. 35ff.). Katharina Knohl-Hoberg und Gisela Richter-Junghölter[77] machen darauf aufmerksam (und wählen dazu das Beispiel des Fürbittengebets), wie sich Sprache verändern sollte:

○ Herr, unser Gott	→	Gott, du Quelle des Lebens.
○ Lasst uns zu Brüdern werden, die einander dienen.	→	Lasst uns zu Menschen werden, die füreinander da sind.

76. EGb, S. 206.
77. *K. Knohl-Hoberg/G. Richter-Junghölter:* Sprache als Spiegel kirchlicher Strukturen, in: Aufhören und Anfangen, hg. von E.R. Schmidt und H.G. Berg, Gelnhausen 1983, S. 133ff. – hier: S. 148 (fast alle Beispiele stammen aus diesem Beitrag).

o Lasst uns beten ... für die führenden Männer aller Kirchen und Religionen.	→ Lasst uns beten zu Gott für alle Frauen und Männer, die in Kirche und Religion leitend tätig sind.
o Im Geist brüderlicher Liebe.	→ Im Geist geschwisterlicher Liebe.
o Gib, dass wir wieder lernen, wie wir zu deinen Nachfolgern werden.	→ Gib, dass wir wieder lernen, wie wir dir nachfolgen können.

2. Sorgfältig formulieren

Peter Bukowski macht in »Predigt wahrnehmen« auf das Phänomen des Scheiterns am »tertium comparationis« aufmerksam.[78] Er führt das Beispiel ein: Wir bitten »für Alleinerziehende, Behinderte, Drogenabhängige und Gastarbeiter«. Er schreibt: »Die hier genannten Personengruppen sind jede in ihrer Weise von der Gesellschaft benachteiligt und/oder leiden an ihr. Aber so wird die Reihe nicht gehört. Was gehört wird, sind Nachbarschaften (ich ergänze: die nicht zusammen »passen«), – und da mag sich mancher der Genannten beleidigt fühlen ... Man sollte sich hüten, durch unachtsame Zusammenstellungen Menschen zu verärgern.«[79]

- Wie formuliere ich »sach- und personengerecht«?
- Wie formuliere ich die Fürbitten möglichst konkret (bestimmte Menschen stehen mir vor Augen, für die ich bete) – und decke damit gleichzeitig die »Breite« ab, die ein »Allgemeines« Kirchengebet intendiert?

3. Ein mögliches Fürbittenmodell

- Anrede
- konkrete Fürbitte 1
- konkrete Fürbitte 2
- konkrete Fürbitte 3
- ...
- Zusammenfassung von verschiedenen Bitten,

78. *P. Bukowski:* Predigt wahrnehmen, a.a.O., S. 80.
79. Ebd.

die in einem »Allgemeinen Kirchengebet« nicht vergessen werden
sollten: »Wir denken an die Traurigen,
die Kranken,
die, die sterben«

- Stille (eingeführt)
- Schlusskollekte
  (vom Liturgen bzw. der Liturgin oder allen gesprochen)
  oder: Vaterunser

4. Fürbitten in besonderen Gottesdiensten

Anstelle der Weite des Allgemeinen Kirchengebetes kann es gerade in Gottesdiensten zu einem Thema mit aktuellen Zuspitzungen sinnvoll sein, auch das Fürbittengebet entsprechend zugespitzt zu formulieren.
Das folgende Gebet haben eine sog. behinderte Jugendliche (A), eine sog. nichtbehinderte Jugendliche (B), eine Kirchenvorsteherin/Presbyterin (C) zusammen mit Günter Ruddat (Ein- und Ausleitung) formuliert:

Vater, zeige uns jeden Tag neu,
was es heißt, einander in deinem Namen anzunehmen:

A: Ich bitte dich für uns, die sie »behindert« nennen,
lass uns unsere so genannte Behinderung
als Teil von uns selbst annehmen –
ohne Bitterkeit,
lass uns vielmehr entdecken, was alles in uns steckt.
Ich bitte dich für alle,
die sich als »nicht-behindert« erleben,
lass nicht zu,
dass sie mich danach beurteilen, was in ihren Augen zählt,
sondern nach dem, was ich bin – ein Mensch wie sie.
Ich bitte dich für die Gemeinschaft der Christen
auf der ganzen Welt,
lass sie ein uneingeschränktes Zuhause sein für alle Menschen,
wo jeder selbstverständlich und ganz natürlich dazugehört,
wo mir Mut gemacht wird zur Selbstständigkeit
und zum Selbstbewusstsein,
wo ich lachen und weinen kann.

B: Ich bitte dich für uns,
für die, die sich als »nicht-behindert« erleben,
lass uns unsere eigene »Behinderung« entdecken –
ohne Vorbehalte,
lass uns Ja sagen zu allem, was zu uns gehört.
Ich bitte dich für alle, die wir »behindern«,
lass uns ihnen nicht begegnen
in der Haltung einer verdrehten Dankbarkeit,
dass wir nicht so sind wie sie.
Ich bitte dich für die Gemeinschaft der Christen
auf der ganzen Welt,
lass sie für »Behinderte« und »Nicht-Behinderte« ein Raum sein,
wo wir ehrlich mit-leiden und einander begleiten können
und nicht mitleidig zu betreuen brauchen,
wo wir offen miteinander leben können
und nicht aneinander vorbei,
wo unsere Worte Wirklichkeit werden.

C: Wir bitten dich gemeinsam für die Welt, in der wir leben:
Lass uns Schulen erfinden,
wo wir alle voneinander lernen können,
lass uns Arbeitsplätze gestalten,
wo wir nach unseren Möglichkeiten arbeiten können,
lass uns Häuser und Städte bauen,
wo wir miteinander wohnen und leben können.

Alles, was uns das Herz schwer macht
und was uns freut,
schließen wir ein in das Gebet,
das Jesus Christus allen Menschen geschenkt hat:
Vater unser im Himmel …

C. Miteinander *ein* Leib (Christi Leib) werden (Abendmahl)

Im Kontext des Gottesdienstes

Die Abendmahlsfeier ist *das* Symbol des Gottesdienstes. Sie gehört eigentlich zu jeder Gottesdienstfeier. In ihr kommt all das zusammen und geschieht, wovon bisher geredet bzw. was im Laufe des Gottesdienstes bis jetzt erfahren wurde: Gemeinschaft, Vergebung, Gegenwart Gottes, Erinnerung, Verheißung, Wegzehrung. So ist die Feier des Abendmahls (auch *Eucharistie* = Mahl der Danksagung) die Konzentration und Verdichtung dessen, was im Gottesdienst geschieht. Besonders in der römisch-katholischen Kirche wird betont, dass durch die Abendmahlsfeier Gemeindebildung geschieht: In der Feier werden wir miteinander verbunden, zusammengeschlossen und erfahren uns als Leib Christi.

Zur Erinnerung

Ein paar Schlaglichter aus der Geschichte erinnern daran, dass ein für das Verhältnis zwischen Mensch und Gott, Gott und Mensch grundlegender »Urtypus« von Geschichte auf- und mitlebt, wenn wir Abendmahl feiern:

- Das, was auf und um den Altar einer christlichen Kirche geschieht, trägt archaische, also »uralte« und »urmenschliche« Züge.
  Die Abendmahlsfeier hat eine *heilige Dimension*: In der ausgegrabenen Stadt Megiddo am Rande der Jezreel-Ebene in Israel ist ein großer Rundaltar zu sehen. Er ist ca. 4700 Jahre alt. Er war Zentrum einer kanaanäischen Gottesdienststätte. Auf ihm wurden Opfergaben vor Gott gebracht, um ihn herum wurden sie miteinander verzehrt. Wir müssen uns klar machen und auch kritisch damit umgehen: Unsere Abendmahlsfeier hat jahrtausendealte Vorläufer.
- In der Abendmahlsfeier geschieht *Vergebung*, die *Befreiung in eine neue Lebenswirklichkeit*: Das Passahmahl wurzelt in der Befreiungsgeschichte aus der Sklaverei in Ägypten (2 Mose 12). Ob Jesu letztes Mahl mit den Jüngern ein Passahmahl war, ist umstritten, aber gut vorstellbar – die Worte »*Das ist mein Leib (...)*« sind als integraler Bestandteil, als Interpretation einzelner »Elemente«

des Passahmahles verstehbar und »wachsen« quasi aus ihm heraus. Die ersten christlichen Gemeinden sehen mit ziemlicher Sicherheit ihre Abendmahlsfeiern in dieser Tradition. Jesu »*Ich gebe mich für euch*«, diese kaum begreifbare Stellvertretung, dieses »Geheimnis« ist in der Feier des Abendmahls wahrscheinlich adäquater zu »be-greifen« als in der Predigt.

- Die Abendmahlsfeier ist ein *Fest*, in dem wir etwas von der Welt Gottes schmecken und etwas von seiner Wirklichkeit erleben. Zu diesem Fest sind *alle* eingeladen. Alle werden satt. Alle bilden eine *Gemeinschaft*: Zusammen essen war zur Zeit Jesu (so wie heute) ein bedeutendes Symbol für eine »nahe« Gemeinschaft. Wenn er mit »Zöllnern und Sündern« zusammen aß und feierte, zeigte er, wie Gott sich das Zusammensein, die Gemeinschaft ohne Grenzen vorstellt (Mk 2,16). Wenn Jesus mit Menschen zusammen aß, wurden alle satt (Mk 6,30ff.) und erlebten ein Wunder. Wer mit Jesus zusammen aß, schmeckte etwas von der Welt Gottes. Etwas davon erfahren wir auch in der Abendmahlsfeier.
- Abendmahl feiern bedeutet nicht nur *Teilhabe am Tod Christi*, sondern auch an seiner *Auferstehung*: Die Jünger erkennen in der Emmaus-Geschichte den Auferstandenen daran, wie er das Brot bricht (Lk 24,30f.).
- Der christliche Gemeindegottesdienst hat seinen Ursprung in der Abendmahlsfeier (Apg 2,42). So ist von Anfang an eine der Abendmahls-Bedeutung angemessene *Liturgie* wichtig gewesen. Der knapp fünf Jahre nach Jesu Tod bekehrte Paulus kennt bereits »Ansätze einer festen liturgischen Ordnung« des Abendmahls (vgl. 1 Kor 16,20–24):
  - »Mit dem Heiligen Kuss bestätigen die Gemeindeglieder ihren Willen zur Gemeinschaft und zur Versöhnung (vgl. Didache 14,2; Mt 5,23f.). – Die Ausschlussformel: ›Wenn einer den Herrn nicht lieb hat, der sei ἀνάθεμα! (lies: anathema = unwürdig; I Kor 123), hält Ungetaufte und Unbußfertige fern.
  - Der Gebetsruf μαράνα θά (lies: maranatha = Komm! – I Kor 16,22 vgl. Offb 22,20) bittet um das endzeitliche Kommen Jesu.
  - Der Gnadenwunsch ›Die Gnade des Herrn Jesus sei mit euch‹ unterstellt ihm als dem Kommenden das Mahl.«[1]
- Abendmahlsfeier und »*Agape*«-Feier (= Liebe[smahl) gehören ursprünglich zusammen: Paulus kennt die Abendmahlsfeier im Zusammenhang mit dem gemeinsamen Abendessen (1 Kor 11). Wenn Jesus den Kelch »nach dem Abendmahl« nimmt, zeigt das, dass in der Urchristenheit die Abendmahlsfeier das Abendessen umrahmte (vgl. auch Apg 2,42).
- In der Kirchengeschichte wird bis in die Gegenwart immer wieder versucht, dem »Geheimnis« des Abendmahlsgeschehens auf die Spur zu kommen. Hauptsächlich geht es um die Fragen »Was ist das?« und »Wer darf das?«:

1. *J. Roloff*: Neues Testament, Neukirchen-Vluyn 1977, S. 220. Vgl. zum Kontext auch: *ders.*: Der Gottesdienst im Urchristentum, in: *H.-Chr. Schmidt-Lauber/K.-H. Bieritz (Hg.)*: Handbuch der Liturgik, 2. Aufl., Leipzig 1995, S. 43ff.

- Martin *Luther* sieht im »Sakrament des Altars« den »wahre(n) Leib und (und das wahre) Blut unsers Herrn Jesu Christi, unter dem Brot und Wein uns Christen zu essen und zu trinken von Christus selbst eingesetzt«.[2] Die *Einsetzungsworte* sind deshalb neben den *Elementen* (Brot und Kelch) unverzichtbarer Bestandteil des Abendmahls.
- In der *Arnoldshainer Abendmahlserklärung von 1957*, die die theologische Grundlage für die Abendmahlsgemeinschaft zwischen Reformierten und Lutheranern bildet, heißt es: »Er, der gekreuzigte und auferstandene Herr, lässt sich *in* seinem ... Leib und seinem ... Blut *durch* sein verheißenes Wort *mit* Brot und Wein *von* uns nehmen ...«.[3] Diese Formulierung führte nach mehr als vierhundert Jahren zusammen, was 1529 im Marburger Religionsgespräch zwischen Luther und Zwingli den Zusammenschluss aller Evangelischen verhindert hatte.
- Die in *Lima 1982* beschlossene Konvergenzerklärung des Ökumenischen Rates der Kirchen, das so genannte »Lima-Papier«, spricht davon, dass die Eucharistie »als Gabe von Christus empfangen (wird), der in seiner Kirche lebt. Der Heilige Geist macht im eucharistischen Mahl den gekreuzigten und auferstandenen Christus für uns wahrhaftig gegenwärtig, indem er die Verheißung der Einsetzungsworte erfüllt.«[4] Zugleich wird die im Abendmahl präsente Verpflichtung unterstrichen: »Alle Arten von Ungerechtigkeit, Rassismus, Trennung und Mangel an Freiheit werden radikal herausgefordert, wenn wir miteinander am Leib und Blut Christi teilhaben. ... Als Teilnehmer an der Eucharistie erweisen wir uns daher als unwürdig, wenn wir uns nicht aktiv an der ständigen Wiederherstellung der Situation der Welt und der menschlichen Lebensbedingungen beteiligen«.[5]
- Der Theologe Ernst Käsemann betont, dass am Tisch Jesu immer Leute sitzen, die es nicht verdienen – und dass es »unbestreitbar jene Theologen und Kirchenleitungen (gibt), welchen noch in einer zerrissenen Welt die konfessionelle Scheidung wichtiger ist als die Bruderschaft des Gekreuzigten.«[6] Die Abendmahlsfeier aber ist »ökumenisch oder nicht mehr Herren-

2. *M. Luther:* Kleiner Katechismus, Das Fünfte Hauptstück, Zum Ersten.
3. In: *V. Vajta:* Kirche und Abendmahl, Hamburg 1963, S. 66.
4. Taufe, Eucharistie und Amt, Konvergenzerklärungen der Kommission für Glauben und Kirchenverfassung des Ökumenischen Rates der Kirchen, Frankfurt 1982 (Deutsche Übersetzung), S. 27.
5. Ebd., S. 22.
6. *E. Käsemann:* Gäste des Gekreuzigten, in: *G. Kugler (Hg.):* Forum Abendmahl, Gütersloh 1979, S. 49 bzw. 54. Die in Nürnberg 1979 entwickelte, besonders kommunikative Form des *Feier-Abendmahls* werden wir in unserem nächsten Band vorstellen: F. Baltruweit/G. Ruddat, Gemeinde gestaltet Gottesdienst Band 4: Unterwegs durch das Jahr. Gütersloh 2003, bis dahin vgl. über die Ausführungen im EGb S. 214ff. und im Ergänzungsband I, S. 91ff. hinaus u.a. die »Einführung in das Feierabendmahl« von H. Schröer (S. 90-95) und das »Abendmahl am runden Tisch« von

mahl, sondern Sektenfeier, weil der Gekreuzigte alle an seinen Tisch ruft, für die er starb.«[7]

- »Als Folge dieser Entwicklung ist eine Reihe von gegenseitigen Einladungen zum Abendmahl ausgesprochen worden (Alt-Katholiken 1986, Methodisten 1987, Anglikaner 1988), das gilt nicht für die orthodoxen Kirchen und nur in Ausnahmefällen für die römisch-katholische Kirche. In evangelischen Gottesdiensten gilt durchweg die *Ökumenische Gastfreundschaft*: Alle Christinnen und Christen sind zum Abendmahl eingeladen. In ökumenisch engagierten Kreisen versuchen evangelische und katholische Christen seit dem Zweiten Vatikanischen Konzil immer wieder, durch inoffizielle »*Interkommunion*« ein Zeichen der Zusammengehörigkeit der Konfessionen zu setzen. Hier sind immer wieder Rückschläge zu verzeichnen.«[8]
- *Auf dem Weg zum (ersten) Ökumenischen Kirchentag Berlin 2003*, von dem ursprünglich auch offiziell Schritte zu einer gemeinsamen Abendmahlsfeier erwartet wurden, zeigten sich nicht nur in der Vorbereitung und Durchführung des seit 1979 gefeierten »Feier-Abendmahls« (am Freitagabend) und der seit 1983 eingeführten Abendmahlsfeier während des Schlussgottesdienstes von evangelischer wie von katholischer Seite neue Sensibilitäten (etwa in der umstrittenen Offenheit der protestantischen Einladung) und längst überwunden geglaubte Positionen (etwa die beschworene Sakrosanktheit des Wortlauts der Einsetzungsworte[9] oder die angeblich historisch überholte Einbeziehung der Sättigungsmahlzeit).

Liturgie C

- o Welche Konsequenzen haben diese Gesichtspunkte für unsere Abendmahlspraxis?
- o Welche »Ausrichtung« soll die Abendmahlsfeier in unserer Gemeinde haben?[10]
- o Wie gehen wir mit Kindern beim Abendmahl um? (→ Denkzettel »Abendmahl mit Kindern«, S. 170f.)
- o Wie kann ich den »einladenden« Charakter des Abendmahls (also das Was im Wie) vermitteln?

G. Ruddat (S. 177-193) in: *C. Begerau* u.a. (Hg.), Abendmahl – Fest der Hoffnung, Gütersloh 2000.

7. Ebd., S. 57.
8. *G. Ruddat:* Art. Abendmahl, in: Evangelischer Taschenkatechismus, a.a.O., S. 181-187 (hier: S. 183f.). Vgl. zum weiteren Kontext: *M. Welker:* Was geht vor beim Abendmahl?, Stuttgart 1999.).
9. Vgl. EGb, S. 27-28, siehe unten S. 179. Neben der meistens gebrauchten, von Luther gebildeten *Mischform* (EGb, S. 80) wird vor allem im Bereich der EKU auch eine Fassung nach 1 Kor 11,23-25 verwendet (vgl. EGb, S. 28). Weitere Formen finden sich z.B. in den Anregungen und Reflexionen des Stuttgarter Kirchentags 1999: *C. Begerau u.a. (Hg.):* Abendmahl – Fest der Hoffnung. Grundlagen – Liturgien – Texte, Gütersloh 2000.
10. Siehe dazu auch: *G. Kugler:* Feierabendmahl. Zwischenbilanz, Gestaltungsvorschläge, Modelle, Gütersloh 1981.

Abendmahl mit Kindern

Zu Besuch in einem Abendmahlsgottesdienst einer anderen Landeskirche reihen sich unsere vier Kinder selbstverständlich in die Runde um den Altar ein. Der Pfarrer stutzt, hält bei der Austeilung inne und schaut sich Hilfe suchend um. Er ist sichtbar erleichtert, als ich in seine Verunsicherung hinein sage: »Wir kommen aus dem Rheinland, dort sind es die Kinder gewohnt, am Abendmahl teilzunehmen.« Er murmelt etwas wie »Bei uns ist das aber nicht so!« und setzt die Austeilung fort. Er ist schon längst an uns vorbei, als die Kinder ihr Gesicht verziehen, weil sie wie gewohnt mit Traubensaft gerechnet, aber Wein bekommen hatten.

Das Erlebnis liegt schon ein paar Jahre zurück. Inzwischen hat sich in vielen Landeskirchen und Gemeinden die Praxis durchgesetzt, dass Kinder selbstverständlich an der Abendmahlsfeier teilnehmen und nicht mehr abgewiesen oder schlicht übergangen werden.
In der Hannoverschen Landeskirche heißt es z.B. »offiziell«, dass Kinder am Abendmahl teilnehmen dürfen, »die das Abendmahl von einem normalen Essen (Sättigungsmahl) unterscheiden können und denen die Zeichen des Sakraments, Brot und Wein, als Geschenk der Gegenwart Christi verstehbar werden« (Kirchliches Amtsblatt 1/1980). Nach diesen und ähnlichen Beschlüssen ist es mancherorts ruhiger geworden um die Diskussion, die mit den Familiengottesdiensten seit 1970 und dem Feierabendmahl auf dem Kirchentag 1979 in Bewegung geraten ist. Und es zeigt sich: Die Diskussion muss immer wieder neu geführt werden.

Das Abendmahl mit Kindern zu feiern, ist eine bereichernde elementare Erfahrung, nicht nur weil Kinder den Erwachsenen vor-machen und zeigen, wie gut das gerade geteilte türkische Fladenbrot schmeckt und wie lecker der Traubensaft ist, sodass die Zunge gar nicht anders kann, als noch einmal über die Lippen zu gehen, sondern auch, weil Kinder den Erwachsenen vor-machen und helfen, wie Berührungsängste etwa beim Friedensgruß zu überwinden sind, dass es einfach schön ist, einander die Hände zu reichen, einander anzusehen und anzulächeln … Mit Kindern verändert sich die Atmosphäre des Abendmahls, gerade weil Kinder nicht geistesabwesend, sondern mit großen Augen geistes-gegenwärtig alles aufnehmen, was da geschieht, wenn so unterschiedliche Menschen miteinander »*ein* Leib« werden.
So ist es nur logisch, wenn Kinder an möglichst vielen Stellen einbezogen werden: vom Tischdecken für das Abendmahl (Hereinbringen von Brot und

Wein) bis hin zum Friedenszeichen, das auch einmal als »wandernder Segen« von einem Kind ausgehen kann (→ S. 229).
Nicht nur für Gemeinden, für die solche Praxis noch unbekannt oder noch neu ist, sondern auch für alle anderen ist als regelmäßige »Überprüfung« der eigenen Praxis folgender Lernprozess zu empfehlen:

- Bei einem Kindergarten-, Kindergottesdienst- oder Kindergruppen-Elternabend wird mit den Mitarbeiterinnen und Mitarbeitern, vielleicht auch unter Beteiligung der Grundschule, das Thema »Abendmahl mit Kindern« erörtert.
- Auf einer Familienfreizeit wird elementar über Brot und Wein nachgedacht und miteinander eine auch Kindern zugängliche Abendmahlsfeier erlebt.
- Im Kindergottesdienst wird eine entsprechende Reihe vorbereitet, die in einem Familiengottesdienst endet, bei dem zum ersten Mal (oder wieder einmal) für die ganze Gemeinde »sichtbar und deutlich« Kinder in der Mitte der Gemeinde das Abendmahl feiern.
- Eine anschließende Gemeindeversammlung berät das Presbyterium/den Kirchenvorstand bei seiner Fortführung des Prozesses.

Abendmahl mit Kindern ist ein Baustein auf dem Weg zu einer kinderfreundlichen Gemeinde.

Literatur

E. Kenntner: Abendmahl mit Kindern. Versuch einer Grundlegung unter Berücksichtigung der geschichtlichen Wurzeln der gegenwärtigen Diskussion in Deutschland, Gütersloh 1980.
T. Weber: Abendmahl mit Kindern, in: *J. Koerver/R. Köster/G. Ruddat/H.J. Schneider (Hg.):* Kindergottesdienst-Helferhandbuch, 4., überarb. Aufl., Stuttgart 1989, S. 458-466.
J. Blohm (Hg.): Abendmahl mit Kindern. Anregungen – Modelle – Bausteine, München 1998.
G. Ottmar (Hg.): Mit Kindern Taufe und Abendmahl feiern, Gütersloh 1998.
G. Mohr/A. Weidle (Hg.): Komm, wir feiern ... Eine Hinführung zum Abendmahl – vor allem mit Kindern, Stuttgart 1999
K. Othmer-Haake (Hg.): Der Tisch ist schon gedeckt! Abendmahl mit Kindern entdecken und erleben (Senfkorn spezial Sondernummer 3), Villigst 2000 (Bezug: Westfälischer Verband für Kindergottesdienst, Haus Villigst, Iserlohner Str. 25, 58239 Schwerte).
Forum Kind und Kirche (Hg.): Abendmahl mit Kindern. Vorbereitung und Feier. Eine Arbeitshilfe für die Gemeinden in der Ev. Kirche der Pfalz, Kaiserslautern 2001 (Bezug: Pfarramt für die Kindergottesdienstarbeit in der Ev. Kirche der Pfalz, Unionstr. 1, 67657 Kaiserslautern).

Die einzelnen Elemente der Abendmahlsliturgie

Vorbereitung

Wie die Blumen auf dem Altar, die Kerzen, die Prozessionen und den Segen brachten die franko-germanischen Stämme auch das *Offertorium* (= Darbringung), die Vorbereitung des Abendmahls, das »Tischdecken« in die römische Messe ein. Bei uns wird der Abendmahlstisch meist nebenbei (beim Lied vor dem Abendmahl) vorbereitet. Dabei kann das »Tischdecken« als etwas im Gottesdienst zu Sehendes (und nicht Langweiliges!) die Gemeinde auf das kommende Geschehen einstimmen und konzentrieren. Das Tischdecken kann z.B. auch Aufgabe von Kindern sein.

Ein Blick in das Evangelische Gottesdienstbuch

Einige der Vorschläge, die im Evangelischen Gottesdienstbuch gemacht werden, bieten sich besonders an Festtagen wie Erntedank, Ostern … an:

> Anstelle des Gabenopfers in Form von Geld oder zusätzlich kann der Dank für Gottes Schöpfungsgaben, zu denen Brot und Wein gehören, in sichtbarer Weise zum Ausdruck kommen, wenn Naturalgaben aus den Gärten und Feldern, aber auch Liebesgaben für Bedürftige nach vorn gebracht und auf Tischen niedergelegt werden. Aus den herbeigebrachten Lebensmitteln werden Brot in Schalen und Wein in Krügen oder Kannen für das Abendmahl auf den Altar gestellt. Während der Darbringung singt die Gemeinde Tisch- und Danklieder.[11]

Das *Gabengebet* macht uns die Herkunft der »Elemente« (Brot und Wein/Saft) als Schöpfungsgaben und ihre »verwandelte« Bedeutung für die Feier bewusst, auch ihre Bedeutung für uns als Gemeinde. Das Gabengebet kann Auftakt zu einer Abendmahlsliturgie sein – mit den Schritten:

11. EGb, S. 206.

Gabengebet
|
Einsetzungsworte
|
Vaterunser
|
Austeilung
|
Dank

Aus der Ökumenischen Liturgie

Weil Brot und Wein bereits am Anfang des Wortteils zum Altar gebracht wurden (→ S. 107), wird nach dem Fürbittengebet ein Lied gesungen, das die Verbindung zur Abendmahlsliturgie inhaltlich herstellt:

Lied:

2. Nehmet einander an. Seid das Salz und seid das Licht.
Gebt und nehmt. Fremde sind wir nicht.
Fremde sind wir nicht in Gottes Stadt.

3. Nehmet einander an. Teilt das Hab und teilt das Gut.
Gebt und nehmt. Fremde sind wir nicht.
Fremde sind wir nicht in Gottes Land.

4. Nehmet einander an. Lebt den Traum, gebt euch die Hand.
Gebt und nehmt. Fremde sind wir nicht.
Fremde sind wir nicht in Gottes Welt.

Text: Hans-Jürgen Netz; Musik: Fritz Baltruweit
Aus: Fritz Baltruweit – Meine Lieder, © tvd-Verlag, Düsseldorf

Foto: © Jens Schulze

Sie kehren ein
in ein Gasthaus.

Gabengebet

LiturgIn: Gott,
wir sind dir dankbar.
Du schenkst uns Brot.
Es kommt aus deinem Grund.
Du lässt es zum Brot des Lebens werden.
Alle: Gott, wir danken dir.

LiturgIn:	Gott, du schenkst uns Wein. Die Trauben sind Gaben deiner Schöpfung. Du lässt uns im Wein deine neue Welt schmecken.
Alle:	*Gott, wir danken dir.*
LiturgIn:	Wie Brot und Wein Zeichen deiner Liebe sind, so lass auch uns Zeichen deiner Liebe sein, Menschen sehen und an ihnen nicht vorbeigehen, ihre Wunden verbinden und heilen und einladen in das Gasthaus des Lebens.
Alle:	*Amen.*

Lobgebet (Präfation)/Dreimalheilig (Sanctus)

Das *Präfationsgebet*[12] (= Vorspruch – Dankgebet) bringt das konkrete Anliegen des Gottesdienstes in die Abendmahlsliturgie ein[13] und erinnert an die Heilstaten Gottes.

Es wird eingeleitet durch die *Salutatio* (= Gruß: Der Herr sei mit euch ...). – »Hinter diesem schon bei Cyprian begegnenden Responsorium (= Wechselgesang) dürfte wohl Klgl 3,41 ›Lasst uns unser Herz samt den Händen aufheben zu Gott im Himmel‹ stehen. Bedenkt man, dass der Priester bei dem ἄνω (lies: ano = oben – »Erhebt eure Herzen«) die Hände ausgebreitet nach oben erhob, wird die eigentliche religiöse Bedeutung ersichtlich: in symbolischer Kommunikation werden die Versammelten – Herz bedeutet biblisch die ganze Person – aufgefordert, sich selbst vor Gott zu bringen.«[14]

Im Präfationsgebet und spätestens im *Sanctus* (= heilig) machen sich die Glaubenden auf den Weg der »Himmelreise«. Ich-Grenzen werden aufgesprengt. In zeitlicher und räumlicher Entgrenzung vereinen sich Gottheit und Menschheit, die irdische Gemeinde und der himmlische Hofstaat.[15]

12. Siehe EGb, S. 46, 614ff. Der einleitende Dialog (»Der Herr sei mit euch ...«) gehört bereits seit dem 3. Jahrhundert zum Lobgebet im Abendmahl, das »Sanctus« seit dem 4. Jahrhundert. Auch für das Präfationsgebet gibt es Gestaltungshilfen, siehe z.B. das Heft »Abendmahl und Beichte« in der Reihe »Neue Texte für den Gottesdienst Nr. 7«, Hannover 1980/neu 1993. (Vgl. S. 99, Anm. 69)
13. Vgl. *C. Mahrenholz:* Kompendium der Liturgik, a.a.O., S. 111.
14. *C. Grethlein:* Abriß der Liturgik, a.a.O., S. 134.
15. Vgl. *M. Josuttis:* Der Weg in das Leben, a.a.O., S. 273f.

Im Sanctus wird das von Jesaja im Tempel geschaute »Heilig, heilig, heilig« (Jes 6,3) mit Jesus Christus verbunden (Mt 21,9) »Gelobt sei, der da kommt im Namen des Herrn«.

Offene Fragen

- Was mit der Präfation und dem Sanctus zur Sprache kommt, klingt ziemlich abgehoben und weit weg. So faszinierend die ursprüngliche Intention und die aus ihr heraus sprechenden Erfahrungen dieser Schritte der Abendmahlsliturgie auch sind – es besteht die Gefahr, »dass die Mahlfeier als etwas eo ipso (= in sich) Unverständliches hingenommen wird und das von Luther so vehement betonte Verkündigungsanliegen auch und gerade hier zurücktritt«.[16]
- Ist das Verständnis eines solchen »Abhebens« im Sinne einer »Himmelreise« (d.h. in eine andere Welt bzw. nicht mehr von dieser Welt) nicht auch problematisch? Die politische Dimension dieses liturgischen Schrittes geht in einer solchen Deutung verloren, die das »Abheben« ja auch braucht, aber im Sinne von »Überblick bzw. eine neue Sicht gewinnen« für das, was in der Welt geschieht – und dadurch dann (nach dem Abendmahl) erneuert und gestärkt auf das zugehen und verändern, was in der Welt geschieht. In diesem Sinne bekommt das Abendmahl eine zukunfts-einholende (eschatologische) Perspektive, das »Schon jetzt« in den Erfahrungen des »Noch nicht«. – Auf der anderen Seite sind Menschen gerade um die Jahrtausendwende (die Tendenz zeichnete sich bereits seit längerem ab) wieder offen für die spirituelle Dimension des Lebens, die ihren Horizont erweitert – damit für die Begegnung von Himmel und Erde. Insofern könnte gerade an diesem Punkt ein neuer Akzent gesetzt werden. Z.B. könnte man eine Liturgie um die biblische Geschichte von der Himmelsleiter (1 Mose 28) entwickeln.
  Walter Hollenweger betont gerade die (politische) Dimension, die auch Konsequenzen für die Abendmahlsfeier selbst hat: »Ich versuche, den Konflikt in die Wirklichkeit des Festes hineinzubringen. Der Streit wird am Tisch des Herrn und im Angesicht des Herrn organisiert.«[17] Als biblisches Vorbild für diese Art, Abendmahl zu feiern, führt er die Gemeinde von Korinth an: »Diese Gemeinschaft in Konflikten beschreibt Paulus im theologischen Mythos des Leibes Christi … Ich erwarte, dass in der Feier des Mahles Anhänger von TZI (Themenzentrierte Interaktion) und Evangelikale, Männer und Frauen, Katholiken und Protestanten, Denkmenschen und Fühlmenschen, Weiße und Schwarze einander zugestehen: Unser Wissen, Fühlen und Handeln ist Stückwerk.«[18]
- Wie ist eine liturgisch angemessene (= den Sinn erfassende) und verständliche Form des Vorspruch-Dialoges zu Beginn der Präfation zu erreichen? Die Worte gehen auf die Formulierungen in der oben genannten von Paulus vorgefundenen liturgischen Form zurück (→ S. 167).

Anregung

Bei *Präfation wie Sanctus* – und dann immer wieder in der Abendmahlsliturgie – stellt sich die Frage: Wie setze ich die einzelnen liturgischen Texte voneinander ab? Was ist Gebet, was Zusage? Wie setze ich das so um, dass die Gemeinde den Weg gut mitgehen kann? – Dabei gilt für die Abendmahlsliturgie (incl. Austeilung!) wie für alle anderen liturgischen Schritte: Ich habe Zeit – alles hat seine

16. *C. Grethlein:* Abriß der Liturgik, a.a.O., S. 146.
17. *W. Hollenweger:* Not ist gegenwärtig, in: *G. Kugler* (Hg.): Forum Abendmahl, a.a.O., S. 62.
18. Ebd., S. 63f.

Zeit. Erst das eine fertig machen, dann zur Gemeinde umdrehen, dann das Nächste beginnen …! Die einzelnen Teile (incl. Übergänge) werden in der Liturgie nicht kommentiert, sondern kreiert – und dieses bewusst zu tun, ist für das »Gelingen« der Feier der Abendmahlsliturgie in ihrer dichten Form besonders wichtig.[19]

ökumene

Aus der Ökumenischen Liturgie

Präfation

LiturgIn:	Der Herr sei mit euch
Alle:	*und mit deinem Geist.*
LiturgIn:	Erhebt eure Herzen.
Alle:	*Wir erheben sie zum Herrn.*
LiturgIn:	Lasst uns danksagen dem Herrn, unserm Gott.
Alle:	*Das ist würdig und recht.*
LiturgIn:	Gott, wir danken dir, dass wir deine Kinder sein dürfen, ob abhängig oder frei, ob Mann oder Frau – alle sind wir eins in Christus. In Brot und Wein verbinden sich Erinnerung und Hoffnung zu einem Netzwerk des Lebens, das seinen Grund in deiner Vergebung hat und seine Zukunft in deiner Liebe. Wir danken dir dafür. Amen.

19. Einige dieser Anregungen stammen von Thomas Kabel, der den Begriff *Liturgische Präsenz* prägte. Als Schauspieler leitet er in speziellen Seminaren Theologinnen und Theologen dazu an, die liturgischen Schritte bewusst zu »inszenieren« und damit archetypische Bilder, die es in der Liturgie gibt, im »Kunstwerk« Gottesdienst wieder zu erwecken. Seine Erfahrungen »zur praktischen Inszenierung des Gottesdienstes« sind jetzt zusammengefasst in seinem »Handbuch Liturgische Präsenz«, Band 1, Gütersloh 2001. Vgl. auch zur Vertiefung und Umsetzung: *H. Wöllenstein (Hg.):* Werkbuch Liturgische Präsenz nach Thomas Kabel, Gütersloh 2002.

Sanctus

Teil 1 und Teil 2 können gleichzeitig gesungen werden.

Text und Musik: Per Harling (Schweden), Textübertragung: Fritz Baltruweit
Aus: Fritz Baltruweit – Meine Lieder/CD, MC Freiräume, © Rechte beim Autor
© der Übertragung beim tvd-Verlag, Düsseldorf

Einsetzungsworte

Die *Einsetzungsworte* gehörten von Anfang an konstitutiv zur Feier des Abendmahls. Sie wurden von Luther als Wortverkündigung verstanden und stammen weitgehend aus 1 Kor 11,23-25.[20]

Luthers »Mischtext«[21]

Unser Herr Jesus Christus,
in der Nacht,
da er verraten ward,
nahm er das Brot,
dankte und brach's
und gab's seinen Jüngern und sprach:
Nehmet hin und esset.
Das ist + mein Leib,
der für euch gegeben wird.
Solches tut zu meinem Gedächtnis.

Desgleichen nahm er auch den Kelch
nach dem Abendmahl,
dankte und gab ihnen den
und sprach:
Nehmet hin und trinket alle daraus,
dieser Kelch ist *der neue Bund/*
das neue Testament
in + meinem Blut,
das für euch vergossen wird
zur Vergebung der Sünden.
Solches tut, sooft ihr's trinket,
zu meinem Gedächtnis.

EKU-Fassung (1 Kor 11,23-25)[22]

Unser Herr Jesus Christus,
in der Nacht,
in der er dahingegeben wurde,
nahm er das Brot,
dankte und brach's
und sprach:

Das ist mein Leib,
der für euch gegeben wird.
Das tut zu meinem Gedächtnis.

Desgleichen nahm er auch den Kelch
nach dem Mahl,
dankte und gab ihnen den
und sprach:

Dieser Kelch ist der neue Bund

in meinem Blut;

das tut, sooft ihr daraus trinket,
zu meinem Gedächtnis.

20. Die parallelen Textstellen in den synoptischen Evangelien (Mt 26,26-28, Mk 17,22-24 und Lk 22,19-20) haben jeweils einen unterschiedlichen Wortlaut. – Mit dem Sprechen der Einsetzungsworte wird die *Konsekration* verbunden, die »›Segnung‹ von Brot und Wein (lateinisch: consecrare; deutsch: Mit-Hineinnehmen in Gottes Geheimnis). Das Mahl des Herrn soll ja *nicht* als ›eine gewöhnliche Mahlzeit‹ mit Brot und Wein gehalten werden. Brot und Wein sollen aus der Bestimmung, der sie sonst bei gewöhnlichen Mahlzeiten dienen, herausgenommen und für diesen *besonderen* Dienst der Vergegenwärtigung von Leib und Blut Christi bestimmt werden.‹« *O. Dietz:* Unser Gottesdienst, 3. Aufl., München 1989, S. 156, der seinerseits *P. Brunner:* Grundlegung des Abendmahlsgesprächs, Kassel 1954, S. 65, zitiert.
21. EGb, S. 80.
22. EGb, S. 28.

Das Kreuzeszeichen (+), das bei den Worten »Das ist mein Leib« bzw. »... in meinem Blut« geschlagen wird, gibt es in der katholischen Kirche an dieser Stelle nicht (und auch nicht in allen protestantischen Kirchen). Diese Geste ist das Zeichen dafür, dass wir nicht allein Brot und Wein bzw. Saft zu uns nehmen, sondern mit Brot und Wein Jesus Christus empfangen, dass er sich uns schenkt (→ Arnoldshainer Thesen, S. 168).
Im Evangelischen Gottesdienstbuch ist vorgesehen, dass als Schluss der Einsetzungsworte der in der römisch-katholischen Liturgie als »Geheimnis des Glaubens« bekannte und schon in der alten Kirche übliche Lobpreis der Gemeinde »Deinen Tod, o Herr, verkünden wir, und deine Auferstehung preisen wir, bis du kommst in Herrlichkeit« gemeinsam gesprochen oder gesungen wird. Es nimmt den alten Ruf »maranatha« (= komm!) inhaltlich auf (→ S. 167).

Anregungen

- Während der Einsetzungsworte kann das Brot gebrochen werden (... nahm er das Brot, dankte und brach's). Am Brotbrechen erkennen die Jünger in der Emmaus-Geschichte ihren Herrn – es unterstreicht das »Gebrochensein für andere«. Diese Geste ist im Blick auf die Ökumene eine symbolische Darstellung des aufeinander angewiesenen Leibes Christi: »You break to share – and when you share, you are one again.« – ›ihr brecht (das Brot), um zu teilen. Und wenn ihr teilt, seid ihr wieder eins‹.
- Manchmal sagen symbolische Gesten mehr als Worte. Aber auch der Hinweis, dass das *eine* Brot unter allen geteilt wird und alle durch das Essen der Brot-Stücke zusammen eins werden, kann dazu beitragen, dass dieses Geschehen bewusst wird.
- Eine weitere Möglichkeit: das Brot und den Kelch durch »Hochhalten« während der Einsetzungsworte (... nahm er das Brot bzw. den Kelch ...) sichtbar vor Augen zu stellen (*Elevation* = Emporheben).
- Die Einsetzungsworte sollten auswendig gelernt und »by heart« gesprochen werden!
- Wie wende ich mich den »Elementen« zu? In welcher »Ordnung« stehen Brot, Wein ... auf dem Altar? Das muss gestaltet und nicht nur »irgendwie erledigt« werden.
- Schließlich: Warum sollten in einem evangelischen Gottesdienst die Einsetzungsworte nicht einmal zusammen gesprochen oder wenigstens mit einer Antwortmöglichkeit der Gemeinde versehen werden, z.B. so (wir drucken hier den weiteren Zusammenhang der Liturgie mit ab):

Exemplarische Bausteine

1. Die Einsetzungsworte (zusammen gesprochen)

(entweder Zeile für Zeile vorgesprochen oder im Programm abgedruckt)

Lied Seht, das Brot, das wir hier teilen (EG 226,1-2)

Gemeinsames Einsetzungswort zum Brot
Das Brot verbindet uns, so sprechen wir miteinander:

> In der Nacht, in der er übergeben wurde, nahm Jesus Christus Brot.
> Er sprach den Segen, brach das Brot und sagte:
> Das ist mein Leib für euch;
> Das tut zur Erinnerung an mich.

Wir teilen das Brot

Lied Seht, der Kelch, den wir jetzt teilen (EG 226,3-4)

(Wir essen und trinken miteinander –
Abend-Mahlzeit als Sättigungsmahl)

Gemeinsames Einsetzungswort zum Wein
Der Wein verbindet uns, so sprechen wir miteinander:

> Ebenso nahm Jesus Christus auch den Kelch,
> nachdem die Mahlzeit beendet war, mit den Worten:
> Dieser Kelch ist der neue Bund durch mein Blut.
> Das tut, sooft ihr trinkt, zur Erinnerung an mich.
> Denn: Immer wenn ihr dieses Brot esst und aus diesem Kelch trinkt,
> verkündet ihr den Tod Christi, bis er kommt.

Wir teilen den Wein

Lied Seht, was wir hier heute feiern (EG 226,5-6)

Günter Ruddat in Anlehnung an das Feierabendmahl auf dem Kirchentag Stuttgart 1999[23]

23. Vgl. *G. Ruddat:* Abendmahl am runden Tisch, in: *C. Begerau u.a. (Hg.):* Abendmahl – Fest der Hoffnung, Gütersloh 2000, S. 187-188.

2. Einsetzungsworte (mit Antwort der Gemeinde)

Einsetzungsworte:
Unser Herr Jesus Christus,
in der Nacht, bevor er starb,
nahm er das Brot, dankte und brach's,
gab's den Seinen und sprach:
Nehmt und esst.
Das ist mein Leib,
der für euch gegeben wird.
Denkt an mich.

Alle: *Jesus Christus, wir denken an dich:*
Geteiltes Brot – geteiltes Leiden.
Sei bei uns.

Dann nahm er den Kelch,
dankte, gab ihnen den und sprach:
Nehmt und trinkt alle daraus.
Dieser Kelch ist der neue Bund in meinem Blut,
das für euch vergossen wird
zur Vergebung der Sünden.
Denkt an mich.

Alle: *Jesus Christus, wir denken an dich:*
Geteilter Wein – geteiltes Leben.
Sei bei uns.

Sei bei uns, Jesus Christus,
wenn wir beieinander sind
wie in deiner letzten Nacht.
Sei bei uns,
wenn wir jetzt gemeinsam beten,
wie du es getan hast:

Vater unser

Gesang:
Lamm Gottes (Agnus Dei)
oder: Meine Hoffnung, meine Freude (Taizé)[24]

24. Z.B. in Fußnoten, DEKT-Liederheft, Frankfurt/M. 2001, 72.

Austeilung:
Jesus Christus lädt uns jetzt ein.
Schmecken sollen wir ihn – kosten, auskosten, dass er lebt – und wir mit ihm.
Brot und Wein/Traubensaft sollen uns stärken – an Leib und Seele.
Im Namen Jesu lade ich euch ein: Esst und trinkt. Auf das Leben! Amen.

Nach der Austeilung in jeder Tischrunde:
Wir reichen einander die Hand als Zeichen des Friedens.
Wir sind nicht mehr Fremdlinge, sondern Gottes Hausgenossen.
Das stärke und bewahre euch im Glauben zum ewigen Leben.
Geht hin in Frieden. Amen.

Dank:
Jesus Christus, wir danken dir.
An deinem Tisch sind wir willkommen.
In der Gemeinschaft mit dir heben wir unsere Gesichter.
Deine Kraft sei mit uns.
Amen.

Nach: Mechthild Werner – aus der Thomasmesse beim Frankfurter Kirchentag 2001 bzw.: Gewalt überwinden – Gottesdienstentwürfe zur Ökumenischen Dekade 1, Hannover 2001.

Aus der Ökumenischen Liturgie

LiturgIn:	Unser Herr Jesus Christus …
Alle:	*Deinen Tod, o Herr, verkünden wir,* *und deine Auferstehung preisen wir –* *bis du zu uns kommst in Herrlichkeit. Amen.*
LiturgIn:	Du Gott des Lebens, sende auf diese Eucharistie deinen Leben spendenden Geist, dass Brot und Wein für uns Leib und Blut Christi werden. Komm, Heiliger Geist.

Lied:

South Africa, arr. Betty Pulkingham

Sanna = Hosianna

Die *Ökumenische Liturgie* nimmt nach den Einsetzungsworten und dem Lobpreis zwei Schritte auf, die als eigenständige Teile in unserer Liturgie nicht selbstverständlich sind:

Die *Epiklese* (= »Herabrufung« des Geistes), die im Evangelischen Gottesdienstbuch eher »in Klammern« vorgesehen ist,[25] nimmt den aus der ostkirchlichen (orthodoxen) Liturgie kommenden und in die Lima-Liturgie hineingenommenen Gedanken auf, dass der Heilige Geist Christus für uns wirklich gegenwärtig macht.

Das *Hosianna* (»Hilf doch« → S. 72), der »Huldigungsruf des Volkes Israel (Ps 118,25f.) zur Begrüßung des messianischen Königs«[26] bildet zusammen mit dem *Benedictus* (»Gelobt sei, der da kommt im Namen des Herrn. Hosianna in der Höhe!« Mt 21,9) schon in der Agende 1 den zweiten Teil des Sanctus.

25. Evangelisches Gottesdienstbuch, S. 633 – Die Epiklese ist in einem der Abendmahlsgebete enthalten, die aber auch entfallen können – siehe ebd., S. 46.

26. *F. Kalb:* Grundriß der Liturgik, a.a.O., S. 340.

Ein Beispiel für ein Abendmahlsgebet mit Epiklese:

1: Gott, du lädst uns an deinen Tisch.
Siehst du auch, wer vor dir steht?

Wir wollen nicht immer gesehen werden.
Denn wir sind nicht so stark, wie wir sollen,
nicht so schlau, wie wir tun,
nicht so selbstlos, wie wir scheinen.
Und dennoch, bei Brot und Wein, siehst du uns an.
Da können wir den Blick heben – und du vergibst.
Alle: Gott, wir danken dir.

2: Gott, du lädst uns an deinen Tisch
Hörst du auch, wer mit dir spricht?

Wir wollen nicht immer gehört werden.
Denn wir verschweigen, was wir fühlen,
verschweigen, was wir falsch gemacht haben,
verschweigen, was wir aufdecken müssten.
Und dennoch, bei Brot und Wein, hörst du uns an.
Da können wir den Mund öffnen – und du vergibst
Alle: Gott, wir danken dir.

3: Gott, du lädst uns an deinen Tisch.
Wir brauchen nicht länger allein sein.

Das Brot – die Frucht deiner Erde und unserer Arbeit –
wird uns zum Brot des Lebens.
Der Wein – die Frucht der Reben und Zeichen des Festes –
wird uns zum Becher der Freude.
Alle: Gott, wir danken dir.

4: Wie aus den Körnern Brot und aus den Trauben Wein geworden ist,
sollen wir eins werden in Jesu Namen.
So lass uns die Gemeinschaft, deinen Schalom
sehen, hören, schmecken und weitertragen.
So komm doch, du Geist aus Gott!
Alle: SANNA

Mechthild Werner/Fritz Baltruweit (aus der Thomasmesse beim Frankfurter Kirchentag 2001)

Vaterunser (Gebet des Herrn)

Das von Jesus gelehrte *Vaterunser* (Mt 6,9-13 bzw. Lk 11,2-4), einst das erste Gebet, das Neugetaufte zusammen mit ihren neuen Geschwistern sprachen,[27] bringt die innere Vorbereitung der Gemeinde auf das bevorstehende Geschehen zu ihrem Abschluss.[28] Das Gebet trägt eucharistische Züge (Brot-, Vergebungsbitte) und hat als *Tischgebet* seinen festen Ort in der Abendmahlsliturgie. Das Vaterunser *folgt* in beiden Formen, die im EGb vorgeschlagen werden, den Einsetzungsworten. Diese Abfolge wird etwa dann zu verändern sein, wenn eine Sättigungsmahlzeit einbezogen wird, die von den Einsetzungsworten für Brot und Wein gerahmt und dann vorweg mit dem Vaterunser als Tischgebet eröffnet wird.

Das Vaterunser gestalten

Neben dem Hinweis auf die nahe liegenden Möglichkeiten – ähnlich wie z.B. beim Apostolicum – Zeile für Zeile des Vaterunsers zu paraphrasieren bzw. Bitte für Bitte zu meditieren, stellen wir zwei Formen vor, die in ihrer ganz eigenen Weise neue Zugänge zum Vaterunser ermöglichen, einmal das poetische »Gebet unser« von Henning Schröer, zum anderen das still bewegte »Vaterunser in der Gebärdensprache«, wie es Günter Ruddat für kleine und große Gruppen (von der Freizeit über das Gemeindefest bis zum Kirchentag) weiter entwickelt hat.

Gebet Unser [29]

Im Namen dessen,
den Gott sandte,
dass sich nicht verhärte das Herz,
höre und erhöre uns,
löse und erlöse uns,
ent-böse und ver-güte uns,
freundlich zu sein,
friedlich zu leben,
zärtlich zu lieben,
würdig zu sterben.
Schenke uns zart ein
den Wein der Freude
in den Becher des Friedens
mit dem Glanz von innen.
Vereitele Eitelkeit
und befreie vom Leerlauf.
Schritt für Schritt,
Stufe für Stufe,
Schlucht für Schlucht
weise den Weg,
auf dem die Zärtlichkeit kommt
wie der Sabbat.
Zärtlichkeit komme und bleibe,
dass böse Gewalt uns nicht überwinde.

Henning Schröer

27. *C. Grethlein:* Abriß der Liturgik, a.a.O., S. 136.
28. *M. Josuttis:* Der Weg in das Leben, a.a.O., S. 285.
29. Siehe S. 9, Anm. 1.

Das Vaterunser in der Gebärdensprache[30]

In Anlehnung an das Übungsbuch: Vaterunser. Beten mit Gebärden, herausgegeben von der Deutschen Arbeitsgemeinschaft für Ev. Gehörlosenseelsorge hat Günter Ruddat eine über das individuelle Beten hinausgehende kommunikative Form entwickelt, die in den jeweiligen Variationen zur »Grundform« angedeutet ist. Dabei kann dieses Vaterunser in Schritten (z.B. Gottesdienstreihe zum Vaterunser) von der Anrede bis zum Amen »gelernt« oder von Gruppen »vorgestellt« werden oder auch in einer meditativen Phase als »Ganzes« eingeübt und dann miteinander still gebetet werden. Dabei trägt zur Konzentration bei, wenn die Vorbetenden in aller Ruhe erst dann zur nächsten Gebärde übergehen, wenn alle wirklich mitgekommen sind.

Anrede

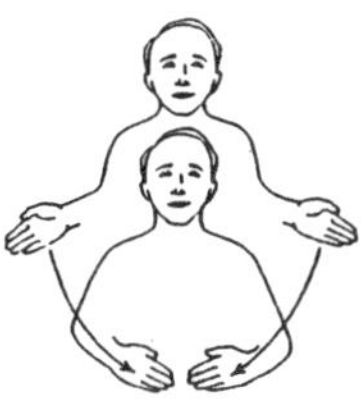

Vater unser

seitlich ausgebreitete Arme nach vorne schließen

Vermittlung eines guten Vaterbildes: Liebe, Hinwendung, Geborgenheit, auch die Liebe der Mutter ist enthalten

Von der Geborgenheit beim Vater ausgehend sollen wir die Arme selbst um die anderen schließen, weil der Vater nicht nur uns, sondern auch den anderen gehört

im

Himmel

blumenförmig geöffnete Hände bewegen sich vor dem Körper nach oben; Blick nach oben gerichtet

die Himmel-Gebärde entspricht eindeutig dem englischen »heaven«, nicht »sky«, vgl. »Reich« und »Herrlichkeit«

Gott wohnt, wo wir nicht sichtbar hingelangen können, wonach wir uns aber sehnen und deshalb die Hände danach ausstrecken

Variation: Wir haben die Verbundenheit der Betenden, die (vor Gott) »mit leeren Händen«[31] dastehen – entweder in Reihen oder in Kreisen nebeneinander –, so ausgedrückt: Beide Hände formen eine Schale vor der Körpermitte, sind also auf »Empfangen« eingestellt; öffnen und weiten sich dann im Halbkreis und weisen so auf die anderen (es geht um unseren Gott). Dieses Moment des Aufeinanderangewiesenseins (sich gegenseitig stützen und tragen, sich belasten und entlasten) wird dadurch unterstrichen: Meine linke Hand wird von der rechten Hand meines linken Nachbarn gestützt, während meine rechte Hand ihrerseits die linke Hand meiner rechten Nachbarin stützt usw., um sich dann nach dem »Vater – unser« gemeinsam zum Himmel zu strecken, d.h. langsam die so miteinander

30. Nach *G. Ruddat:* Hand-greiflich den Glauben bewegen. Das Vaterunser als Element liturgischer Didaktik zwischen Gemeinde und Kirchentag, in: *S. Fritsch-Oppermann/H. Schröer (Hg.):* Lebendige Liturgie 2. Vom Kirchentag zum Kirchenalltag, Gütersloh 1992, S. 39-57. Hier wird auch über den Kirchentag hinaus ausführlich der Prozess der Aneignung zwischen (Sonder-) Schule und Gemeinde, zwischen Gottesdienst und Gemeindefest beschrieben.
31. Vgl. das Lied »Ausgang und Eingang, Anfang und Ende liegen bei dir, Herr, füll du uns die Hände« (EG 175).

verbundenen Hände emporzuheben, also einander im Namen Gottes »hochzuhalten«, so wie Er das vor allen unseren Gebeten längst getan hat.
Diese sich wie eine Blume öffnende alte Gebetsgebärde kann noch dadurch verstärkt werden, wenn im Rhythmus der Bewegung erst der linke Nachbar angeschaut (vom Anlächeln bis zum Anstrahlen) und dann die rechte Nachbarin, um dann gemeinsam »die Augen aufzuheben«.

1. Bitte

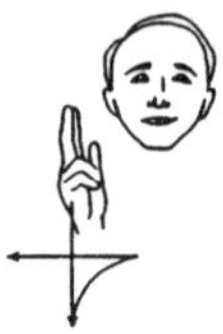

geheiligt

drei Finger, wie bei der Gott-Gebärde, beschreiben ein Kreuz

für uns Christen gilt als geheiligt, wer zu Jesus gehört, wer seine Liebe am Kreuz angenommen hat

werde

Dein

drei Finger zeigen nach oben

die Drei-Finger-Gebärde verdeutlicht den dreieinigen Gott, nicht irgendein Gegenüber, auf das nur der Zeigefinger verweist

Name

drei Finger deuten auf den Mund

Variation der bekannten Gebärde »Ablesehilfe«, verbunden mit dem Hinweis auf die Dreieinigkeit

Beim innerlichen Mit-Sprechen der Worte ist es eine Hilfe, das Kreuz zu »geheiligt« vertikal und zu »werde« horizontal zu schlagen.

2. Bitte

Dein

drei Finger zeigen nach oben

Reich

blumenförmig geöffnete Hände bewegen sich vor dem Körper nach unten = gegenläufige Himmel-Gebärde

inhaltliche Nähe von »Reich« und »Himmel« legt die Variation der Himmel-Gebärde nahe; die Geld-Gebärde »reich« sollte nicht zugelassen werden

komme

Bewegung der Hände zum Körper hin

Variation der »Komm«-Gebärde, die mit dem Zeigefinger ausgeführt wird

Variation: Die Gebärde zu »komme« kann noch dadurch unterstrichen werden, dass beide Hände aus der »Komm«-Bewegung langsam vom Oberkörper bis zur Körpermitte herunter gleiten und damit das »Durch Mark und Bein Gehen« des Reiches Gottes bezeichnen. Beim innerlichen Mit-Sprechen der Worte ist es eine Hilfe, das Kreuz zu »geheiligt« vertikal und zu »werde« horizontal zu schlagen.

3. Bitte

Dein
drei Finger zeigen nach oben

Wille
Zeigefinger schlägt kräftig nach vorn
Hinweis auf die Erfüllung der Gebote

geschehe
die obere Faust streift zweimal von oben kommend die stillgehaltene untere Faust
Anlehnung an die »Arbeits-Gebärde«: a) selber nach dem Willen Gottes arbeiten; b) den Willen Gottes arbeiten lassen

wie
beide Zeigefinger stoßen seitlich aneinander

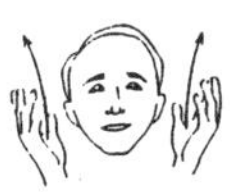

im Himmel
blumenförmig geöffnete Hände bewegen sich vor dem Körper nach oben; Blick nach oben gerichtet

so
= wie; beide Zeigefinger stoßen seitlich aneinander

auf
kurz auf den Boden zeigen (Alternativgebärde: mit der flachen Hand Bewegung nach unten)

Erden
Hände beschreiben vor dem Körper eine Kugel
der Wille Gottes soll auf der gesamten Erdkugel geschehen (vgl. Missionsbefehl Jesu)

Variation: Im Beten dieser Bitte mit so genannten behinderten Menschen ist die unter Umständen autoritär (oberlehrerhaft) misszuverstehende Gebärde zu »Wille« neu »erfunden« worden: Wenn denn jede und jeder von uns Gottes Wille ist und auf die Erfahrung der Ebenbildlichkeit angewiesen ist, dann lässt sich wie bei Abzählreimen der Kinder nacheinander auf alle zeigen und so jede und jeder freundlich in den Blick nehmen (sozusagen du und du und du ... ihr seid Gottes Wille ... und dann bin ich es ja auch!). So erinnern wir uns gegenseitig, im anderen die unendliche Menschenwürde immer wieder neu zu entdecken, und gerade das ist ja in den Geboten Gottes, seinem Willen, angesagt. Die in der Vorlage genannte Alternativgebärde zu »auf« erscheint angemessener auf einen »sanften« Umgang mit der Erde und denen, die darauf leben, hinzuweisen.

4. Bitte

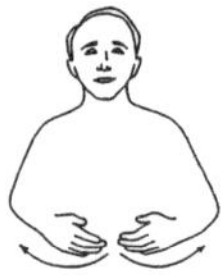

Unser
kleiner Halbkreis in der Horizontalen

tägliches
zweimal kurz nach unten zeigen
Übernahme der »Heute-Gebärde« in Anlehnung an die in der Manna-Geschichte aufgezeigte tägliche Versorgung

Brot
zweimal die Hand kurz an den Mund führen
die »Essens-Gebärde« meint alle Grundbedürfnisse, für die das Zusichnehmen exemplarisch steht

gib
vom Körper weg flache Hand ausstrecken

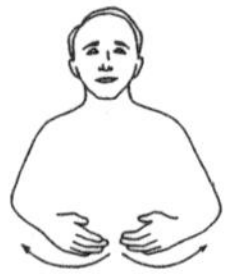

uns
kleiner Halbkreis in der Horizontalen

heute
einmal kurz auf den Boden zeigen

Variation: Hier nehmen wir die gegenseitig stützende Gebärde »unser« aus der Anrede wieder auf.

5. Bitte

und vergib
Hände ineinanderlegen
Freundschaft und Friede werden angedeutet

uns unsere
kleiner Halbkreis in der Horizontalen

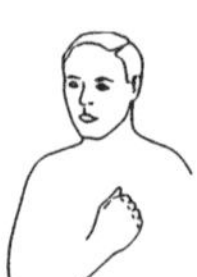

Schuld
rechte Faust aufs Herz legen
Andeutung der mit der Schuld verbundenen seelischen Belastung

wie auch
beide Zeigefinger stoßen leicht seitlich aneinander

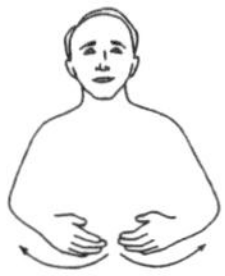

wir
= uns; kleiner Halbkreis in der Horizontalen

vergeben
Hände ineinanderlegen

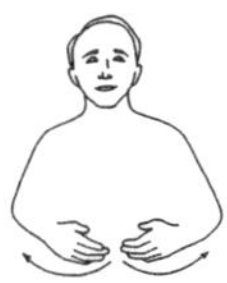

unseren
kleiner Halbkreis in der Horizontalen

Schuldigern
beide Zeigefinger stoßen zweimal leicht aufeinander
»Streit-Gebärde«, die verdeutlicht, dass ich an der schuldhaften Beziehung mitbeteiligt bin, deshalb wurde die »Anklage-Gebärde« nicht gewählt

Variation: Wir beten »und vergib uns unsere« und »wie auch wir vergeben« einfacher so: Wir reichen uns über Kreuz die Hände (meine rechte Hand fasst die linke Hand des linken Nachbarn, meine linke Hand die rechte Hand der rechten Nachbarin usw.) – ganz nebenbei müssen wir zusammenrücken, damit sozusagen Vergebung im Zeichen des Kreuzes möglich wird. Die »Hand aufs Herz« oder das »Sich an die eigene Brust schlagen« bei der Gebärde »Schuld« (erinnernd an das altkirchliche mea culpa, mea maxima culpa = meine Schuld, meine allergrößte Schuld, das heute noch in der katholischen Eucharistiefeier vorkommt) wird als eine der eindringlichsten Gebärden erlebt, gerade wenn diese Bitte mit dem gegenseitigen »auf den anderen mit dem Finger zeigen« nachdrücklich einprägt: niemand ist ohne Schuld. Wir sind Teil dieses Teufelskreises. Nur Vergebung und Erlösung führen heraus.

6. Bitte

und führe
eine Hand führt die andere
an die Hand nehmen, leiten, hinbringen

uns
kleiner Halbkreis in der Horizontalen

nicht
Zeigefinger schlägt quer vor dem Körper

in Versuchung
beide Zeigefinger locken zum Körper hin
was uns von Gott weglocken will, alltägliche Verlockungen, die den Glauben an Gott zerstören können (Alternativ-Gebärde: Abwehrende Haltung der Hände, die die Ablehnung der Versuchung verdeutlicht)

Variation: Zum »Und führe uns« nehmen wir einander locker an die Hand: erst links, dann rechts ... und schauen uns dabei (unverfänglich) an. Die Gebärde »nicht« steht in der Gefahr abzugleiten in ein mahnendes »Du, du ... das darfst du doch nicht!«; eine entsprechende langsame Ausführung kann dem vorbeugen. Die auf den ersten Blick an das Locken der Hexe aus »Hänsel und Gretel« erinnernde Gebärde zu »Versuchung« wird nach einer ersten schmunzelnden Annäherung als ein Spiegel der Selbsterkenntnis erlebt, die »Versuchung« steckt in uns ... Wer an dieser Stelle unsicher ist, kann auf die angebotene Alternativ-Gebärde ausweichen.

7. Bitte

sondern

beide Zeigefinger gehen vor dem Körper in entgegengesetzter Richtung auseinander

die andere Möglichkeit wird deutlich aufgezeigt

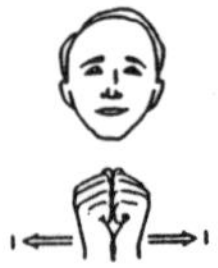

erlöse

Fäuste geballt, Handgelenke mit den Innenseiten aneinander, plötzliches Auseinanderreißen (die Vorsilbe »er« ist als Pause aufzufassen)

konkret: Befreiung von Fesseln; abstrakt: Befreiung von Gebundenheit
Mimik und Gestik sollten hier besonders mit einbezogen werden

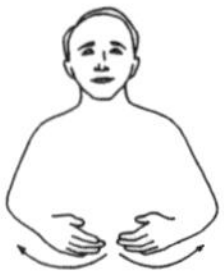

uns

kleiner Halbkreis in der Horizontalen

von

zum Körper hin gehende Hand

dem Bösen

vibrierende, drohende Faust auf Schulterhöhe, dann aufs Herz legen

Hass und Rebellion, die uns selber zur Schuld werden

Variation: Die eindrückliche Gebärdenfolge der »Er-Lösung«, bei der wir unsere – wie aneinander gefesselten – Hände ruckartig nach oben auseinander reißen lassen, kann in ein »uns« münden, bei dem wir uns wieder (wie bei der Anrede) »im Himmel« gegenseitig an die Hand nehmen.

Lobpreis

Denn
Zeigefinger schlägt nach unten

Dein
drei Finger zeigen nach oben

ist das Reich
blumenförmig geöffnete Hände bewegen sich vor dem Körper nach unten = gegenläufige »Himmel-Gebärde«

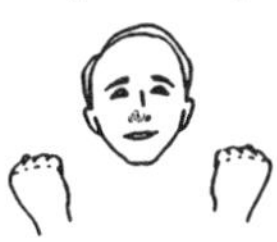

und die Kraft
geballte Fäuste zum Körper ziehen
das Anspannen der Muskeln soll als Zeichen der Kraft die Allmacht Gottes andeuten

und die Herrlichkeit
wie »Himmel« gebärden, dabei gehen die Hände mehr nach außen auseinander
durch das Auseinandergehen der Hände sollen das Umfassende und die Freude stärker betont werden

in Ewigkeit
Hand und Arm in Spiralbewegungen zweimal von oben nach unten vom Körper weg
Andeutung der nie endenden Zeit Gottes im Unterschied zur irdisch menschlichen Zeit, die durch die »Schluss-Gebärde« verdeutlicht werden kann

Amen

Variation: Ähnlich wie bei der Gebärdenfolge zur 7. Bitte haben wir zwischen »Kraft« und »Herrlichkeit« eine Folge aus Anspannung (nicht nur Muskeln spielen lassen) und Gelöstsein (auch im Gesicht spiegeln lassen), die dadurch überraschend »aufgehoben« werden kann, dass wir gleichzeitig zur Gebärde »Herrlichkeit« einen kleinen *Sprung in die Luft* machen. Also: ein Gebet, das auch einmal für einen Augenblick »abhebt«.
Das »Amen« schließt hand-greiflich den Kreis.

Abgesehen von Menschen, die sich mit solchen Gebärden o.Ä. generell schwer tun, gehen Reaktionen auf diese Form des Vaterunsers »in Bewegung« von sehr unterschiedlichen Menschen durchweg in die Richtung: Da rauscht das Gebet nicht an mir vorüber, da kann ich jeder einzelnen Bitte in Ruhe nach-denken, da bin ich ganz anders beteiligt.

Aus der Ökumenischen Liturgie

LiturgIn: Wir sprechen miteinander das Gebet,
das Jesus uns gelehrt hat.
Wir sprechen es als Tischgebet –
und reichen einander die Hand.

Alle: *Vater unser im Himmel.*
Geheiligt werde dein Name.
Dein Reich komme.
Dein Wille geschehe,
wie im Himmel, so auf Erden.
Unser tägliches Brot gib uns heute.
Und vergib uns unsere Schuld,
wie auch wir vergeben unseren Schuldigern.
Und führe uns nicht in Versuchung,
sondern erlöse uns von dem Bösen.
Denn dein ist das Reich und die Kraft
und die Herrlichkeit in Ewigkeit.
Amen.

Friedenszeichen – Friedensgruß

Der *Friedensgruß* (Wir geben einander ein Zeichen des Friedens) hat es schwer in der Liturgie. Das hier notwendige Aufeinander-Zugehen macht nicht nur in unserer Zeit Mühe. (Das gilt für alle Aktionen, die »nahe«gehen, anrühren oder berühren.)

Aus dem Kuss, den der Bischof einst den Konfirmanden bei der Konfirmation gab, wurde ein Wangenstreicheln und schließlich der Schlag zum Ritter Christi. Der Bruderkuss (Röm 16,16; 1 Kor 16,20; 2 Kor 13,12; 1 Thess 5,26; 1 Petr 5,14) verschwand – und das Friedenszeichen meist auch. Dabei ist der Friedensgruß ein starkes persönliches Zeichen der Verbundenheit miteinander im Namen Jesu.

- Die Position des Friedensgrußes in der Liturgie ergibt sich auf Grund unterschiedlicher theologischer Akzentsetzungen: *Vor* der Abendmahlsfeier kann er als Vorbereitung verstanden werden (»Bevor du zum Tisch des Herrn gehst, versöhne dich mit …« – vgl. Mt 5,24), *nach* der Feier als Konsequenz des »geschmeckten Friedens«, der uns miteinander versöhnt; und da wird etwas von der Befreiung spürbar, die die Feier des Abendmahls bewirken kann. Wieder »zusammengebunden« werden kann der Friedensgruß durch Lieder wie »Gib mir deine Hand« (→ S. 197f.) und dann durch den Segen.

Ein Blick in das Evangelische Gottesdienstbuch

Im Evangelischen Gottesdienstbuch wird vorgeschlagen:

> Der Friedensgruß kann besonders ausgestaltet werden, indem der vom Liturgen/von der Liturgin zugesprochene Friede an die Helfer und Helferinnen und durch sie an die Abendmahlsgäste mit einer Geste und mit den Worten »Friede sei mit dir« oder »Schalom« weitergegeben wird. Diese Friedensbezeugung kann auch als Zuwendung zu den jeweiligen Sitznachbarn in der Gemeinde gleichzeitig geschehen.[32]

- Wir müssen für den Friedensgruß »sprachfähig« werden. Was sagen wir? Was würden wir im Alltag sagen? »Friede sei mit dir«? Oder: »Alles Gute«? »Schalom?« Welcher Zuspruch legt sich nahe?
- Welche Geste legt sich nahe? Unterscheiden wir nach Personen, die wir weniger und die wir mehr kennen oder mögen, wenn wir den Frieden (Christi) miteinander teilen?
- Wie schaffen wir es, dass nicht nur die »Eingeweihten« miteinander kommunizieren und andere »draußen« bleiben? Wie kann gelingen, dass sich niemand ausgeschlossen fühlt?

32. EGb, S. 206.

Zwei exemplarische Bausteine

Geht denen entgegen, die ihr lieb habt.
Geht denen entgegen, die euch fremd sind.
Geht denen entgegen, die ihr lieber überseht.
Und gebt euch ein Zeichen des Friedens:
Ein Lächeln,
ein gutes Wort,
eine Gebärde,
eine Umarmung,
einen Kuss.
Tut es von Herzen und freiwillig,
sodass man die Güte spürt,
und achtet die Scheu!

Oder: Der Friede Gottes,
der all unser Denken übersteigt,
der wird unser Leben bewahren
in der Liebe Christi.
Wir wollen uns untereinander
den Friedensgruß zusprechen:
Gebt euch die Hand,
nehmt euch in den Arm – wie ihr mögt –
und sagt zueinander
»Friede sei mit dir!« oder
»Schalom für dich!« oder
einen anderen Wunsch.
Nehmt wahr, die ihr nicht kennt,
die euch fremd sind.
Geht ihnen freundlich entgegen;
achtet auch die Scheu![33]

33. *Beratungsstelle für Gestaltung:* Feiert Abendmahl, Materialheft 49/50, Frankfurt/M. 1987, S. 155 und 186.

Aus der Ökumenischen Liturgie

(nach der Austeilung)

LiturgIn: Wir haben den Frieden Gottes geschmeckt,
haben erfahren,
wie Jesus uns verbindet.
So gebt auch euch untereinander
ein Zeichen des Friedens.

Lied:

Liturgie C

Text: Uwe Seidel; Melodie: Fritz Baltruweit
Aus: Fritz Baltruweit – Meine Lieder/CD Meine Lieder, © tvd-Verlag, Düsseldorf

Als Alternative zum Friedensgruß oder als dessen »Mini- und Mindestform« empfehlen wir, nach der Austeilung im Kreis vor dem Altar (oder um den Tisch oder in den Reihen) einander die Hand zu reichen. Diese Handlung kann mit den Worten eingeleitet werden: »Als Gäste am Tisch Gottes reicht/reichen wir einander die Hand.« – Dann spricht der Liturg bzw. die Liturgin das Schlusswort für die Runde (»Das stärke und bewahre euch im Glauben zum Leben in Gottes Welt/ zum ewigen Leben. Geht hin in Frieden. Ihr seid das Salz der Erde« (oder ein anderes biblisches Votum) → siehe auch S. 210).

Ein ähnlicher Vorschlag wird auch im Evangelischen Gottesdienstbuch für den Friedensgruß nach dem Abendmahl gemacht:
Die Gemeinschaft stiftende Bedeutung des Abendmahls kann auch dadurch ausgedrückt werden, dass die Glieder jeder um den Altar versammelten Gruppe nach dem Empfang des Abendmahls sich die Hände reichen und so den Kreis um den Altar schließen.[34]

Lamm Gottes (Agnus Dei)

Das *Agnus Dei* wird seit dem 7. Jahrhundert zu Beginn der Austeilung gesungen. »Der Teil des Brotes, das hier gebrochen wurde, hatte bei den Griechen den Namen ›Lamm‹«.[35] Das in Joh 1,29 aufgenommene und auf Jesus bezogene Bild aus Jes 53,7 gehört zu den für viele sehr fremden Stücken des Gottesdienstes. Sicher verband man zur Zeit Jesu und auch noch kurz danach das Bild vom unschuldigen Lamm, das dem Schutz eines Mutterschafes und Hirten zugewiesen ist, mit

34. EGb, S. 206.
35. *C. Grethlein:* Abriß der Liturgik, a.a.O., S. 138.

den Opferlämmern des Passahfestes (→ S. 166f.). Und in jedem Jahr am Versöhnungstag (3 Mose 16) wurde ein Sündenbock in die Wüste geschickt, der alle Sünden des Volkes auf sich nahm. Auf diesem Hintergrund wird die frühe christliche Vorstellung verständlich, die von dem einen Sühneopfer für alle Zeiten spricht. Wie ein Lamm trägt der unschuldige Jesus die Schuld und nimmt für alle den Weg auf sich. Danach soll kein Mensch mehr Opfer werden – und auch kein Tier.[36]

Offene Frage

Wir wollen an diesem Beispiel einmal deutlich werden lassen, was einzelne liturgische Stücke, so auch das Agnus Dei, auslösen können – hier durch die Verwendung des Opferbegriffs.
Das Agnus Dei kann z.B. – so sagen Frauen – auf verhängnisvolle Weise mit ihrer eigenen Lebensgeschichte in Verbindung gebracht werden, wenn sie in der Geschichte des Lammes ihre eigene Geschichte sehen: ›Wir müssen Lamm sein, um von den Männern und Gott geliebt zu werden.‹ Diese Vorstellung ist für viele gegenwärtiger, als wir uns eingestehen – und hat Geschichte: »Billiger als zum Preis des Leidens und des Kreuzes ist Liebe und letztes Glück nicht zu haben … Ich zitiere aus einem Büchlein, das Frauen für die Ehe vorbereiten und formen soll, herausgekommen Anfang dieses Jahrhunderts mit dem Titel ›Die Hausfrau nach Gottes Herzen‹: ›Vielleicht ist gerade die Leistung des hier besprochenen Gehorsams (bezieht sich auf den sexuellen ›Gebrauch der Ehe‹) auch für dich, christliche Gattin, wie für viele deinesgleichen ein Opfer und ein Kreuz, am End' das schwerste im ganzen Eheleben. Wohlan! Harre treu und mutig aus in diesem Opferleben, und wahrlich, dein Ehestand wird zum Wandel verklärt, der Gott zur Ehre und deiner Seele zur Läuterung und zum Heile gereicht. Und sollte, nach Gottes Ratschluss, deiner treuen Gattenliebe und der willigen Leistung des gegenseitigen Gehorsams sogar dein lieblich Leben zum Opfer fallen, o dann stirbst du ja, wie die Martyrin, in Erfüllung deiner Pflicht …‹.«[37]
Das klingt heute überzogen; aber es klingt etwas davon nach, wenn in jeder dritten Ehe Gewalttätigkeiten vorkommen bzw. fast jede dritte Frau von ihrem Ehemann misshandelt wird[38] – all das mehr oder weniger gesellschaftlich geduldet.
Auch ohne solche lebensgeschichtliche Hintergründe löst das Singen des Agnus Dei eine demütige Haltung aus. Was auch bei anderen Teilen der Liturgie eine Rolle spielen kann, kommt im Gesang des Agnus Dei wie in einem Brennglas konzentriert zum Ausdruck; gerade da können verhängnisvoll erlebte Beziehungen im Gottesbild ihre Entsprechung finden – und so vermitteln diese historischen und theologischen Wurzeln, die bis heute wirksam sind und immer noch so erfahren werden, genau das Gegenteil von der ursprünglichen Botschaft (Mit dem Opfer Jesu wird das Ende der Opfer verkündet – und: Jemand trägt unser Leid mit). Lebensgeschichten von missbrauchten Mädchen »ver-

36. Vgl. dazu *J. Zink:* Kostbare Erde, Stuttgart 1981, S. 103ff.
37. Vgl. *R. Strobel:* Dahingegeben für unsere Schuld. Feministisch-theologische Bemerkungen zum Kreuz-Schuld-Sühne-Modell in der christlichen Tradition, in: *E. Valtink (Hg.):* Das Kreuz mit dem Kreuz, Hofgeismarer Protokolle 273, Hofgeismar 1990, S. 29-51, hier S. 48. Vgl. auch *Frauenarbeit der Ev. Landeskirche in Württemberg (Hg.):* Wir Frauen und das Herrenmahl, 2. Aufl., Stuttgart 1997 und *Ute Grümbel:* Abendmahl: »Für euch gegeben?« Erfahrungen und Ansichten von Frauen und Männern – Anfragen an Theologie und Kirche, Stuttgart 1997.
38. Bundesministerium für Jugend, Familie, Frauen und Gesundheit, 1987 – nach: *U. Hofmann:* Gewalt gegen Frauen als ein Thema bei Trauerfeiern, in: Beratungsstelle für Gestaltung, Materialheft 67, Trauerfeier – Beerdigung, Frankfurt/M. 1993, S. 295.

anschaulichen« besonders, wie das Opfer Jesu mit dem eigenen Opfer-Sein identifiziert werden kann. Wenn wir wahrnehmen, was ein so »tiefer« liturgischer Gesang für eine Bedeutung gewinnen kann, müssen wir die theologische Bedeutung des liturgischen Stückes neu ausdrücken. Dafür bietet die »inklusive Sprache« eine große Hilfe.
Im Evangelischen Gottesdienstbuch heißt es übrigens: »In thematisch besonders geprägten Gottesdiensten ... kann eine besondere Liedstrophe gesungen werden.«[39] – In diesem Sinne sollte stärker auch über Alternativen nachgedacht werden.

Ein Text zum Weiter-Denken

Christe, du Lamm Gottes,
der du trägst die Sünd der Welt,
erbarm dich unser.

Gott,
du liebst die Gerechtigkeit –
wir kommen zu dir mit unseren Fragen:
Wer leidet unter dem, was wir tun und lassen?
Wer trägt unsere Schuld?

(Stille)

Unschuldige stehen für uns ein,
doch Opfer sollen nicht mehr sein
nach Golgatha.

Wir bitten dich:
Christe, du Lamm Gottes,
der du trägst die Sünd der Welt,
erbarm dich unser.

Gott,
du leidest mit uns –
wir kommen zu dir mit unseren Fragen:
Warum müssen wir leiden,
uns quälen lassen von Brüdern und Schwestern?
Wo hilfst du uns in der Tiefe der Verlassenheit?

39. EGb, S. 47 – und alternative Angebote: S. 31.

(Stille)

Gott, du bist den Opfern nah.
Deine Sympathie (= Mit-Leiden)
gibt ihnen Würde und Rückgrat.

Wir bitten dich:
Christe, du Lamm Gottes,
der du trägst die Sünd der Welt,
gib uns deinen Frieden.

Gott,
du stiftest Frieden –
du gibst uns deine Antwort:
Liebe
sieht jedes Kind,
jede Frau,
jeden Mann.
Liebe macht verletzlich und stark.
Liebe bricht Teufelskreise auf:
Opfer und Täter sollen nicht mehr sein
nach Golgatha.

Wir bitten dich, Gott:
Komm zu uns
mit Brot und Wein
und schenk uns deinen Frieden,
dass Liebe in uns und unter uns einen Leib bekommt.
Amen.

Cornelia Dassler/Fritz Baltruweit

Einladung

Die *Austeilung* wird eröffnet durch ein einladendes Wort, das uns geläufig ist:
»Kommt, denn es ist alles bereit. (vgl. Mt 22,4)
Schmeckt und seht, wie freundlich der Herr ist.« (Ps 34,9)
Das »Kommt« weist auf die *Form* der Austeilung hin, auf das Nach-Vorn-Kommen zum Altar. Dieses Zum-Altar-*Kommen* betont den Bekenntnischarakter der Abendmahlsfeier. Der Betonung, den Leib Christi am Altar zu empfangen, entspricht die freundliche Zugewandtheit (Blickkontakt) des Liturgen bzw. der Liturgin gegenüber jedem und jeder Einzelnen – die Austeilung an jede und jeden ist *einmaliges Geschehen*!

Eine den Gemeinschaftscharakter betonende Form der Abendmahlsfeier enthält auch »Regieanweisungen«.
Wenn Brot und Wein bzw. Saft durch die Reihen gegeben werden, legt sich z.B. der Hinweis nahe: Niemand soll sich »genötigt« fühlen, das Abendmahl zu empfangen. Als Teil der Abendmahlsgemeinschaft sind aber alle eingeladen, Brot und Wein bzw. Saft mit einem guten Wort weiterzureichen.

Aus der Ökumenischen Liturgie

LiturgIn: Wir teilen miteinander Brot und Wein
und sprechen uns die Worte zu:
»Christi Leib für dich gegeben –
Christi Blut für dich zum Leben«,
»Nimm und iss vom Brot des Lebens –
Nimm und trink vom Kelch des Heils«,
»Für dich«
oder ein anderes gutes Wort.
Wir teilen Brot und Wein miteinander
als Gäste im Gasthaus Gottes.

Austeilung

Ein Blick in das Evangelische Gottesdienstbuch

In der Erneuerten Agende wurde deutlich, dass durch die Form der Austeilung verschiedene Aspekte und theologische Einstellungen des Abendmahls zur Geltung gebracht werden und Gestalt gewinnen. Manchmal ist auch interessant, was *im Evangelischen Gottesdienstbuch weggelassen* wurde – die folgende Passage z.B.:

Der Abendmahlsempfang im Knien sowie die Gesten der Ehrerbietung beim Empfang von Brot und Wein sind Zeichen der Demut und Ehrfurcht angesichts des im Sakrament gegenwärtigen Herrn (Vergebungs»dimension«!).
Die im Abendmahl gestiftete und immer wieder neu bestärkte Gemeinschaft unter den Abendmahlsgästen wird dadurch betont, dass der Empfang in Gruppen erfolgt, die vor dem Altar einen Halbkreis bilden. Dabei können Brot und Wein in der Gruppe weitergereicht werden.
Treten die Gruppen so (nahe) an den Altar, dass sie ihn wie eine Tischrunde umgeben, so kommt die Tischgemeinschaft besonders zum Ausdruck, zu der Christus als der Gastgeber seine Tischgäste untereinander verbindet. Bei dieser Form der Austeilung steht der/die Austeilende hinter dem Altar, der entsprechend gestaltet und hergerichtet sein muss. Brot und Wein werden durch die Tischrunde weitergereicht.
Wenn es die räumlichen Verhältnisse gestatten, kann die Gemeinde zum Abendmahl aus den Bänken aufstehen und sich in einem geordneten Zug in einen besonderen Raum (Chorraum, Seitenbau der Kirche) begeben, wo sie an den zur Abendmahlsfeier vorbereiteten Tischen Platz nimmt. Der Mahlcharakter kommt beim Tisch-Abendmahl besonders zur Geltung. Der Schlussteil des Gottesdienstes kann dann wieder als Auszug (mit Station zum Schlusssegen vor dem Altar) gestaltet werden.
Die Erinnerung an die messianischen Speisungsgeschichten des Neuen Testaments (→ S. 167) wird wachgerufen, wenn Brot und Wein vom Altar her durch eine größere Zahl von Helfern/Helferinnen zu der auf den Plätzen verbleibenden Gemeinde herzugebracht werden. Auch zu behinderten und gebrechlichen Abendmahlsgästen werden Brot und Wein zum Empfang gebracht.[40]

Besonders bei der Entscheidung für den letzten Vorschlag müssen Helferinnen und Helfer vorbereitet werden. Die beste Vorbereitung (neben konkreten liturgischen Anweisungen auch im Blick auf die Aufteilung im Gottesdienstraum) ist wohl ein Gespräch über die Bedeutungsdimensionen des Abendmahls. Dazu kann auch eine im Rahmen des Vorbereitungskreises von allen gemeinsam vorbereitete Feier sehr hilfreich sein.

40. Vorentwurf – Erneuerte Agende, S. 115.

Aus der Ökumenischen Liturgie

Foto: © epd-Bild/Rüdiger Niemz

Die Jugendlichen und Erwachsenen des Ökumenisch-Liturgischen Arbeitskreises (→ S. 48) empfangen um den Altar herum zuerst das Abendmahl, ehe sie Brot und Saft in die Reihen austeilen.

Anregungen

- Wenn der Altarbereich genug Platz bietet, kann ein ganz großer Kreis mit allen gebildet werden, der bei einer verkürzten Abendmahlsliturgie (Gebet – Einsetzungsworte – Vaterunser – Austeilung – Dank) zusammensteht und bis zum Schluss (Sendung – Friedensgruß – Segen) zusammenbleibt. Dabei ist darauf zu achten, dass alle die Möglichkeit haben, im Kreis einen Platz zu finden. Die erste (Bank-)Reihe kann z. B. einbezogen werden, damit auch die am Abendmahl teilnehmen können, die Schwierigkeiten haben zu stehen (Menschen im Rollstuhl, alte Menschen …).

- Im Rahmen einer besonderen Abendmahlsfeier kann – wie in 1 Kor 11 vorausgesetzt – ein richtiges Abendessen als Abend-Mahl-Zeit stattfinden (wie es auch die Tradition des Feierabendmahls stark gemacht hat), das von der Austeilung von Brot und Wein eingerahmt wird.[41] Die beiden Teile der Einsetzungsworte werden dann, vor bzw. nach dem Essen gesprochen, jeweils von dem entsprechenden Teil des Gabengebetes eingeleitet.

Möglicher Ablauf einer solchen Liturgie:

- Einleitung
- Gabengebet, Teil 1 (→ S. 174f.)
- Einsetzungsworte, Teil 1 (Brotwort)
- Vaterunser als Tischgebet oder als -lied
- Austeilungswort und Austeilung
- »Danket, danket dem Herrn« oder ähnlicher Kanon
- Gemeinsames Essen
- Lied
- Gabengebet, Teil 2 (entsprechend eingeleitet)
- Einsetzungsworte, Teil 2 (Kelchwort)
- Lob- oder Danklied (z.B. »Sanna« → S. 184)
- Austeilungswort und Austeilung
- Dankgebet

- Die Frage ist zu klären, ob *Oblaten* (= das Dargebrachte) oder Brot, Rotwein oder Traubensaft verwendet werden sollen. Besonders das Anliegen z.B. von Alkoholkranken ist bei entsprechenden Entscheidungen zu berücksichtigen.
- Die Frage der Hygiene, die Menschen davon abhalten kann, am Abendmahl teilzunehmen, muss mindestens bedacht werden. Der Symbolik des einen Kelches ist kaum etwas Gleichwertiges entgegenzusetzen. Am einfachsten erscheint das Angebot, alternativ zum »Trinken aus dem Kelch« die Oblate bzw. das Brot in den Kelch einzutauchen (*Intinctio* = Eintauchung – das ist eine alte Möglichkeit der Abendmahlspraxis). Diese Möglichkeit ist auch leicht umsetzbar: Die Austeilenden sehen, wer die Oblate bzw. das Brot bei der Kelchrunde noch in der Hand hat. Damit erübrigt sich das Verwenden von Einzelkelchen.
- Die Frage des Umgangs mit Brot und Wein bzw. Saft »danach« ist auch mit Rücksichtnahme auf die katholischen Geschwister (die ja oft auch zu unseren Gottesdiensten kommen) zu überlegen. In oder nach Sondergottesdiensten ist es möglich, Brot und Wein bzw. Saft miteinander zu verzehren. Auch im Rahmen der

41. Das EGb tut sich mit dieser Idee schwer. Es sind dort nur Hinweise zu finden für ein Essen (Agape) vor oder nach der »eigentlichen« Abendmahlsfeier (siehe die Abschnitte »Tischabendmahlsfeier«, S. 159f., und »Feierabendmahl« S. 214ff.). Siehe dazu auch unsere Liturgieentwürfe »Abendmahl am runden Tisch« und »Feierabendmahl« in GGG 4: Unterwegs durch das Jahr.

Sonntagsgottesdienste sollten wir gewissenhaft mit den »Elementen« umgehen – und gewinnen vielleicht dadurch auch eine neue Einstellung zu ihnen.

- Wird bei der Austeilung Musik gemacht oder herrscht Stille? Singt die Gemeinde oder erklingt Chormusik? Wichtig ist, eine Sensibilität für eine Praxis zu entwickeln, in der die Musik dem Geschehen der Austeilung zugeordnet ist und dienende Funktion hat.
- Wenn beim Abendmahl das Brot und die Kelche durch die Reihen gegeben werden, stellt sich die Frage der »Portionierung«. Für ca. 100 Abendmahlsgäste sind zwei geviertelte Fladenbrote und acht Kelche auf jeden Fall ausreichend. Tonkelche und -kannen können beim Deutschen Ev. Kirchentag in Fulda und bei der Frankfurter Beratungsstelle für Gestaltung von Gottesdiensten bestellt werden (→ S. 282).

Dank

Ein *Dankgebet* beschließt die Feier des Abendmahls. In ihm steht der Dank für das Geschehene im Mittelpunkt, und es wird um die »(Aus)Wirkung der Stärkung« gebeten – oft in der Form eines »Kollektengebets«. Es kann auch ein Dankpsalm gesungen werden, z.B. »Danket, danket dem Herrn …« (Ps 107, 1).

Aus der Ökumenischen Liturgie

LiturgIn: Gott,
wir danken dir für Brot und Wein,
für die Gemeinschaft an deinem Tisch
im Gedenken an Jesus,
den wir brauchen wie das tägliche Brot.
Wir danken dir für deine Gastfreundschaft.
Und da wir Gäste sein durften
in deinem Gasthaus
und etwas von deiner Welt geschmeckt haben,
lass uns gestärkt leben
als lebendige Zeichen deiner Liebe,
die Geschwisterlichkeit stiftet
unter uns
und allem, was lebt. Amen.

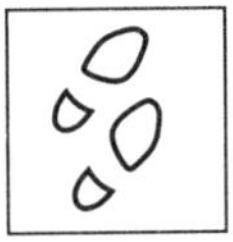

Die Abendmahlsfeier gestalten

Im Wissen um die Bedeutung der einzelnen liturgischen Teile ist nun in einem Gottesdienstvorbereitungskreis zu überlegen:

- Was ist uns wichtig? Was ist in unserer Gemeinde wichtig?
- Wollen wir zusammen eine Abendmahlsliturgie entwickeln, vielleicht zunächst für Sondergottesdienste?

Die in der Liturgischen Werkstatt vorgeschlagene Form kann ein Auslöser dafür sein, mit der Gemeinde zusammen einen Weg zu suchen und zu finden (→ S. 210ff.).

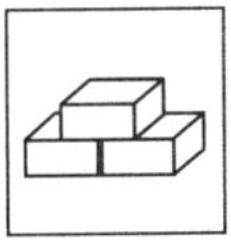

Ein exemplarisches Modell

Die Matthäus-Gemeinde in Leverkusen hat in einem vierjährigen Prozess zusammen mit Günter Ruddat ein – immer wieder überarbeitetes – Formular für die (sonntägliche) Abendmahlsfeier entwickelt:

Lied zum Abendmahl (z.B. »Kommt mit Gaben und Lobgesang« (EG 229) oder das »Lied vom großen Fest« → S. 212f.)

Einladung an alle (Mt 11,28)

LiturgIn: Jesus Christus lädt alle Menschen ein:
Kommt her zu mir alle,
die ihr mühselig und beladen seid.
Ich will euch erquicken.

- Lied »Du hast uns, Herr, gerufen« (EG 168) ggf. im Wechsel (zwischen LiturgIn und Gemeinde)
- *Einladung zur Stille:*
- LiturgIn: Lasst uns jetzt vor Gott still werden …
- (Einleitung zum jeweils in die Situation hineinformulierten Schuldbekenntnis mit Stille und anschließendem Zuspruch) (→ S. 86)
- Gloria-Lied (dazu Aufdecken von Brot und Wein)

Vergewisserung

LiturgIn: Jesus Christus lädt uns ein.
Niemand ist ausgeschlossen.
Jesus Christus zeigt uns mit seinem Leben:
Er schaut nicht auf unsere Schuld;
er vergibt uns unsere Schuld.
Jesus Christus geht gerade zu den Menschen,
die verloren, verachtet, verlassen sind.
Er tritt an ihre Seite,
er hilft ihnen auf,
er setzt sich mit ihnen an einen Tisch.
So wollen auch wir jetzt den Weg Jesu gehen,
in seinem Namen miteinander essen und trinken,
in seinem Namen miteinander
einen neuen Anfang machen.
So lasst uns auch die einbeziehen,
die jetzt nicht hier sind,
für die aber Vergebung und Versöhnung
ebenso lebens-notwendig sind
wie für uns.

Darum lasst uns jetzt beten:
Jesus Christus,
lass uns deine Nähe spüren,
wenn wir in deinem Namen
Brot und Wein miteinander teilen.
Sende uns deinen Heiligen Geist,
dass er uns hilft,
einander so anzunehmen,
wie du uns angenommen hast,
zum Lobe Gottes.
Das Brot verbinde uns untereinander
mit deiner Liebe und deinem Leben,
der Wein stärke uns untereinander
mit deinem Leiden und deinem Sterben.
Komm, Herr Jesus, in Brot und Wein
und mache uns zu neuen Menschen. Amen.

Einsetzungsworte

- Beim Brotwort wird Fladenbrot sichtbar gebrochen,
- beim Kelchwort der Kelch sichtbar hochgehoben (und jeweils in Richtung Gemeinde gesprochen).

Vaterunser

Einladung zum Tisch des Herrn

LiturgIn: Kommt, denn es ist alles bereit.
Schmeckt und seht, wie freundlich der Herr ist.

Die Gemeinde tritt in Gruppen zum Tisch des Herrn;
wenn der Kreis um den Altar geschlossen ist:

Brotwort am Altar

LiturgIn: Jesus Christus spricht:
Ich bin das Brot des Lebens.
Wer von diesem Brot isst, der wird leben.
(vgl. Joh 6,48ff.)

Austeilung des Brotes mit Zuspruch an jede/n Einzelne/n:
Das Brot des Lebens für dich.
(oder ein anderes Spendewort → S. 202)

Weinwort am Altar

LiturgIn: Jesus Christus spricht:
Ich bin der Weinstock,
Ihr seid die Reben.
Wer in mir bleibt
und ich in ihm,
der bringt viel Frucht –
denn ohne mich könnt ihr nichts tun. (Joh 15,5)

Weiterreichen des Kelches in der Runde (zwei Kelche von beiden Seiten) mit (fakultativem) Zuspruch an den Nachbarn/die Nachbarin: (eventuell mit der Einleitung: »Wenn wir den Kelch weiterreichen, können wir einander zusprechen: …«)

Der Kelch des Friedens für dich.

Friedenszeichen

LiturgIn: Reicht einander die Hände
zum Zeichen des Friedens unter uns.
(Kurze Stille)

Sendung

LiturgIn: Geht in die Welt,
geht zurück in euern Alltag
und erinnert euch:
(Biblische Ermutigungen
in Anlehnung an den Predigttext)
Geht im Frieden des Herrn!

Lied (z.B.) »Das sollt ihr, Jesu Jünger, nie vergessen« (EG 221)

Aus der liturgischen Werkstatt

Das hier vorgestellte *Modell der Gottesdienstvorbereitung* will für die einzelnen liturgischen Schritte sensibilisieren und dazu herausfordern, in der Gruppe Entscheidungen zu treffen:

- Wie soll der entsprechende liturgische Schritt aussehen?
- In welcher Form erreichen wir das, was wir wollen?
- Was müssen wir für die Umsetzung bedenken?

Das Modell braucht ca. 3 Stunden Vorbereitungszeit in vier Gruppen und eine anleitende Person. Es beginnt mit der Aufgaben-Beschreibung und der Aufteilung in die Gruppen:

Gruppe 1
wählt den *Raum* aus,
in dem der Gottesdienst gefeiert werden soll, und gestaltet ihn.

- Feiern wir, wo wir gearbeitet haben oder an einem anderen Ort?
- Gestalten wir einen Kreis um ein Kreuz oder um ein anderes Symbol herum?

Die Raumgruppe ist verantwortlich für den Aufbau bzw. für die Ausgestaltung des Raumes. Sie muss die Bedürfnisse der anderen Gruppen in ihre Planung einbeziehen. Sie überlegt auch, wie es nach dem Gottesdienst weitergeht.

Gruppe 2
überlegt den »liturgischen *Rahmen*«,
den Anfang und den Schluss.

- Wie wird aus der »offenen« eine »gestaltete« Kommunikation?
  - Soll mit dem Einsingen von Liedern begonnen werden?
  - Wie wird die »Situation« bedacht (in wessen Namen feiern wir)?
  - Wie soll die gemeinsame Zeit in Dank, Lob und Klage vor Gott gebracht werden?
- Der Bogen wird geschlagen zum Schluss des Gottesdienstes, zur Sendung in die Zeit, die vor uns liegt, zum Segen – und schließlich wird aus der gestalteten Kommunikation wieder eine offene … (diese Nahtstelle ist mit Gruppe 1 abzusprechen).

Gruppe 3
überlegt den *Verkündigungsteil.*

- Welche Bedeutung hat der Teil der Verkündigung für uns?
  (Der Teil ist nicht unbedingt »das Eigentliche« einer solchen Liturgie, weil wir sehen, wie die verschiedenen Einzelelemente sich zu einem in sich geschlossenen (Gottesdienst)-Ganzen verbinden.)
  - Welches Gotteswort soll in dieser Stunde gehört werden?
  - Wie soll es in die Situation sprechen, sie deuten, den Weg weisen?
  - Wie bringen wir das zur Darstellung?
- Der Teil kann mit einem Fürbittengebet schließen.
  - Welche Form wählen wir? Wie »spontan« soll das geschehen?

Gruppe 4
überlegt den *Abendmahlsteil,*
der den »Grund« der Verbundenheit mit-einander deutlich macht und zur Stärkung wird.

- Wie soll das Gestalt gewinnen?
- Welche liturgischen Elemente sollen die Feier bestimmen?
- Wie geschieht die Austeilung?
- Soll evtl. ein gemeinsames Essen mit der Abendmahlsfeier verbunden werden? Wann soll das geschehen, im Rahmen der Feier oder nach dem Gottesdienst?

Ein Lied zum Abendmahl:

Das Lied ist auf einer Freizeit von behinderten und nicht-behinderten Jugendlichen entstanden, die einen Gemeindefest-Gottesdienst zum Gleichnis vom großen Abendmahl (Lk 14,15-24) vorbereiteten. Im Rahmen einer Erzählung mit Chor inszenierten überlebensgroße Stabpuppen die biblische Geschichte (→ S. 133ff.). Da in der Gruppe auch eine Reihe von sprachbehinderten Menschen mitsingen wollten, sind mit den Worten des Liedes gleichzeitig auch non-verbale Gebärden erfunden worden.[42]

Das Lied vom großen Fest

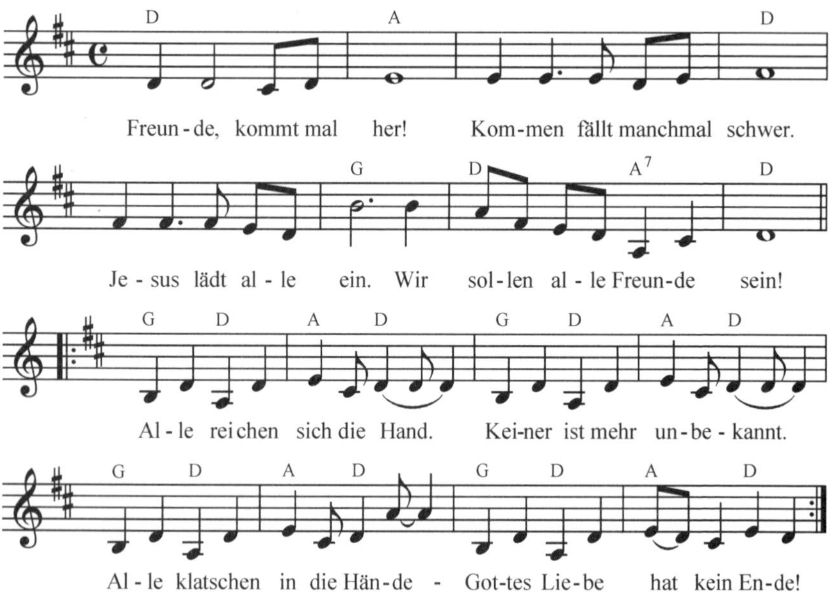

1. Freunde, kommt mal her!
   Kommen fällt manchmal schwer.
   Jesus lädt alle ein –
   wir sollen alle Freunde sein!

Herbeiwinken
Abwinken
Arme ausbreiten
Einander einhaken

42. Zuletzt veröffentlicht in: *G. Ruddat:* Projektarbeit in der integrativen Arbeit mit Konfirmandinnen und Konfirmanden, in: *R. Schwarz (Hg.):* KU – weil wir verschieden sind. Ideen – Konzeptionen – Modelle für einen integrativen KU, Gütersloh 2001, S. 82-95 (hier: S. 88ff.).

Refrain:

Alle reichen sich die Hand – (Sich an die Hände fassen)
keiner ist mehr unbekannt.
Alle klatschen in die Hände – (Klatschen)
Gottes Liebe hat kein Ende!

2. Freunde, kommt mal her!
Hören fällt manchmal schwer.
Macht eure Ohren auf!
Bleibt nicht sitzen, kommt, steht auf! (Aufstehen)

Refrain:

Alle reichen sich die Hand …

3. Freunde, seht mal her!
Sehen fällt manchmal schwer.
Ein Tisch steht für uns bereit –
das große Fest ist nicht mehr weit! (Über dem Kopf klatschen)

Refrain:

Alle reichen sich die Hand …

4. Freunde, sprecht es aus!
Liebe füllt dieses Haus. (Einander einhaken)
Platz ist für alle da –
und jede(r) sagt zum andern: »Ja!« (Seinen Nachbarn auf die Schultern klopfen)

Refrain:

Alle reichen sich die Hand …

Text und Melodie: Günter Ruddat, Bierenbachtal 1982, © beim Autor.

Bewegung im Gottesdienst

Weg kommt von bewegen – und da steckt das »Wiegen« des ganzen Körpers ebenso drin wie das »Wägen« mit den Händen oder das »im Herzen bewegen«. Der ganze Mensch ist unterwegs unentwegt angesprochen. »Der Weg in das Leben« (wie M. Josuttis seine »Einführung in den Gottesdienst auf verhaltenswissenschaftlicher Grundlage« überschrieben hat), der in jedem Gottesdienst gegangen wird, braucht *Beweglichkeit in einem umfassenden Sinn*: Gehen – Sitzen (Stehen) – Sehen – Hören – Essen – Gehen.

Diesen Weg des Gottesdienstes verstärken einzelne Gebärden wie Hände falten oder reichen, wie Kelch oder Kollektenkorb weitergeben … –
Beginnt der Gottesdienst so zunehmend »in Bewegung« zu geraten, so öffnen sich auch neue Horizonte, die an alte Traditionen anknüpfen können – bis hin zum Tanz im Gottesdienst: »In den ersten Jahren tanzten die Christen häufig. Sie tanzten in den gottesdienstlichen Stätten und auf Kirchhöfen. Sie tanzten an den heiligen Tagen und auf den Friedhöfen um die Gräber der Märtyrer. Männer, Frauen und Kinder tanzten vor dem Herrn und miteinander.« (*H. Cox:* Das Fest der Narren, Stuttgart 1970, S. 70)
In den letzten beiden Jahrzehnten haben verschiedene Anstöße immer wieder neue Lernprozesse ermöglicht:

- Der *Bewegungsdrang von Kindern* hat über traditionelles Verhalten im Gottesdienst hinaus zuerst in Kinder- und Familiengottesdiensten dazu geführt, »Liturgie mit Lied, Spiel, Tanz und Trommel« (Münster 1975) zu gestalten und zu feiern. Über die etwa aus der Gospel-Tradition und aus neueren (geistlichen) Kinderliedern bekannten Klanggesten (wie Schnipsen, Klatschen, Klopfen, Stampfen) hinaus wurden Einzugs- und Auszugsliturgien »rund um den Altar« gestaltet, deren Lieder nicht nur zu singen, sondern auch »zu bewegen« (→ Lied zum Abendmahl, S. 212f.), zu spielen und zu tanzen sind.
- Die *Liturgischen Nächte der Kirchentage* (seit 1973) haben – anfangs angeregt von ökumenischer Spiritualität (H. Haas, R. Sequeira) – versucht, Bewegung neben Wort und Ton liturgisch umzusetzen (von einfachen Gebärden zu Liedern wie »Der Himmel geht über allen auf« oder »Alles muss klein beginnen« bis hin zu Vater-Unser-Prozessionen). Solche Bewegungsabläufe strahlten aus auf liturgische Osternächte in Gemeinden, die etwa den Pilgerweg »vom Tod zum Leben« als eine Raum-Reise durch Kirche/ Gemeindezentrum und Umgebung gestalteten und die dabei – je nach Gegebenheit –

Parkplatz und Hochchor, Straße und Kreuzgang, Friedhof und Krypta einbezogen.

o Die *Entwicklung von Frauenliturgien* hat die liturgische Wiedergewinnung von Bewegung und Tanz nachdrücklich gefördert, wenn – angefangen von den Vorschlägen zur Gestaltung des Weltgebetstages – »liturgische Tänze« vor Augen geführt und zum Mitmachen ausgeweitet wurden. Aus den Anfängen der Gestaltung zur Begrüßung, zum Gebet und zum Segen entwickelten sich bewegende Formen meditativer Vergewisserung der wahrgenommenen Botschaft – von gebundenen Formen des Reigens, der klassischen Musik oder der tänzerischen Gestaltung von Taizé-Gesängen bis hin zu freiem Tanz. Die Übergänge zu spielerischen Inszenierungen (bis hin zu Pantomime und Bibliodrama) sind fließend.

Wer bewegen will, muss seine *Bewegung* so *verlangsamen*, dass andere sie nachvollziehen können (Verlangsamung des Sehens, S. 104 vgl. Vaterunser in der Gebärdensprache, S. 187ff.), dass sie sich einschwingen können, gerade wenn sie sich schwer tun: Es braucht Zeit und Freiheit zur Entscheidung, ob ich mich hineinnehmen lassen will … Gut, wenn ich immer wieder behutsam angesprochen und einfühlsam einbezogen werde .

Literatur

Gesten, Bewegung, Tanz im Gottesdienst, in: Ergänzungsband zum EGb, S. 31ff.

H.M. Lander/M.-R. Zohner: Meditatives Tanzen, Stuttgart 1987.

M.G. Wosien: Sakraler Tanz, München 1988 (Tanzbeispiele mit Tonkassette).

H. Wenz: Körpersprache im Gottesdienst. Theorie und Praxis der Kinesik für Theologie und Kirche, 2. Aufl., Leipzig 1996.

M. Büsing/H. Kiesé: Tanz, Gebärden, Haltungen. (Neues für den Gottesdienst), 2. Aufl., Hannover 2000.

Th. Kabel: Handbuch Liturgische Präsenz, Bd. 1: Zur praktischen Inszenierung des Gottesdienstes, Gütersloh 2001.

Dazu: *H. Wöllenstein (Hg.):* Werkbuch Liturgische Präsenz nach Thomas Kabel, Gütersloh 2002.

D. Mit dem Segen weiter-gehen (Sendung und Segen)

Sendung

Im Kontext des Gottesdienstes

Nach der Feier des Abendmahls, in der wir Gottes Wort nicht nur hören, sondern etwas von ihm schmecken und in uns aufnehmen – miteinander verbunden in der Gemeinschaft mit allen Abendmahl-Feiernden zu allen Zeiten an allen Orten –, geht der Gottesdienst zügig zu Ende. Wir müssen uns von der Atmosphäre des Gottesdienstes wieder trennen. Aber Gottes Segen wird uns begleiten und Garant dafür sein, dass wir nicht nur im Gottesdienst, sondern auch im Alltag etwas von Gottes Welt schmecken können und von ihr getragen werden.

Zur Erinnerung

»*Hier ist gut sein – hier lass uns bleiben*«, sprach Petrus zu Jesus auf dem Berg, als »*sein Angesicht leuchtete wie die Sonne und seine Kleider weiß wurden wie das Licht*«. (Mt 17,1-9) Aber das Bergfest hat ein Ende. Sie müssen wieder »hinunter« in den Alltag.
Der Schluss des Gottesdienstes ist in der Regel nüchtern und kurz. »*Ite, missa est*«, hieß es in der römischen Gemeinde: Geht, der Schluss (des Gottesdienstes) ist da. Immerhin dürfen wir den Frieden Gottes in unseren Alltag mitnehmen: »*Geht hin im Frieden des Herrn*« – so heißt es im Sendungsteil des Evangelischen Gottesdienstbuches (in der Agende 1 heißt dieser Teil Entlassung). Und wir gehen dankbar nach Hause: »*Gott sei Lob und Dank*«. – So verstanden ist die Sendung ein reiner Zuspruch: »Geht, ihr werdet mit Gottes Hilfe mit dem Alltag fertig werden.« Oder doppel-deutlich: »Geht, ihr seid geschickt!«
Die »*Sendung*« (lat. Missio[n]) zielt aber schon durch das verwendete Wort auf das »Wohin«: »*Geht und macht zu Jüngern alle Völker: Tauft sie … und lehrt sie halten alles, was ich euch befohlen habe.*« Die von Jesus ausgesprochene Sendung (Mt 28,19f.) verpflichtet auch, etwas von seiner Botschaft in unserem Leben

»umzusetzen« – dabei sind wir nicht allein gelassen, sondern Christus ist bei uns (Mt 28,20) und uns auch immer schon vorausgegangen dorthin, wo wir sein werden (Mk 16,7).

Die Sendung gestalten

Die Sendung zielt auf die Weitergabe der guten Nachricht, die im konkreten Miteinander der Menschen, im Leben und Handeln Gestalt gewinnen und »einen Leib bekommen« will. Wie kann das im Gottesdienst erfahren werden?

Ein Blick in das Evangelische Gottesdienstbuch

Im Evangelischen Gottesdienstbuch werden Vorschläge gemacht, den Sendungsteil als Beginn des »Gottesdienstes im Alltag« zu begreifen:

> Das Sendungswort kann in der Weise ausgestaltet werden, dass sich Gruppen zusammenfinden, die Kranke besuchen (ggf. mit Hausabendmahl) oder die Botschaft des Evangeliums in die Öffentlichkeit tragen oder die auf geeigneten Plätzen das Gotteslob erschallen lassen (Posaunen-, Kirchenchor).[1]

… Manchmal können auch »Mitnehmsel«, die als Erinnerung mit nach Hause genommen werden dürfen, bedeutungsvoll sein: eine Kerze, eine Karte mit einem Wort oder ein anderes Symbol …

So schön einzelne Aktionen im Anschluss an den Gottesdienst auch sind – und Aktion im Sinne von »Mission«, von Sendung heißt z.B. auch: Die Eine-Welt-Gruppe macht den Verkaufsstand etc.! –, hat der Sendungsteil als Vorbereitung des Aufbruchs in den Alltag, in dem wir jeden Tag zu Hause sind, noch eine andere Dimension bzw. Qualität. Was heißt *da* Sendung?

1. EGb, S. 207.

Ein exemplarischer Baustein

Im Kloster Loccum leben die Vikarinnen und Vikare im Predigerseminar ein Jahr lang mehr oder weniger zusammen. Immer wieder werden Zensuren gegeben, von denen die Einstellung als Pastor bzw. Pastorin (in absehbarer Zeit) abhängt, das Examen muss unter Leistungs- und Konkurrenzdruck angegangen werden. Für ein Feierabendmahl in der Gruppe wurde dieses Sendungswort formuliert:

Geht in der Kraft, die euch gegeben ist …

Kraft wünsche ich uns allen in der kommenden Zeit.
Die Vikariatszeit neigt sich dem Ende zu.
Vieles kommt da auf uns zu in der nächsten Zeit:
Prüfungen, die wir hinter uns bringen müssen,
und auch viel Ungewisses –
Wo werden wir wohl landen im November?

Geht in der Kraft, die euch gegeben ist.
Geht behutsam, bescheiden, einfach …

Ich wünsche uns allen,
dass wir behutsam miteinander umgehen in der Zeit,
die vor uns liegt,
bescheiden und einfach –
nicht zu Einzelkämpferinnen und Einzelkämpfern verkommen.

Und haltet Ausschau nach der Liebe …

Ich wünsche uns,
dass wir – verschieden wie wir sind – verbunden bleiben.
Ich wünsche uns, dass wir geschwisterlich zusammenhalten
auf den Wegen, die uns in die Zukunft bringen.

Gottes Geist geleite euch.

Gott sei vor uns
ein Licht auf unserem Weg.
Gott sei hinter uns,
um uns den Rücken zu stärken für den aufrechten Gang.

Gott sei neben uns
eine gute Freundin an unserer Seite.
Gott sei um uns
wie ein schönes Kleid und eine wärmende Decke.
Gott sei in uns
und weite unsere Herzen. Amen.

Bettina Praßler-Kröncke

Hier wird ein altes irisches Segenswort[2] (besonders der letzte Abschnitt ist als Segenswort konzipiert, in das das Sendungswort mündet) deutlich auf eine aktuelle Situation hin ausgelegt. Besonders bei Gruppen, die ein ähnliches Lebensumfeld miteinander teilen, kann Sendung sehr konkret werden. Wie der Friede Gottes mitgehen möchte, wird so ausgesprochen, dass es alle verstehen.

Schön wäre es, wenn wir im normalen Sonntagsgottesdienst solche Konkretionen fruchtbar werden lassen könnten, wenigstens so:

Und nun geht in diesen Sonntag
und in die kommende Woche.
Geht in eure Wohnungen und Häuser,
zu euren Freunden, Nachbarn, in eure Familien.

Wenn ihr geht,
dann geht ihr nicht allein.
Gottes Segen geht mit euch.

Matthias Richter

2. Mein Liederbuch 2 – Ökumene heute, a.a.O., enthält auf den Seiten 54ff. eine Zusammenstellung Irischer Segenssprüche. Siehe auch: *M. Wester:* Einübung ins Glück – in Irland entdeckt, Anstiftung zum einfachen Leben, Offenbach/M. 1986.

Oder:

Geht wohin immer, in weiten Raum des Lebens.
Geht mit Händen und Füßen aufeinander zu, lebt.
Augen, Ohren, Herzen dabei offen halten können, ist ein Segen.
Den können wir uns immer wieder zusprechen lassen –
auch jetzt geht er mit uns:

Gott sei mit euch!
Sein Auge wacht – wie Vater und Mutter.
Sein Ohr hört – wie Jesus.
Sein Atem belebt – wie ein Heiliger Hauch.
Gott segne euch. Amen.

Mechthild Werner

Aus der Ökumenischen Liturgie

Foto: © Fritz Baltruweit

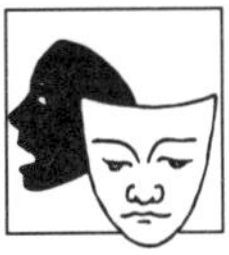

Jesus spricht:
Geh – und tu desgleichen.

Alle: *Lasst uns gehn in der Kraft,*
die uns gegeben worden ist.
Wir wollen behutsam gehn.
Wir wollen einfach leben.
Wir wollen einander annehmen
und Ausschau halten nach der Liebe.
Christus ist uns vorausgegangen.
Er erwartet uns dort,
wo wir sind. Amen.

Sendungs-/Segenlied (kann auch nach dem Segen gesungen werden):

Text und Musik: Fritz Baltruweit
Aus: Fritz Baltruweit – Meine Lieder – CD »Zusammen unterwegs«

Ein gemeinsam gesprochenes Sendungswort wie in der Ökumenischen Liturgie beinhaltet Verbindlichkeit: Es ist nicht egal, wie es weitergeht – vor allem nicht, wenn Gott mitgeht. Etwas von dem, was wir »entdeckt, geschmeckt, geteilt« (Sendungslied) haben, soll weitergehen und »hinüberwachsen« in den Tag ... – Offensichtlich sind wir dem erst seit kurzer Zeit wieder auf die Spur gekommen. F. Kalb schreibt noch im Jahr 1982: Es werden »neuerdings zusätzliche Sendungsworte vorgeschlagen«[3] – und er schlägt frei formulierte Sätze vor, die an das Proprium (→ S. 46) des Tages anknüpfen, oder Formeln wie Eph 5,8f. oder Kol 3,17 verwenden:

»Denn ihr wart in Finsternis; nun aber seid ihr im Licht des Herrn. Lebt als Kinder des Lichts. Die Frucht des Lichts ist lauter Güte und Gerechtigkeit und Wahrheit.«
»Und alles, was ihr tut mit Worten oder Werken, das tut alles im Namen des Herrn Jesus – und dankt Gott, dem Vater, durch ihn.«

In der Ökumenischen Liturgie heißt es: *»Jesus spricht: Geh' und tu desgleichen«*. Im Sendungswort kann das zentrale Anliegen oder die zentrale Geschichte des Gottesdienstes noch einmal aufgenommen und als Sendung formuliert werden.

3. *F. Kalb:* Grundriß der Liturgik, a.a.O., S. 173.

Segen

Im Kontext des Gottesdienstes

Im *Segen* geht es um den Schalom in seiner umfassenden Bedeutung, um die ganzheitliche Zueignung von Frieden, von Heil(ung). Im Segen geht es darum, dass das Angesicht Gottes mit seinem Licht mitgeht, das im Gottesdienst erfahren wurde, damit eine heilvolle Rückkehr in die Alltagswelt möglich wird. So wird im Segen ganzheitlich der Zuspruch verdichtet, konzentriert und verkörpert, den wir im Gottesdienst erfahren haben. Beim Segnen geschieht etwas: Unsere Zukunft wird eröffnet in der Verheißung, dass sie schon im Segen selbst wirklich werde. Die Lebenskraft Gottes wird dem Empfangenden zugeeignet.[4]
Der Segen beschließt den Gottesdienst – er ist und hat das letzte Wort. Beim Hinausgehen kann eine zum Loslassen und Gehen ermutigende Ausgangsmusik hilfreich sein.

Zur Erinnerung

»Wenn Segen über einem Leben waltet, hat es Sinn. Es gedeiht. Es wächst. Es wirkt lösend, fördernd, befreiend auf andere. Versuche glücken, Werke gelingen. Die Mühe zehrt das Leben nicht aus, sie ist sinnvoll und bringt ihre Frucht. Am Ende steht nicht die Resignation, sondern die Ernte … Segen ist ein Geschehen nahe verwandt dem, was wir ›Gnade‹ nennen. Denn man kann Segen nicht machen, man kann ihn nur empfangen und vielleicht auch weitergeben. … Ob ein Mensch dem begegnet, den er lieben kann, das kann er nicht machen. Es ist Gnade. Und sein Leben wird gesegnet. Alles Begegnen ist Gnade, alles Finden und Zusammenbleiben, alle Bewahrung vor Gefahr und Unheil, aller Friede ist Gnade … und Gnade ist es, wenn Menschen einander einen solchen Segen weiterreichen dürfen, etwa wenn der eine zum anderen sagt: Es segne und behüte dich Gott der Allmächtige und Barmherzige …«[5]

4. Vgl. *M. Josuttis:* Der Weg in das Leben, a.a.O., S. 309-314, bes. 314.
5. *J. Zink:* Sinn und Gestalt des Segens, in: Deutscher Evangelischer Kirchentag Düsseldorf 1985, Dokumente, Stuttgart 1985, S. 183-196, hier S. 183f.

Weil diese Worte so treffend *Segen* – und was er für uns bedeutet – beschreiben, haben wir sie dem Absatz vorangestellt, auch wenn uns der Segen Gottes nicht nur in dem begleitet, was gelingt, sondern auch im Scheitern.

Oft ist uns gar nicht so klar, was Segen eigentlich ist – und was er bewirkt. »Wenn uns … das Verständnis für Segen fehlt, wird auch der Segen selbst kraftlos.«[6] – Mit der Klarheit unseres (Selbst-)Verständnisses hängt die Klarheit der zusprechenden Kraft des Segens selbst zusammen, obwohl – und gerade weil – er unserem Wirken entzogen und ganz Gottes Sache ist. Aber wir sind sein Werkzeug! Und ein Werkzeug nützt nur, wenn es richtig »greift«.

»Und Gott sprach zu Abraham:
Geh aus deinem Vaterland und von deiner Verwandtschaft und deinem Vaterhaus weg in ein Land, das ich dir zeigen will.
Und ich will dich zu einem großen Volk machen und will dich segnen und deinen Namen groß machen – und du sollst ein Segen sein.«

1 Mose 12,1–3

Der Beginn der Vätergeschichte ist
von *Aufbruch*,
von *Unterwegs-Sein*,
vom Hinweis auf ein *Ziel*
und von der *Verheißung*
einer guten *Zukunft*
gekennzeichnet.

Diese den Segen kennzeichnenden Elemente treffen die Situation Israels auf ihrem Weg in das Gelobte Land,[7] aber uns auch heute, wenn wir den Segen am Schluss des Gottesdienstes oder bei der Taufe, der Konfirmation, der Trauung, der Beerdigung … empfangen.
Mit dem Segen begegnen wir ein weiteres Mal archaischem Gut im Gottesdienst. Er ist ein »Schwellenritus«, wirkmächtig, in (sprachlicher Annäherung an die) Gebetssprache formuliert, von Gestik begleitet (oder auch nicht), und (im evangelischen Verständnis) inhaltlich eine Konzentration des Evangeliums (weil anders kaum evangelisch vertretbar).«[8]
»Schwellenritus« meint: Er ist mit einer konkreten (Lebens)situation verbunden – beim Volk Israel mit dem Aufbruch in das Gelobte Land, bei uns »mit einem

6. *J. Diebner:* Der sog. »Aaronitische Segen« (Num 6,24-26) – biblischer Text und liturgische Praxis, in: Freude am Gottesdienst, Festschrift für Frieder Schulz, Heidelberg 1988, S. 202.
7. *C. Westermann:* Der Segen in der Bibel und im Handeln der Kirche, München (1968) 1992, S. 53.
8. *J. Diebner:* Der sog. »Aaronitische Segen«, a.a.O., S. 209.

Abschied oder einer Ankunft (Eingangsgruß!), mit dem Tod oder der Geburt, mit der Heirat oder mit einer Schuld oder Krankheit«.[9]

»Da das Segnen etwas wie eine Kraftübertragung ist, gehört notwendig irgendeine Handlung oder Geste zu ihm.«[10]
In katholischen Gegenden zeichnen manche Mütter ihren Kindern beim Aufbruch in die Schule ein Kreuz auf die Stirn; dem Paar, das für seine Lebensgemeinschaft um Gottes Segen bittet, wird die Hand aufgelegt.

Das Wort *segnen* kommt vom lateinischen *signare* (= mit einem Zeichen versehen). Für die christliche Kirche ist damit das Zeichen des Kreuzes gemeint: der Hinweis auf Jesus Christus, der lebt und stirbt für uns – wie ein Weizenkorn, das in die Erde fällt und stirbt, damit es Frucht bringt ...[11]

Am Schluss des Gottesdienstes sagen wir normalerweise:
»Der Herr segne dich
und behüte dich.
Der Herr lasse sein Angesicht leuchten über dir
und sei dir gnädig.
Der Herr erhebe sein Angesicht auf dich
und gebe dir Frieden.«

4 Mose 6,24-26

In dem Segenswort wird der Wunsch ausgedrückt, dass Gott, der Segensspender, uns schützt.

Das Schlüsselwort »we-Jischmerecha« (hebräisch: und behüte dich) kann aber auch von »Schemarim« (= Hefe) abgeleitet werden. So könnte der Sinn darin liegen, dass »der Mensch durch die göttliche Ausstrahlung, die vom Segen ausgeht, innerlich in heilsame Gärung gerät – wie ein Teig durch die Hefe – um sich langsam, still und ständig weiter zu entfalten ...«[12]

Um einen Zugang zu den starken und auch »querstehenden« Worten des Segens aus 4 Mose 6,24-26 zu finden, sollte jedes Wort einmal auf seine heutige Aussagekraft hin befragt werden.

Wir sollten, ehe wir den Segen sprechen, einmal versuchen, den alten Text so weit wie möglich zu paraphrasieren und in unsere Zeit und Sprache zu übertragen. Jörg Zink tut das:[13]

9. *F. Steffensky:* Segnen – Gedanken zu einer Geste, in: Pastoraltheologie 1/1993, S. 2-11.
10. *C. Westermann:* Der Segen in der Bibel und im Handeln der Kirche, a.a.O., S. 55.
11. Vgl. *J. Zink:* Sinn und Gestalt des Segnens, a.a.O., S. 190.
12. *P. Lapide:* Der Segen im Judentum – in: Deutscher Evangelischer Kirchentag Düsseldorf 1985, Stuttgart 1985, S. 174-182, hier S. 181.
13. *J. Zink:* Sinn und Gestalt des Segens, a.a.O., S. 195f.

Der Herr,
der Mächtige,
Ursprung und Vollender
aller Dinge,
segne dich,
gebe dir Gedeihen und Wachstum,
Gelingen deinen Hoffnungen,
Frucht deiner Mühe,
und behüte dich
vor allem Argen,
sei dir Schutz in Gefahr
und Zuflucht in Angst.
Der Herr lasse leuchten sein Angesicht über dir,
wie die Sonne über der Erde
Wärme gibt dem Erstarrten
und Freude gibt dem Lebendigen,
und sei dir gnädig,
wenn du verschlossen bist in Schuld,
er löse dich von allem Bösen
und mache dich frei.
Der Herr erhebe sein Angesicht auf dich,
er sehe dein Leid
und höre deine Stimme,
er heile und tröste dich
und gebe dir Frieden,
das Wohl des Leibes
und das Wohl der Seele,
Liebe und Glück.
Amen.
So will es Gott,
der von Ewigkeit zu Ewigkeit bleibt.
So steht es fest nach seinem Willen
für dich.

Jörg Zink
Aus: *Ders.:* Wie wir beten können, Kreuz Verlag, Stuttgart 1991, S. 278f.

Der Segen wird in einer segenstypischen Sprache (zu)gesprochen. Fehlt sie, so ist der Text kein Segenstext (!).
Jörg Diebner analysiert vier im Gottesdienst verwendete Sprachmodi für den aaronitischen Segen (4 Mose 6,24-26):[14]
1. die Sprachform des Realis, der Verkündigung (»Der Herr segnet dich«) in objektiver Aussageform: Es wird im *Indikativ* von der Gegenwart gesprochen. Segen aber wird verheißen – Segen eröffnet die Zukunft.
2. die Sprachform des Modalis, des Segnens (»Der Herr segne dich« will dich segnen (*Verheißung*) in subjektiver Aussageform. Sie wird als Einzige der liturgischen Funktion von Segen im Gottesdienst gerecht: Der Segen wird gespendet (= Gott möge vor der Kirchentür das, was vom Liturgen bzw. der Liturgin ausgesprochen wurde, verwirklichen). Vom »Garanten« des Verheißenen ist in der dritten Person die Rede.
3. die Sprachform des Modalis, aber im Sinne eines *Wunsch*es (»Der Herr segne uns«). Das ist die Sprachform »des Seufzers«. Trotz der modalen Verbform fehlt die für einen Segen konstitutive Situation des Gegenübers von Segnendem (den Segen »im Auftrage« Verheißendem) zu dem/den zu Segnenden. Damit wird auch die »Schwellensituation« (Zurüstung der zu Segnenden für die Situation »danach«) verwischt – hier liegt eine »gebetsähnliche« Form vor, die »in solidarischer Ausrichtung mit der Gemeinde« gesprochen werden müsste (also zum Altar hin).
4. die Sprachform des *Imperativ*s, der Bitte (»Herr, segne uns …«) – diese Sprachform ist nicht die (zusprechende) des Segnens – und die Bitte kein Segen.

Diebner weist auch auf den theologischen Unterschied der Verwendung von »Gott segne *dich*« und »Gott segne *euch*« hin: »Bei der singularischen Form steht der Person des Amtsträger die ›Kollektiv-Person‹ der Gemeinde gegenüber, … die … Pluralform … löst die Gemeinde auf.«[15]
Wir hören das inklusiv: Der Segen enthält sowohl die Segnung der »Kollektiv-Person« Gemeinde als auch den Zuspruch für jede Einzelne und jeden Einzelnen. Und so ist »Gott segne dich« in doppeltem Sinne angemessen.

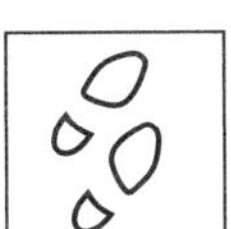

Den Segen gestalten

Ähnlich wie beim Abendmahl sind auch beim Segnen Menschen oft tief bewegt. Sie spüren körperlich, wie die Kraft Gottes »aus den Händen heraus« ihren Weg zu den Menschen findet. Wir teilen diese Erfahrung. Deshalb gehen wir sehr sorgsam mit dem Segen um.

14. *J. Diebner:* Der sog. »Aaronitische Segen«, a.a.O., S. 201-218, bes. 215f.
15. Ebd., S. 216.

Das muss gerade nicht heißen, dass nur »Amtsinhaber« den Segen sprechen dürfen – schließlich gibt es in unserer Kirche die Priesterschaft aller Gläubigen. Die Lektorenagende sieht für den (durch Lektoren gesprochenen) Segen »Gott segne *uns*« vor, also eine Form, die eigentlich gar kein Segen(szuspruch) ist. Einmal ganz davon abgesehen, dass viele Gemeindeglieder das Gefühl haben, dass es ihnen nicht »zusteht«, die Gemeinde zu segnen (Amtsverständnis), ist zu fragen, ob nicht jede und jeder segnen kann – so wie jede und jeder den Segen »nötig« hat:

> Wir feiern Konfirmation. Die Jugendlichen aus der Geistigbehindertenschule sind auch dabei. Als Letzte wird Birgit eingesegnet. Als ich gerade zurücktreten will, um die Konfirmationsurkunden zu verteilen, zieht sie sich an mir hoch, legt mir behutsam ihre Hände auf den Kopf und stammelt leise: »Du auch!« Spontan sage ich: »Danke, Birgit, jetzt bin ich auch konfirmiert.« Die Gemeinde und ich sind bewegt. Birgit ist glücklich. Nach dem Gottesdienst beginne ich zu verstehen: Birgit hat mich aus der »amtlichen« Funktion herausgelöst und ihren Segen weitergegeben.[16]

- Jörg Diebner sagt: »Der Segen ›funktioniert‹ nur in Verbindung mit einem Amtsverständnis, das Amt und Auftrag des Segnens im Blick auf ein personales Gegenüber kennt.«[17] Will ich mit dem Wort des Segens Ernst machen, ist eine Mindestvoraussetzung, es zusprechen zu *können*, d.h., dass ich das *auswendig* mache, frei von allen Texten. Es kommt auf den *Zuspruch* an und auf das Bewusstsein: Ich stehe meinem Gott jetzt als Werkzeug ganz »zur Verfügung«.
  Die Frage, ob ich den Segen singe oder spreche, hängt ebenfalls mit dieser Fragestellung zusammen: Wie kann ich meinem Gegenüber den Segen am überzeugendsten zusprechen …
- Deshalb sollten freie Segensformulierungen sehr sorgfältig überlegt und in die Situation frei zugesprochen werden. Ansonsten empfehlen wir, bei den bekannten (biblischen) Formulierungen (oder entsprechenden Variationen – z.B. »*Gott* segne dich und behüte dich …«) zu bleiben. Die Regel könnte heißen: Auf ein entfaltetes Sendungswort folgt die sprachlich »dichte« und »alte« Form des Segenswortes.
- Die *Geste* ist wichtig – und ich habe sie so zu gestalten, dass der persönliche

16. Nach: *G. Ruddat:* (Wie) können sich Behinderte und Nicht-Behinderte verstehen? – in: *D. Zilleßen u.a. (Hg.):* Prakt.-theol. Hermeneutik, Rheinbach 1991, S. 437.
17. *J. Diebner:* Der sog. »Aaronitische Segen«, a.a.O., S. 216.

Zuspruch möglichst ganzheitlich geschieht. Geste und Inhalt müssen übereinstimmen.

- Das betrifft auch die Körperhaltung beim Segen am Schluss des Gottesdienstes, die per Video oder »vor dem Spiegel« darauf hin überprüft werden sollte, ob in ihr wirklich der zusprechende Charakter des Segens sichtbar wird.
- Eine Handauflegung muss wirklich geschehen, nicht nur symbolisch (10 Zentimeter über den Köpfen des Brautpaares)
- Segens-Gesten geschehen ohne ein Buch (in der anderen Hand)!

- Wenn der oder die Segnende sich bewusst in die zu Segnenden einreihen möchte (z.B. bei einer Abendmahlsfeier in der Gruppe), ist auch »Gott segne *uns*« angemessen – aber es sollte klar sein, dass hier gemeinsam um Segen gebeten wird.
- Einander Segnen bzw. den Segen weitergeben kann eine dichte und lang »nachklingende« Form sein – wie das in der »Öl-Meditation« (→ 108ff.) – oder in dem folgenden Beispiel »handgreiflich« wird:

> »Wir versammeln uns zum Schluss mit allen Kindern und Mitarbeitern (und Eltern) um den Altar und schließen den Kreis mit einem Segenslied. Ein Mitarbeiter spricht den Segen. Kommentar: Gott hat uns lieb wie jemand, der seine Hand über uns hält, der sich über uns freut und uns streichelt wie Vater oder Mutter. Wir können das einander zeigen. – Der ›Erklärer‹ segnet das neben ihm stehende Kind und fordert es auf, den Segen an seine/n Nachbarn weiterzugeben … solange bis am Ende der ›Erklärer‹ gesegnet wird.«[18]

18. Dieser Vorschlag stammt aus der Durchführung eines »erklärten Kindergottesdienstes« von *G. Ruddat:* Wie (ein) Kindergottesdienst entsteht – Elemente einer liturgischen Didaktik, in: Der Evangelische Erzieher 41/1989, S. 532-545, hier S. 543.

Zwei exemplarische Bausteine: Morgen- und Abendsegen

1. Morgensegen vom Kirchentag 2001[19]

Sendung
Und nun geht in diesen Morgen,
in diesen neuen Tag,
und erinnert euch:
Ihr seid Gottes Originale,
jede und jeder von euch,
einmalig in dieser Einen Welt.
Entdeckt, dass ihr ein Segen seid.

Segen
Gott, weite unser Herz
und mache uns den Kopf frei.
Gott fülle uns die Hände
und schenke uns Boden unter den Füßen.
Gott segne uns als ganze Menschen
und bewahre uns diese Eine Welt.

2. Abendsegen aus dem Christuspavillon auf der Weltausstellung EXPO 2000[20]

Segen für die Welt
Geht hin in die Welt, in Abend und Morgen.
Gott, Schöpfer des Lichtes, segne euch und alle Menschen
und alles, was den Hauch des Lebens in sich trägt.
Gott segne euch im Lauf der aufgehenden Sonne
rund um die Erde;
sei du der Morgenstern, der über Australien wacht;
die Morgensonne, die über Asien aufgeht;
die Sonne der Gerechtigkeit, die für Afrika neuen Segen bringt;
die Morgenröte, die über Europa erstrahlt;
das Sonnenlicht, das sich über die Weiten Süd- und Nordamerikas verschenkt.
Gott segne euch und behüte euch. Gott sorge für euch.
Gott bewahre euch und erfülle euer Leben mit Liebe. Amen.

19. Aus: *G. Ruddat:* Morgengebet, in: Fußnoten 2001. Liederheft 29. Dt. Ev. Kirchentag. Frankfurt/M. 2001, Nr. 88.
20. Aus: *F. Baltruweit/D. Haite/J. Hellwig:* Kirche, die sich öffnet, a.a.O., S. 42.

Amen/Musik zum Ausgang

Wir antworten auf den Segen (wie auf vieles andere im Gottesdienst) mit *Amen* (= Es steht fest! oder: Es soll geschehen!). Das Amen verbindet wie vieles andere die christliche Gemeinde mit dem jüdischen Gottesdienst: »Dass ich soll gewiss sein, solche Bitten sind dem Vater im Himmel angenehm und werden erhöret. Denn er selbst hat uns geboten, so zu beten, und verheißen, dass er uns erhören will. Amen, Amen, das heißt: Ja, ja, es soll also geschehen«, schreibt Martin Luther im Kleinen Katechismus am Schluss des »Vaterunser« (Drittes Hauptstück).[21]
Nach dem Segen und dem Amen der Gemeinde kann eigentlich nicht mehr viel geschehen im Gottesdienst – es sei denn, der Gottesdienst »geht weiter« (→ S. 234ff.). Dann kann ein das Geschehen zusammenfassendes Lied (z.B. »Den Segen Gottes sehn« → S. 221f.) zur »Feier danach« überleiten.
Aber ein um den Segen bittendes Lied – z.B. »Bewahre uns, Gott« (EG 171) oder »Komm, Herr, segne uns« (EG 170) – sollte sinnvollerweise vor dem (zusprechenden) Segen gesungen werden.
Das Orgelnachspiel bzw. die *Musik zum Ausgang* begleitet die, die das Gotteshaus verlassen, und beendet so den Gottesdienst. Wohltuend wird nicht nur von den Musizierenden auch die meditative Möglichkeit erlebt, den Gottesdienst musikalisch – ohne die Unruhe des »Auszugs« – nachklingen zu lassen. Dann bleibt die Gemeinde sitzen, und der Gottesdienst geht musikalisch gestimmt so zu Ende, wie er begonnen hat.
Mancherorts erklingen dann anschließend noch einmal die Glocken. Das »Auf-Wiedersehn-Sagen« des Pastors bzw. der Pastorin o.Ä. an der Kirchentür ist eine gute und persönliche Geste des Abschieds und gibt gleichzeitig Gelegenheit zu einem kurzen Feed-back.

21. Der Kleine Katechismus Dr. Martin Luthers. Revidierte Fassung. 25. Aufl., Gütersloh 1991, S. 13.

Der »kleine« Gottesdienst

Da komme ich als Pastor oder als Pastorin am Sonntag in die Kirche und sehe: Außer der Küsterin, dem Organisten und mir sind drei ältere Damen und ein Herr anwesend. Was tun?
Im Evangelischen Gottesdienstbuch werden Vorschläge für den »Gottesdienst mit kleiner Teilnehmerzahl« gemacht (S. 156ff.). Sie setzen allerdings eine lebendige Gemeindesituation voraus, wie sie in der Apostelgeschichte (Kap. 2) und heute vor allem bei Gemeindefreizeiten oder in Hauskreisen zu finden ist:

»Die Apostelgeschichte berichtet vom Gottesdienst der Christen in der Frühzeit der Kirche, dass man ›hier und dort in den Häusern‹ zusammenkam und dass die Häuser und Familien Ausgangspunkte der Gemeindebildung waren. Die kleine Gottesdienstgemeinde versammelt sich entweder in der Kirche oder in einem Gemeinderaum oder auch Wohnraum, wo sie gegebenenfalls um den Altar oder einen Tisch herum Platz nimmt. Auch ohne Altar braucht es an festlichem Schmuck nicht zu fehlen. Die Orgel kann durch Hausinstrumente ersetzt werden, der Einsatz elektronischer Tonträger kann das Singen unterstützen und Festlichkeit vermitteln … Oft empfiehlt es sich …, eine elastische offene Form zu wählen, die auch spontanen Beiträgen Raum gibt.« (Evangelisches Gottesdienstbuch, S. 156).

Dann werden im Gottesdienstbuch Vorschläge für eine solche »Hausliturgie« mit und ohne Abendmahl gemacht, auch eine einfache Form, »bei der man nicht auf die Anwesenheit eines Pfarrers/einer Pfarrerin angewiesen ist.« (ebd., S. 157) Sie ähneln dem von uns vorgeschlagenen Modell für Gruppen (→ S. 127f.), z.B.: Votum (auch gemeinsam gesprochen) – Lied – Psalm – Biblische Lesung und Auslegung bzw. Gespräch – (Stille) – Lied (das Dankopfer wird hier oder am Schluss eingesammelt) – Dank und Bitten (evtl. mit Beteiligung aus der Gemeinde) oder gemeinsames Sprechen eines abgedruckten Gebetes – Vaterunser – Segen (vgl. Evangelisches Gottesdienstbuch, S. 175f.).
Bei der zu Beginn geschilderten Situation wird allerdings mit »aktiver Mitwirkung« von Seiten der Gemeinde kaum zu rechnen sein. Dafür muss ein längerer gemeinsamer Lernprozess zurückgelegt werden, an dem zu arbeiten sich lohnt – nach dem Motto: »Nicht reduzieren, sondern gestalten«. (Herbert Lindner macht in seinem Heft Lebendiger Gottesdienst, Rummelsberg

1985, S. 6ff., in diesem Sinne gute und ausführliche Vorschläge, einige von ihnen haben wir in diese Empfehlung aufgenommen.)

Die Raumgestaltung ist für die »kleine« Form des Gottesdienstes besonders wichtig. »Mit Fantasie und Geschick kann fast jeder Gottesdienstraum mit einfachen Mitteln zu einem Raum des festlich-heimatgebenden Gottesdienstes ausgestaltet werden«, der zugleich signalisiert, »dass hier der Alltag überschritten wird.« (Lindner, S. 9)

- Wo treffen wir uns? In der Kirche, vielleicht um den Altar herum oder in der Taufkapelle – oder im Gemeindehaus?
- Wie ordne ich die Stühle an? In einem Halbkreis um den Altar oder als Kreis um einen Tisch oder ein Symbol?
- Wie gestalte ich den Raum mit Kerzen, Licht, Bildern …?

Die leitende Person ist durch ihre Nähe zu denen, die mit ihr den Gottesdienst feiern, ganz anders dem Blick der Gekommenen »ausgeliefert« als im »großen« Gottesdienst. Sie wird alles dafür tun, der »kleinen« Form des Gottesdienstes gerecht zu werden und nach Kommunikationsformen suchen, die die feste Form der Liturgie aufbrechen, ohne die Teilnehmerinnen und Teilnehmer zu überfordern:

- eine Bildbetrachtung ist in einem Halbkreis gut möglich;
- die Orgel darf die Lieder nur ganz leise begleiten bzw. wird ersetzt durch Gitarre oder Klavier;
- Bibeln können verteilt werden zum Mitlesen des Predigttextes, der nach dem Lesen zunächst in der Stille bedacht werden kann;
- gemeinsam gesprochene Psalmen oder Gebete aus dem Gesangbuch (EG 701ff.) verbinden die kleine Gruppe;
- schön, wenn auch einmal ein Gespräch möglich wird.

Literatur:

W. Reich: Und wenn wir immer weniger werden? Kleine Teilnahmezahl im Gottesdienst, in: *K. Danzeglocke u.a. (Hg.):* Gottesdienst – Fremde Heimat, Düsseldorf 2001, S. 125-127.

Der Gottesdienst, der über sich hinauswächst

Im Kontext des Gottesdienstes

Auch wenn wir mit dem Segen und dem Sendungswort in unseren Alltag gesandt sind, um dort den Gottesdienst »über sich hinauswachsen zu lassen« und Gottesdienst zu tun (Röm 12,1), sollen in diesem letzten Abschnitt Möglichkeiten beschrieben werden, noch weiter zusammenzubleiben: Nach dem Gottesdienst müssen noch nicht alle auseinander laufen.
Gerade wenn es schön war, wenn der Gottesdienst intensiv erlebt wurde, fällt es schwer zu gehen. Aber auch dann, wenn ein Gottesdienst sehr »einlinig« war, wenn wenig Kommunikation, wenig »Gemeinsames« geschah, wollen wenigstens hinterher die »Sinne gestärkt« werden, die in der »Veranstaltung Gottesdienst« zu kurz gekommen sind – Kaffee trinken, vielleicht auch zusammen essen, auf jeden Fall: miteinander klönen …

Die Zeit nach dem Gottesdienst gestalten

Ein Blick in das Evangelische Gottesdienstbuch

Im Evangelischen Gottesdienstbuch werden in Anknüpfung an die Abendmahlsfeier Vorschläge für den Gottesdienst, »der über sich hinauswächst«, gemacht:

> Die aus dem Abendmahl erwachsene dankbare Freude kann die Gemeinde dazu bewegen, noch weiter beisammen zu bleiben, miteinander zu singen, sich einander zuzuwenden und eine gemeinsame Mahlzeit (Agape) zu halten, statt sogleich wieder auseinander zu gehen. Singrufe, Kanons und andere Gesänge unter Anleitung und Anregung durch den Kantor/die Kantorin und den Chor, wo möglich auch singendes Um-

schreiten des Kirchenraumes und andere, Freude ausdrückende Bewegungen können Zeichen des befreiten Neuanfangs sein.[22]

Was zum Teil im Evangelischen Gottesdienstbuch etwas »gestelzt« ausgedrückt wird, kann in der Umsetzung sehr lebendig werden:

o *Kirchenkaffee* nach dem Gottesdienst ist in verschiedensten Gemeinden normal – und einmal positiv eingeführt, ein Selbstgänger, der »kaum wieder abzuschaffen« ist. Das Treffen und Miteinander-Sprechen nach dem Gottesdienst, das Klönen bei einer Tasse Kaffee oder Tee – und für die Kinder gibt es Saft – ist ein wirkliches Bedürfnis. In lockerer Atmosphäre kann es in diesem oder jenem Gespräch auch ein Feed-back auf den Gottesdienst geben. Eine Vertiefung oder Strukturierung dieses »Nach«treffens kann durch das Ansetzen eines *Gottesdienstnachgespräches*[23] geschehen. Meistens ist aber gerade nach dem »strukturierten« Gottesdienst die offene Kommunikation gewünscht. So ein Kirchenkaffee kann dann auch Auftakt für ein *gemeinsames Mittagessen* oder für einen gemeinsamen *Ausflug* sein.

o *Miteinander (weiter-)Singen und Tanzen* ist ein fester Bestandteil der Ökumenischen Liturgie. Auch Aufräumen gehört dazu (zu einem »Aufräum-Rock«) und – weil es schon spät am Abend ist, eine *Gute-Nacht-Geschichte* als Schlusspunkt. Auch in der »normalen« Gemeindesituation kann so etwas gut und gewünscht sein, vor allem, weil nach einem Gottesdienst doch »freier« miteinander gesungen und umgegangen wird als während der liturgischen Feier. Die Lebendigkeit eines solchen Singens liegt in der Spontaneität, es sollte aber in seinen Möglichkeiten doch vorüberlegt sein – besonders der Abschluss.

o *Einen Tag miteinander als Gottesdienst verbringen* eröffnet nicht nur die Möglichkeit einer das Geschehen des Tages »verdichtenden« gottesdienstlichen Feier vielleicht am Schluss (sie ist natürlich auch als Auftakt denkbar), sondern auch *gemeinsam Gottesdienst leben* einen Tag lang, in dem alle Sinne ganz anders einbezogen sind als normalerweise in einer einstündigen Feier: die Ohren, die Hände, der Kopf, der Atem, die Füße, der Mund, die Nase, der Bauch … leben auf im Miteinander-Singen, Spaß haben, Tanzen, Malen, Schmecken, Zusammen-Essen, Beten, Hören auf Gottes Wort, Bekennen, Fühlen, Mit-Leiden, Feiern, Argumentieren, Klönen, Füreinander-Einstehen, Kämpfen, Teilen … So wird ein Gottesdienst möglich, der den ganzen Menschen umfasst, so wie es eigentlich gemeint ist: Mit beiden Beinen auf der Erde stehen und die Hände in die Höhe gestreckt, um offen zu sein für den Heiligen Geist und für unsere Schwestern und Brüder.

22. EGb, S. 207.
23. Vgl. *P. Wassill:* Gut, dass wir darüber reden – Gottesdienstnachgespräch, in: *K. Danzeglocke (Hg.):* Gottesdienst – Fremde Heimat, Düsseldorf 2001, S. 128f.

So erfahren wir etwas vom Reich Gottes.
Eine mögliche Struktur: Nach einem ersten Klön bei einer Tasse Kaffee mit der Morgenandacht beginnen, dann zusammen die Bibel lesen (→ S. 127), Mittag essen, spielen und singen, nachmittags ein Thema bearbeiten – und abends (nach oder mit integriertem Abendessen) eine *Lebendige Liturgie* feiern.
o Der Gottesdienst kann *Auftakt eines Gemeindefestes* sein. In dem Fall ist es gut, den gegenseitigen Bezug von Gemeindefest und Gottesdienst zu bedenken.
Wenn wir wollen, dass ein Gemeindefest (in aller Offenheit) einen biblischen Bezug hat, dann hat das Konsequenzen für den Gottesdienst und für das Fest, z.B. indem wir eine biblische Geschichte suchen, die uns etwas von dem Fest des Lebens erahnen lässt, das wir auch in der Feier des Gemeindefestes ein Stück weit zu erleben suchen (z.B. Zachäus[24]).

Aus der liturgischen Werkstatt

Wie könnte die Struktur eines Gemeindefest-Tages theologisch bzw. liturgisch durchdrungen werden?
Ist so etwas wie eine Liturgie für einen ganzen Tag möglich?
Denken wir darüber nach, wo an diesem Gemeindefest-Tag Struktur-Elemente des Gottesdienstes vorkommen können.[25]

24. Siehe dazu *F. Baltruweit:* »Zachäus« – Festgottesdienst mit einem musikalischen Mitmach-Theaterstück und Abendmahl – in: *E. Domay (Hg.):* Arbeitsbuch Gemeindefeste, Gütersloh 1992, S. 136-150.
25. Nach einem Arbeitspapier aus der Arbeitsstelle Gottesdienst der Evangelischen Kirche von Westfalen. Zur Frage der liturgischen Strukturierung eines Gemeindefestes vgl. *G. Ruddat:* Fest und Gottesdienst, in: Der Evangelische Erzieher 35/1983, S. 109-134 oder *G. Ruddat:* Inventur der Gemeindepädagogik oder Gemeindefest als gemeindepädagogisches Paradigma, in: Der Evangelische Erzieher 44/1992, S. 445-465.

Elemente des Gottesdienstes	Elemente des Gemeindefest-Tages
Eröffnung und Anrufung	....
sich einstimmen	....
sich vorbereiten	....
zueinander finden	....
sich Gott zuwenden	....
Gott anrufen	....
Verkündigung und Bekenntnis	
Gottes Wort hören	....
miteinander austauschen	....
den Glauben bekennen	....
sich informieren	....
sich verabreden	....
Gott Dank opfern	....
Fürbitte tun	....
Abendmahl	
sich vorbereiten	....
den zu uns kommenden Gott preisen	....
der Nähe Gottes als Gäste	
des Gekreuzigten und Auferstandenen	
gewahr werden	....
zu Gast sein »am Tisch des Herrn«	....
das Leben empfangen	....
Dank sagen	....
Sendung und Segen	
sich verabschieden	....
entlassen werden	
in den »Gottesdienst des Alltags«	....
Zuspruch des Geleits Gottes	....

IV.
Gemeinde gestaltet Gottesdienst

Den Gottesdienst in der Gemeindearbeit vernetzen

Die Bedeutung des Gottesdienstes für die Gemeinde[1]

Den Gottesdienst in der Gemeindearbeit vernetzen bedeutet zunächst, sich die Bedeutung des Gottesdienstes für die Gemeinde klar zu machen:

- Gottesdienst feiern bedeutet, Gott Raum zu geben, Raum für Gottesbegegnung zu schaffen.
- Ohne Gottesdienst gibt es keine Gemeinde. Er baut Gemeinde auf und ist ihre Mitte.
- Ein Gottesdienst, der die Botschaft ernst nimmt, hat einladenden Charakter. Er nimmt die Menschen ernst, so wie sie sind.
- Im Gottesdienst wird etwas von dem WAS (der Botschaft) im WIE (der Gestalt des Gottesdienstes) vermittelt.

Wenn Gottesdienst die Mitte der Gemeindearbeit ist, treffen sich in ihm Einzelne und Gruppen, die in der Gemeinde zusammenarbeiten und -leben, um das Leben zu feiern, die Belastungen und den Dank vor Gott zu bringen und in der Begegnung mit Gott und miteinander Richtungsweisung und Stärkung für die kommende Zeit zu gewinnen. Sie wünschen sich, in ihrer unterschiedlichen Art im Gottesdienst ein Zuhause zu finden, auch wenn und gerade weil es um eine Erfahrung geht, die über ihren Alltag hinausweist.
Ein Gottesdienst in Jesu Namen hat *einladenden* Charakter, so wie Jesus die Menschen zum Essen eingeladen hat – *und alle wurden satt.* Genau das will im Gottes-

1. Siehe dazu auch Kap. 1 in GGG 2.

dienst erfahren sein. So eine *Erfahrung* trifft die Menschen, wo sie sind, und nimmt sie in ihrer Lebenssituation an und ernst.

- In ihr gewinnt das Wort Gestalt und bekommt einen Körper mitten in den Lebenszusammenhängen der Menschen, wird *Lebensmittel*, weil in ihr etwas von der Befreiung Wirklichkeit wird, die im Evangelium steckt, und vom Geist Gottes mit seiner heilenden Kraft. In ihr hat Gott Raum.
- In ihr rechnen wir damit, dass sich etwas ereignet, dass wir heiler den Gottesdienst verlassen, als wir gekommen sind – in der Erinnerung an das und in der Vergegenwärtigung dessen, was Jesus zeichenhaft wirkte, in der *Kommunikation des Evangeliums.*[2]

Das Heilende ist etwas Heiliges im Gottesdienst (→ S. 101), etwas Unverzichtbares in einer zerstörten und zerstörungswütigen Welt. Ob Gefühl der Geborgenheit in der Predigt → S. 101 bzw. S. 260f.) oder spürbare Gemeinschaft beim Abendmahl → S. 260f.) – in beidem wird etwas von Gottes segensreichem Dienst an uns erfahren. So schwer die unterschiedlichen Erwartungen an den Gottesdienst miteinander zu vermitteln und Gottesdienste mit unterschiedlichen Akzenten notwendig sind. Die Sehnsucht nach so einer heilenden und vom Segen getragenen Gottesdiensterfahrung verbindet alle. Und verheißungsvoll wird es im Gottesdienst immer dann, wenn etwas von dem Was (der Botschaft) im Wie (der Gestalt) vorkommt.

K.F. Daiber erinnert in einem Vortrag vor der Hannoverschen Landessynode daran, dass die Gemeinde an keiner anderen Stelle so an ihren Ursprung gewiesen ist wie im Gottesdienst, dass sie Gemeinde der Hoffnung und »Vorschattung des Reiches Gottes« ist, dass nirgendwo sonst die Gemeinschaft aller Christen so präsent ist – auch über die Konfessionsgrenzen hinweg. Diese »elementare Mitte« wird in den verschiedensten Formen des Gottesdienstes gegenwärtig und ist nicht abhängig von einer Feier, die von allen besucht wird.[3]
Ernst Lange spricht von der »*Feier der Begegnung*« zwischen den Menschen, die in ihrer Suche nach Religion der Christusbotschaft begegnen (»dem Menschen, der für Gott spricht in Wort und Tat, im Wirken und im Leiden«). In der Feier dieser Begegnung finden die Menschen ihre Identität, die sie als

2. Der von Ernst Lange eingeführte Terminus *Kommunikation des Evangeliums* (in: *E. Lange:* Kirche für die Welt (Hg. in der Edition Ernst Lange von R. Schloz), München 1981, S. 101-129, und: *ders.:* Chancen des Alltags (Hg. in der Edition Ernst Lange von P. Cornehl), München 1984, S. 109ff.) wird von R. Schloz weiter entfaltet (siehe *R. Schloz:* Gottesdienst und Verständigung, in: *M. Seitz/L. Mohaupt (Hg.):* Gottesdienst und öffentliche Meinung, Stuttgart 1977, S. 169-197) und u.a. auch im Blick auf den Gemeindeaufbau bzw. die kommunikative Gemeindepraxis (siehe *C. Bäumler:* Kommunikative Gemeindepraxis, München 1984) und die Gemeindetheorie (siehe *H. Lindner:* Kirche am Ort – ein Entwicklungsprogramm für Ortsgemeinden, Stuttgart Neuausgabe 1999) rezipiert und weiterentwickelt, auch in ökumenischer Perspektive (siehe *C. Bäumler/N. Mette (Hg.):* Gemeindepraxis in Grundbegriffen, München/Gütersloh 1987).
3. In: Niederschrift der VI. Tagung der Landessynode der Ev.-Luth. Landeskirche Hannovers vom 6-9. Mai 1992, S. 55-68, hier S. 68.

Geschöpfe außerhalb ihrer selbst begründet sehen, die aber ihr Eigenstes betrifft: ihre Sehnsucht nach Ganzsein, Hoffnung, Liebe. So suchen sie im Gottesdienst Distanz zu der Gesellschaft, die sie von sich selbst entfremdet, und die sinnliche Erfahrung der Befreiung von ihr. In der Feier des Daseins und der Verheißung erschließen sie »im Spiel« ihre Gegenwart und ihre Zukunft. Ernst Langes Konsequenz für die Feier unserer Gottesdienste: »Die Kirche soll ihrer Liturgie den Begegnungscharakter wiedergewinnen.«[4]

Wenn wir etwas von dem Begegnungscharakter des Gottesdienstes Gestalt werden lassen, dann wird das Konsequenzen haben:
Kontinuierliche lebendige Gottesdienst»arbeit«, die in der Gemeinde verwurzelt ist, bringt auch die erwünschten Zahlen – und zwar nicht, weil es um Zahlen geht, sondern weil der Gottesdienst den Menschen wichtig ist/ wird, ja etwas »ureigen Menschliches« ist. Und das ist etwas, was mit der Wurzel seiner Bedeutung zu tun hat, mit der Kommunikation des Evangeliums, die die Situation der Menschen trifft.

Die Verwurzelung des Gottesdienstes im Lebens- und Jahreszyklus

Den Gottesdienst in der Gemeindearbeit vernetzen bedeutet, die Lebens- und Sozialbezüge der Menschen und ihre jahreszyklische Verwurzelung ernst zu nehmen.
»Offenbar haben eine Mehrzahl von Kirchenmitgliedern und Menschen der Gegenwart einen leichteren Zugang zu lebenszyklischen Gottesdiensten als zum Sonntagsgottesdienst, vermutlich insbesondere deshalb, weil sie mit ihren eigenen Lebensvollzügen unmittelbar in diesem Gottesdienst vorkommen.«[5]

- Wir haben uns die Frage zu stellen: Wie können Gottesdienste das Leben der Menschen begleiten? Wo deuten sie im Licht des Evangeliums ihre Situation und geben ihnen Aussicht (Perspektive)?
  Wir haben wahrzunehmen, wann viele gern zum Gottesdienst kommen – und das ernst zu nehmen: Weihnachten, Erntedank, Totensonntag, der Gottesdienst im Schützenzelt, der Gottesdienst, in dem Eltern ihre Kinder, ihre Konfirmandinnen und Konfirmanden begleiten etc.
- Wir haben wahrzunehmen, dass die Menschen, die jeden Sonntag kommen, weniger werden, und dass die, die vielleicht einmal im Monat kommen, deutlich mehr werden.

4. *E. Lange:* Was nützt uns der Gottesdienst?, in: Deutscher Ev. Kirchentag 1973, Dokumentarband, Stuttgart 1973, S. 403-412; hier S. 409. G. Ruddat hat in dieser Linie bereits den Kindergottesdienst als »Feier der elementaren Begegnung« – zwischen Mensch und Gottes »Wort« beschrieben (vgl. *G. Ruddat:* Kindergottesdienst elementar, a.a.O., S. 125ff.). Hier ist anzuknüpfen.
5. *K.F. Daiber,* a.a.O., S. 58.

Herbert Lindner stellt eine »Modellrechnung« des Gottesdienstbesuches auf. Er zeigt, wie sich die Gewichte von denen, die jeden Sonntag kommen, zu denen, die ab und zu kommen, verschoben haben. »In den allermeisten Gemeinden verlieren dann die ganz regelmäßigen Besucher ihre dominante Stellung und werden zu einer Gruppe unter den anderen Gruppen der etwa vierzehntägigen und der etwa einmal im Monat Kommenden.«[6]

Es gibt also immer weniger Menschen, die jeden Sonntag kommen, dafür immer mehr, die ab und zu kommen. Wie können wir diese Wahrnehmung in unsere Gottesdienste sinnvoll einbeziehen?

○ Wir haben auch wahrzunehmen, dass ganz unterschiedliche Gottesdienstformen von unterschiedlichen Menschen besucht werden:

Es gibt nicht allein den »traditionellen« Gottesdienst, sondern auch

- Gottesdienste mit Taufen,
- Familiengottesdienste, oft herausgewachsen aus dem Kindergottesdienst, oder aus der Arbeit mit Kindern (die z.B. ein Anspiel aufführen), auch Krabbelgottesdienste,
- Gottesdienste mit Konfirmandinnen und Konfirmanden und ihren Eltern, – musikalische Gottesdienste mit dem Kirchenchor, dem Posaunenchor, den Chören aus dem Ort,
- Gottesdienste im Freien (die die Schwelle erheblich vermindern, mal »reinzuschauen« oder wenigstens von Ferne zuzuschauen),
- Jugendgottesdienste,
- besondere Gottesdienste (Christ- oder Ostermette, die besonders die Jahrgänge »ansprechen«, die sonst kaum kommen, die 20- bis 50-Jährigen ...),
- ...

Zu den Gottesdiensten in unterschiedlicher Gestalt tritt die *Frage nach der Gottesdienstzeit.* Wir können den Tagesrhythmus und das Freizeitverhalten der Menschen für unsere Gottesdienste nutzen. Jede Tageszeit hat auch für die Gottesdienstkonzeption und -dramaturgie besondere Chancen.

○ Wenn wir die unterschiedlichen Gottesdienste zu den unterschiedlichen Zeiten – so wie die verschiedenen Blumen in einer Vase, die in ihrer Einzigartigkeit Freude machen, ein schönes (Gesamt-)Bild ergeben und aus einer Mitte ihren Saft ziehen – mit Freude feiern, sehen wir:

Menschen unterschiedlichster Zielgruppen (Konfirmandeneltern, Kasualfamilien etc.) freuen sich, (ab und zu) einen Gottesdienst besuchen zu können, der sie

6. *H. Lindner:* Erneuerte Agende – Erneuerter Gottesdienst?, Rummelsberg 1991, S.14. Vgl. *J.P. Rinderspacher:* »Ohne Sonntag gibt es nur noch Werktage«. Die soziale und kulturelle Bedeutung des Wochenendes, Bonn 2000.

dort abholt, wo sie sind, zu dem sie sich eingeladen fühlen, in dem sie sich liebevoll behandelt fühlen und ernst genommen wissen und der sie in die Begegnung mit der Gottesbotschaft führt. Die Sehnsucht nach einer offenen menschenfreundlichen Gottesdienstgestaltung in verstehbarer Sprache ist groß.
○ Gehen wir einmal den Jahresplan durch: Wenn man über das Jahr verteilt zielgruppenorientierte Gottesdienste (im oben genannten Sinne) plant, erreicht man noch einmal ganz andere Menschen als die, die normalerweise kommen.
Möglichst viele bei der Gottesdienstgesamtgestaltung eines Jahres im Blick zu haben, bedeutet nicht nur, die Gottesdienstbesucher/innen/zahlen zu erhöhen, sondern vor allem ernst zu nehmen, dass das Evangelium alle erreichen will und unterschiedlichste Zielgruppen sich gern »etwas sagen lassen«.

Zwischenbilanz: Die Gottesdienstlandschaft verändert sich

Die Gottesdienstlandschaft verändert sich...
durch *andere Gottesdienstzeiten*, die veränderte Zeitrhythmen spiegeln,
durch neue Wahrnehmung der Gottesdiensträume
oder *andere Gottesdienstorte*, die die Menschen aufsuchen,
durch *andere Gottesdienstformen*
für *(andere) Menschen und (neue) Gruppen*,
die bisher nicht (oder nicht mehr) angesprochen wurden.

1. Neue Gottesdienste am Sonntag(morgen) (oder: Die Diversifizierung des 1. Programms)

Neuere kirchensoziologische Untersuchungen belegen, dass sich das Teilnahmeverhalten (= Gottesdienstbesuch) langfristig vom Wochenzyklus (ich gehe Sonntag für Sonntag zum Gottesdienst) auf einen *Monatszyklus* verlagert (hat).
Neuere Erhebungen und Umfragen zum Gottesdienst reflektieren diese Beobachtung in der monatlichen Akzentuierung eines Gottesdienstprofils (statt liebloser Gottesdienstlisten) vor Ort, das dann auch entsprechend gekennzeichnet (Bibeltext, Thema) und veröffentlicht wird, z.B.

- Sonntag: Gottesdienst für Groß und Klein (früher: Familiengottesdienst mit Taufen)
- Sonntag: Kirchenmusikalisch geprägter Gottesdienst (z.B. Kantatengottesdienst/Liedpredigt)
- Sonntag: Thematischer Gottesdienst (gestaltet von einer Gruppe der Gemeinde)
- Sonntag: Klassischer Gottesdienst mit Predigt und Abendmahl

Jahres- und lebenszyklische Gottesdienste im Gemeindejahr (die jeweils gemeindespezifische Konkretion des Kirchenjahrs für die »Gemeinde vor Ort« in Anknüpfung an lokale/regionale oder nationale/globale Fest- und Feiertage, an kirchliche Jubiläen (25/40/50) und Gedenktage, z.B. auch in Verbindung mit alten und neuen Kasualien, Einschulung) lassen sich hier ohne weiteres zuordnen und im Sinne einer integralen Festzeit- und Kasualpraxis mit der Gemeindearbeit vernetzen.

Dabei deutet sich am Sonntag(vor)mittag zugleich eine weitere Entwicklung an, die sich einmal in einer *zeitlichen Verlagerung* etwa von 9 oder 10 Uhr auf *11 oder 12 Uhr* Gottesdienstbeginn ausdrückt und dann als »Gottesdienst für Ausgeschlafene oder Hellwache« (besser als diskriminierend für Spätaufsteher) oder auch als literarisch und kirchenmusikalisch anspruchsvolle »Mittagskirche« (Melanchthon-Kirche, Bochum) firmiert. Dabei werden bei solchen Formen erst recht (wie auch sonst zunehmend sich verbreitend) informelles Kirchencafé oder gemeinsames Mittagessen o.Ä. einbezogen.
Dabei haben manche Gemeinden, die in dieser späten Vormittagszeit traditionellerweise ihren Kindergottesdienst gestalten, mit der doppelten Schwierigkeit umgehen gelernt, wie sie einerseits den *Jugendlichen im Konfirmandenalter* gerecht werden könnten (ggf. monatliche Gottesdienste für Teenies), und andrerseits die zunehmende Zahl von anwesenden *Eltern oder Großeltern* der immer jünger werdenden Kindergottesdienstkinder einbeziehen könnten.

Eine *viel versprechende Lösung* könnte in der Richtung zu suchen sein:
Das klassische Beteiligungsmodell des Kindergottesdienstes (gemeinsame Liturgie und getrennte Gruppenarbeit, gemeinsam vorbereitet und gestaltet durch ein Team von haupt- und ehrenamtlichen Gemeindegliedern) – gerade auch in seiner narrativen und kreativen Binnendifferenzierung der Gruppenphase – auf einen Sonntagsgottesdienst zu übertragen, der für unterschiedliche Zugänge (Bibelgespräch, Predigt mit anschl. Diskussion, Musik und spielerische Gestaltung usw.) offen ist und sie parallel um Text/Thema/Symbol/Gestalt anbietet.

2. Neue Gottesdienste am Sonntag(abend)
(oder: Die Ausgestaltung eines 2. Programms)
Es kann kein Zufall sein, dass nahezu alle den monatlichen Rhythmus aufnehmenden neuen Gottesdienstformen statt des Sonntagsvormittags den späten *Sonntagnachmittag (17 Uhr) bzw. Sonntagabend (18 Uhr)* als geeignete Gottesdienstzeiten entdecken. Offensichtlich ist diese »Schwellenzeit« (Fechtner) zwischen auslaufendem Wochenende und bevorstehender Arbeitswoche, zwischen Sonntag und Alltag in besonderer Weise als Ruhepunkt und Atempause zu markieren. Andere Markierungen des Wochenendes, ob am Freitagabend (Themagottesdienste

oder Feierabendmahl) oder am Samstagabend (sog. Wochenschlussgottesdienste) haben sich letztlich nicht durchgesetzt.

3. Neue Gottesdienste während der Woche

Es ist nicht schwierig, etwa im Kontext eines Kirchenkreises unterschiedliche kleine und große Formen des Gottesdienstes im Alltag zu entdecken, in diesem Sinne »Sieben-Tage-Gottesdienst« signalisieren neben unterschiedlich rhythmisierten vertrauten Gruppengottesdiensten wie Kindergarten- (wöchentlich Fr. 12 Uhr) oder Schulgottesdienst, Frauen- oder Seniorengottesdienst auch an Stunden- oder Tagzeitengebeten orientierte neue Formen von der sog. »Frühschicht«[7] (Morgengebet vor der Schule) über Friedensgebet in der Mittagszeit oder 5-Minuten-Andacht in der Citykirche um 18 Uhr bis zur Taizé-Meditation nach Ladenschluss am langen Donnerstag.
Gerade bei diesen Formen ist neben der sie tragenden Gruppe die regionale Vernetzung und *Öffentlichkeitsarbeit* entscheidend, wenn solche Projekte nicht unter sich bleiben wollen und dann meist versanden, sondern auszustrahlen versuchen.

4. Neue Wahrnehmung des Kirchenraums bzw. neuer Gottesdienstorte

Kirchen, die sich über die bekannten Gottesdiensttermine hinaus öffnen, laden dazu ein, die Sprache des jeweiligen Raums zu entdecken oder aber auch erst in einem Wahrnehmungsprozess zu erkunden und zur Sprache zu bringen, wenn nicht nur in Ostdeutschland auch eine Alphabetisierung des Glaubens in der Sprache der vorfindlichen Symbole angesagt ist.

Dabei werden zugleich auch *neue Orte für Gottesdienst* entdeckt:
Klassisch (schon in den 60er-Jahren) das *Kino* in neuen kulturellen Legierungen (etwa in Kombination mit der Aufführung des jüngsten Bonhoeffer-Films z.B. in Essen) oder Openair, nicht nur Kirche im Grünen (seit 1974), die Disco oder das Bistro, das Theater oder das Museum, das Stadion (Kirchentag/Auf Schalke) oder das Einkaufszentrum (Centro) u.a.m.

5. Gemeinde gestaltet Gottesdienst

Bei aller Veränderung der Gottesdienstlandschaft wird es zukünftig darauf ankommen, dass sich sowohl die vertrauten Gottesdienste wie die sog. neuen Gottesdienste mit der Gemeindearbeit auf ihre Weise vernetzen und so die weitergreifende Möglichkeit zur Beteiligung mit allen Sinnen eröffnen, zwischen Einkehr (Stille, Meditation) und Ekstase (Expression, Event), zwischen Aus-Zeit und

7. *Josef Griesbeck:* Durchatmen. Meditationen – Frühschichten – Wortgottesdienste, Freiburg/Br. 1993.

Auszug. Da können 1. und 2. Programm ins Gespräch kommen und im Dialog bleiben.
Exemplarisch sei als Ertrag des Forums »Geistliches Leben und Gottesdienst« für den Schlussgottesdienst angeführt die *Zusammenfassung der gegenwärtigen Situation um den Gottesdienst* beim westfälischen *Tag der Presbyterinnen und Presbyter* 2001:

1. Wir sehen das eigentümliche Gewicht der Gottesdienste am Sonntagmorgen – zwischen Wiederholung und Veränderung, zwischen (Alibi für die) Armut unseres geistlichen Lebens und Anstoß für unseren Alltag – wie schwer es zu sein scheint, Neues zu wagen und Altes neu mit Leben zu füllen.
2. Wir entdecken die Vielfalt der in unserer Kirche möglichen Formen, Orte und Zeiten: Freiräume für »Gottesdienst« sind an allen Tagen und »mit allen Sinnen« mit *unterschiedlichen* »Gruppen«, aber gerade auch im *Miteinander* der Generationen zu gestalten.
3. Wir nehmen uns vor, in unserer Gemeinde vor Ort für eine einladende und fantasievolle Vielfalt der Gottesdienste einzutreten, mit möglichst vielen lebendig zu feiern und mit unserem Alltag in der Gemeinde und zu Hause zu verbinden.

Die Farben und Festzeiten des Kirchenjahres

Sieben Nachfragen zur Annäherung

1. Wie nehme ich das Natur-, Kalender- und Kirchenjahr wahr? Wo spiegelt es sich im Zyklus meines Lebensjahres?
2. An welche Feste in meinem Leben bzw. in unserer Gemeinde erinnere ich mich besonders gern? An welchen Elementen machen sich meine Erinnerungen fest?
3. Welche Farben spielen in unserer Kirche eine Rolle? Was verbinde ich mit diesen Farben?

(Nach einem Blick auf das *Schaubild: Der Kirchenjahreskreis*:)

4. Welche Feste/Festzeiten liegen in unserer Gemeindearbeit »brach« (bzw. tauchen »nur noch« in den Festtagsgottesdiensten auf)?
5. Welche neuen Traditionen (Themen und Gedenktage) prägen unser Kirchenjahr vor Ort/in unserer Gemeinde?
6. Welche Feste/Festzeiten möchten wir (als Nächstes) wieder entdecken und gestalten?
7. Welche »Vernetzungen« einer Festzeit in unsere(r) Gemeindearbeit können/wollen wir als Nächstes angehen und entwickeln?

Merkposten zur Erinnerung

»Das Kirchenjahr ist

a) eine Abfolge von Festen und Gedächtnissen im Jahreslauf, die von den Grundaussagen unseres Glaubens her geprägt sind;
b) darüber hinaus geprägt von den Fest- und Feierbedürfnissen der Menschen, man könnte auch ganz allgemein von ›religiösen Bedürfnissen‹ sprechen, von jährlich wiederkehrenden Ereignissen im Jahres- und Naturlauf, wie in der Gesellschaft und Politik;
c) nichts Statisches und Unveränderbares. Ausgehend von einer festen Grundstruktur, bietet es vielfältige Möglichkeiten der Variation. Es verändert an den einzelnen Sonntagen seinen jeweiligen Schwerpunkt je nach gemeindlichen, gesellschaftlichen oder politischen Gegebenheiten. Selbst die feste Grundstruktur ist nicht so fest, dass nicht etwas Neues hinzukommen oder Altes wegfallen könnte.«

W. Reich: Das Kirchenjahr begehen, in: *W. Reich/J. Stalmann (Hg.):* Gemeinde hält Gottesdienst, Hannover 1991, S. 106–112, hier: S. 109.

Wie das Kirchenjahr »in offener Form« als Gemeindejahr gestaltet werden kann, hängt von der aus der Gemeindesituation heraus gefundenen Antwort ab, wie in Lebens- und Jahreszeit (im lokalen und globalen Kontext) in unterschiedlicher Ausprägung das Ursprungsdatum des Kirchenjahres Gestalt gewinnen kann: Ostern (an jedem Sonntag) als »Tag der Auferstehung«, der Befreiung zu neuer Gemeinschaft mit Gott und den Menschen.

Die liturgischen Farben

Die Zeiten und Inhalte des Kirchenjahres spiegeln die liturgischen Farben der Paramente (der Altar- und Kanzeltücher, z.T. auch der liturgischen Gewänder):

Weiß	Farbe der Reinheit und der Unschuld, des ungebrochenen Lichts und der vollkommenen Wahrheit– von daher Farbe der Christusfeste (Weihnachten, Ostern), der »frisch« Getauften und der göttlichen Gegenwart;
Violett	Mischfarbe aus Blau (Himmel) und Rot (Erde), darum hinweisend auf die »Menschwerdung Gottes« und die »Auferstehung« Jesu als Farbe der Vorbereitung, der Buße, der Umkehr (Advent = Ankunft; Passion = Leidensweg), als Farbe des aktiven Wartens auf eine neue Zeit (vgl. die Übernahme der Farbe durch die Friedens- und Frauenbewegung);
Rot	Farbe der Erde, des Feuers, der Liebe, des Blutes, des Lebens, der Macht – von daher Farbe des Heiligen Geistes und der Apostel und Märtyrer (Blut-Zeugen) und damit der Kirche (Pfingsten, Kirchweih/Gemeindefest, Konfirmation), Farbe der Bereitschaft zur Nachfolge.
Grün	Farbe der erwachenden Natur, des Frühlings, der Hoffnung – von daher Farbe für die Zeit des »Grünens« der Kirche – von Trinitatis (Dreieinigkeit) an.
Schwarz	Abwesenheit von Farbe, darum häufig auch nicht als liturgische Farbe angesehen und verwandt, »Trauerfarbe« (Karfreitag, auch Totensonntag) – mögliche Konsequenz: Verzicht auf Paramente am Karfreitag oder Umgestaltung durch ein »Hungertuch« oder violett.

Literatur zur raschen Kurzinformation

W.C.-W. Clasen/M. Meyer-Blanck/G. Ruddat (Hg.): Evangelischer Taschenkatechismus, Rheinbach 2001 (Kapitel: Kirchenjahr, S. 209-250).

K.-H. Bieritz: Der Gottesdienst im Kirchenjahr. Einführung in das Proprium de tempore, in: Evangelisches Gottesdienstbuch (Taschenausgabe), Berlin 2000, S. 681-720 = EGb Ergänzungsband I, S. 151ff. - Eine gut lesbare knappe Einführung in die Kirchenjahreszeiten und das Besondere der einzelnen Sonntage, in der Altarausgabe nicht enthalten!

G. Rödding: Das Kirchenjahr feiern und erleben, Gütersloh 2002.

K.-H. Bieritz: Das Kirchenjahr, Feste, Gedenk- und Feiertage in Geschichte und Gegenwart, 3. Aufl., München 1991.

Vgl. Symbole, liturgische Farben, in: Ergänzungsband zum EGb I, S. 29f.

I. Riedel: Farben in Religion, Gesellschaft, Kunst und Psychotherapie, 6. Aufl., Stuttgart 1987.

Der Kirchen-Jahreskreis

Liturgische Feste wollen zeigen: Gott ist mit uns Menschen –
Er geht mit uns durch das Jahr/die Zeit.
Der »traditionelle« Kirchenjahres-Kreis »wartet« darauf, durch die aktuellen Ereignisse des »Gemeinde-Jahres« gefüllt zu werden (→ S. 254 f.).

Ende des Kirchenjahres

Herbst

Ewigkeits- (bzw. Toten-)Sonntag (= grün, weiß oder schwarz)
Buß- und Bettag (= violett)
Vorletzter So. des Kirchenjahres (Volkstrauertag)
Drittletzter So. des Kirchenjahres

Reformationsfest (31. Okt. = rot)

Erntedankfest
(erster So. im Oktober oder letzter So. im September)

10. So. n. Trin.: Gedächtnis der Zerstörung Jerusalems

Trinitatiszeit

bis zu 24 Sonntage nach Trinitatis (= grün)
besondere Tage u.a.:

Trinitatis (Tag der Dreifaltigkeit:
Vater, Sohn, Hl. Geist = weiß)

Osterzeit

Pfingsten (= 50 Tage nach Ostern – Fest der »Ausgießung« des Hl. Geistes – »Geburtstag der Kirche« = rot)

6. Sonntag

Himmelfahrt (= 40 Tage nach Ostern – immer: Do.)

Sommer

(weiß)

5 Sonntage
(So. nach dem ersten Vollmond im Frühling)
Osterfest
Osternacht

Beginn
des Kirchenjahres

Adventszeit

1. - 4. Advent (Fastenzeit = violett)

Winter

Weihnachtszeit

Heiliger Abend / Heilige Nacht (24.12.)

Christfest / Weihnachten

Jahreswende (Altjahrsabend / Neujahr)
1 - 2 Sonntage nach dem Christfest

(weiß)

Epiphaniaszeit

Epiphanias (Fest der Erscheinung Gottes = weiß)
Epiphaniaszeit (bis zu 5 Sonntage = grün)
Letzter So. n. Epiphanias (Fest der Verklärung Christi = weiß)

Vorpassionszeit

3 Sonntage = grün

Passionszeit

Aschermittwoch (= violett)
6 Sonntage – (Fastenzeit = violett)
(die Sonntage weisen aber als »Auferstehungstage« schon auf Ostern hin – bes. der Sonntag »Lätare« = Klein-Ostern)

Karwoche

Mo./Di./Mi. (= violett)
Gründonnerstag (Einsetzung des Abendmahls = weiß)
Karfreitag (keine Farbe bzw. schwarz)
Karsamstag (Farbe wie Karfreitag)

Frühling

Die gemeinsame Vorbereitung und Durchführung des Gottesdienstes

Den Gottesdienst in der Gemeindearbeit vernetzen bedeutet, ihn *gemeinsam mit vielen vorzubereiten und zu feiern (Partizipation).*
Eine möglichst große Zahl von Gottesdiensten sollte in der Gemeinde »verortet« sein und aus ihr heraus gefeiert werden. D.h. am Beispiel der Jugendgottesdienste: Der Pastor bzw. die Pastorin oder die Diakonin bzw. der Diakon »macht« sie nicht für die Jugendlichen, sondern mit ihnen. Jugendgottesdienste sollten von Jugendlichen für Jugendliche gestaltet werden. Wichtig dabei ist, dass die Gottesdienstvorbereitung und -durchführung gut begleitet wird – im Sinne des *gemeinsamen* Lernens und nicht des Dominierens durch die Hauptamtlichen. Wir müssen lernen, Macht abzugeben. Wir müssen lernen, uns auch etwas sagen zu lassen. Wir müssen lernen, etwas wachsen zu lassen. Die Gottesdienstvorbereitung mit Gruppen hilft uns, an die Sprache, das Denken und Fühlen der Menschen in unserer Gemeinde heranzukommen. Diese Art der Vorbereitung und Durchführung ist übertragbar auf viele Gottesdienstformen.
Partizipation bedeutet: abgeben können, d.h. zum Beispiel, dass der bzw. die Hauptamtliche in der Durchführung nicht zu allem auch noch das eigene (besonders) wichtige Wort hinzufügt.
Partizipation braucht in der Durchführung auch die Beschränkung aller Beteiligten. Es geht z.B. nicht, dass fünf Personen, die ein Fürbittengebet gestalten, jeweils eine DIN-A5-Seite aus dem Gefühl heraus vorformulieren: Mein Text muss »alles abdecken«. Die Beteiligten müssen lernen, sich als ein Teil des Ganzen wahrzunehmen, in der jede und jeder etwas, aber niemand alles zu sagen hat.

Hinter verschiedenen Gottesdienstformen stehen verschiedene Gruppen (Frauenkreis, Chor, Alte, Kinder, Jugendliche, Schule, Eltern etc.). Mit ihnen ins Gespräch zu kommen und Gottesdienste oder Teile gemeinsam vorzubereiten bedeutet, unterschiedlichen, manchmal auch den eigenen Vorstellungen fremden Gottesdienst»kulturen« und Frömmigkeitsstrukturen Raum zu geben.
Ein Fürbittengebet (z.B.) muss nicht immer »stromlinienförmig« und in sich stimmig (»und nach meiner Nase«) aufgebaut sein, es können in ihm auch fünf ganz unterschiedliche Menschen einen Platz bekommen … (→ S. 157f.).

Vorbereitung mit Gruppen bedeutet, Menschen selbstbewusst und mündig zur Gottesdienstgestaltung zu machen. Sie ist ein Beitrag zum »Priestertum aller Gläubigen«. »Lernen in Gemeinschaft« bedeutet zu erfahren: Wir brauchen einander – und können allein (ohne einander) wenig oder gar nichts ausrichten, wie das Bild von dem einen Leib und den vielen Gliedern lehrt.

Die kontinuierliche Arbeit am Gottesdienst in der Gemeinde

Den Gottesdienst in der Gemeindearbeit vernetzen bedeutet, *kontinuierlich* an und mit ihm zu arbeiten.
Es braucht Zeit, bis der Pastor bzw. die Pastorin selbst in der Gemeinschaft gelernt hat, souverän durch offene Gottesdienste zu »führen«, sodass sich die Menschen, die zum Gottesdienst kommen, dort sicher aufgehoben wissen.
Es braucht Zeit, bis sich ein Stamm von Mitarbeiterinnen und Mitarbeitern gefunden und das Gefühl bekommen hat: Nun sind wir so weit, dass wir uns mit der Liturgie auskennen und uns frei in ihr bewegen, sachkundige Gestaltungsvorschläge machen und durchführen können.
Es braucht Zeit, bis sich diese Art, Gottesdienst zu gestalten, herumgesprochen hat.
Menschen brauchen Zeit, um kontinuierlichen oder auch einen auf größere Zeitabstände bezogenen Zugang zum Gottesdienst zu finden. Das bedeutet, ein Gottesdienstkonzept in einen Zyklus von fünf bis sieben Jahren einzubetten. Ein wichtiger Baustein im Konzept ist die Öffentlichkeitsarbeit:

Öffentlichkeitsarbeit bedeutet (identitätsstiftende) Werbung in den Gemeindegruppen, bei den entsprechenden Zielgruppen durch Zettel, in Geschäften etc. mit Plakaten, in allen Zeitungen mit Kurzberichten, im Lokalfunk, auf der Homepage der Kirchengemeinde – all das immer wieder.
Werbung nach innen (Gemeinde-Öffentlichkeit) bedeutet: die Gruppen der Gemeinde sind informiert über das, was in der Gemeinde geschieht, und können es »nach außen« weitersagen.
Werbung nach außen (Gemeinde der Öffentlichkeit) bedeutet: möglichst viele Leute sollen wissen, was die Gemeinde macht. Es bedeutet aber nicht unbedingt: wenn sie die »Nachricht« lesen, müssen alle kommen.
Mindestens ebenso wichtig wie die konkrete Einladung ist die Arbeit an einem Profil, das die Menschen mit der Gemeinde(-gottesdienst-)arbeit verbinden. Das Profil muss ehrlich und realistisch sein. Wichtig ist, dass ich in der Werbung für einen Gottesdienst nicht mehr verspreche, als ich halten kann. »Es muss auf der Verpackung stehen, was drin ist – und nichts anderes.« Ich darf nicht einen lebendigen Gottesdienst versprechen, der in der konkreten Umsetzung dann langweilig erlebt wird.
Die Verbindung zwischen Einladung, Berichten von Gottesdiensten in Zeitungen und »Käseblättern«(!) und persönlichem Erleben (im Kasualgottesdienst, zu Weihnachten etc.) bewirkt die Grundeinstellung, die dazu führen kann, sich zum Gottesdienst (auch mal) sonntags aufzumachen. Auch in der Öffentlichkeitsarbeit ist Kontinuität gefragt. Alles braucht Zeit.

Allerdings wird der Pastor bzw. die Pastorin für einen Gottesdienst in Zusammenarbeit mit Gruppen mit der Zeit kaum mehr Zeit aufwenden müssen als für einen gründlich vorbereiteten »traditionellen« Gottesdienst. Der Predigtauftrag wird gut in der Gruppe vorbereitet und zugespitzt, die Situation, in die hinein etwas zu sagen ist, klar und deutlich sein. Viele werden mit der Zeit sensibel für das Gottesdienstgeschehen, sodass manchmal Absprachen erheblich kürzer sein können als mit Mitarbeiter/innen (Lektoren …) im »traditionellen« Gottesdienst. Auch lebendige Gottesdienstgestaltung kann sich im Endeffekt vielleicht sogar als Zeit sparend und ökonomisch erweisen.

Die Gottesdienst-Werkstatt – ein Modell zum Nachmachen

Den Gottesdienst in der Gemeindearbeit vernetzen bedeutet, mittelfristig eine Gottesdienstvorbereitungsgruppe (Gottesdienst-Werkstatt) aufzubauen, die immer wieder neu den Gottesdienst ins Gespräch bringt und seine Gestaltung langfristig plant.

Die Gottesdienst-Werkstatt als liturgische Basisgruppe

Die Gottesdienst-Werkstatt,[8] der Gottesdienst-Vorbereitungskreis der Gemeinde, trifft sich wöchentlich am Dienstagabend, damit eventuell noch Zeit ist, bis zum Sonntag das eine oder andere zu besorgen oder in Ruhe vorzubereiten, zum anderen, um gelegentlich mit dem vorher um 18 Uhr tagenden Kindergottesdienstteam zusammenarbeiten zu können. Der Pfarrer leitet in der Regel diesen Kreis, in dem sich durchschnittlich zehn ältere Jugendliche und Erwachsene (zwischen 17 und 70 Jahren) die Arbeit teilen. So wird meist für ein Viertel- oder Halbjahr die jeweilige Verantwortung für den Sonntagsgottesdienst abgesprochen. Diese Mitarbeiterinnen und Mitarbeiter »rekrutieren« sich aus der konkreten Gottesdiensterfahrung (»das ist ja so ansteckend, da will ich auch mitmachen!«) oder aus der gemeindeinternen »Aus- und Fortbildung«:
Kinder sind in die Gestaltung des Kindergottesdienstes einbezogen, Konfirmandinnen und Konfirmanden bringen sich Schritt für Schritt in den Gottesdienst

8. Die folgenden Überlegungen knüpfen an die fünfzehnjährige Praxis der Gottesdienstarbeit in der Matthäus-Kirche, Leverkusen, an, die – angeregt durch die Vorbereitung und Durchführung einer »Lateinamerikanischen Beatmesse« im Gefolge des Berliner Kirchentags 1977 – sich in einer Gottesdienst-Werkstatt kristallisierte und seitdem kontinuierlich – angefangen bei meditativen Abendgottesdiensten in der Advents- und Passionszeit und besonderen Gottesdienstformen wie liturgischen Osternächten – den Gottesdienst vor Ort angeregt und ausgestaltet hat. – In diesem Zusammenhang wird in deutlicher Anlehnung an den Arbeitsstil klassischer »Kindergottesdienst-Helferkreise« auf die Vorbereitung der Sonntagsgottesdienste abgehoben. Übertragungen auf andere Gottesdienstformen sind unschwer möglich.

ein und gestalten nicht nur ihre Gottesdienste, sondern sind während des Gemeindepraktikums (eine zweimonatige »Unterbrechung« des Unterrichts vor dem Gemeindefest im Sommer) entweder in die spezielle Gemeindefest-Gottesdienstgestaltung verstrickt oder zum »Schnuppern« in der Gottesdienst-Werkstatt. Nach der Konfirmation bieten wir einen zweijährigen »Grundkurs für junge Helferinnen und Helfer« (15-17 Jahre) an, der in Anlehnung an das weit verbreitete Kindergottesdienst-Helferhandbuch[9] gruppendynamische, religionspädagogische und -kreative Grundkenntnisse (incl. liturgischer Erfahrungen) exemplarisch vermittelt und erprobt, gleichzeitig aber auch die Grundlage für das Gestalten biblischer Geschichten und liturgischer Texte vertieft.

Im Anschluss daran werden übergreifende Fragen der Gemeindearbeit (Gottesdienst eingeschlossen) im »Samstagstreff« (etwa alle zwei Monate ein Schulungsnachmittag) und in zwei thematischen Freizeiten pro Jahr – generationenübergreifend – verstärkt, die sich einerseits um das Thema, den biblischen Zusammenhang des Gemeindefestes, andererseits um einen Grundtext des Glaubens oder um Grundlagen des Gottesdienstes bemüht.[10]

Anregend und bereichernd ist auch die von der Gemeinde materiell deutlich geförderte Teilnahme an (über)regionalen Fortbildungsangeboten, die in besonderer Weise helfen, »über den eigenen Kirchturm hinauszusehen«.[11]

Der Gemeindebeirat, die gewählte Vertretung aller Dienst- und Altersgruppen, aller Interessen und Projektgruppen (etwa 30 Menschen), die gewöhnlich alle zwei Monate über den Weg der Gemeinde nachdenkt, beschäftigt sich – neben der Gemeindeleitung – auch mit der Gestalt des Gottesdienstes »vor Ort«. Darüber hinaus ist wesentlich auch für die »liturgische Aufbereitung« der Gemeinde der Besuchsdienst, der sich bei etwa 2000 Gemeindegliedern aus etwa 25 Mitarbeiterinnen und Mitarbeitern zusammensetzt, die als »gute Adressen« der Gemeinde im überschaubaren Nachbarschaftsbezirk einer kleinen Straße oder eines größeren Häuserblocks Öffentlichkeitsarbeit auch für den Gottesdienst »an der Haustür« ermöglichen: Der Gottesdienst-Werkstatt kommen alle diese Erfahrungen zugute. So entwickelt sich dieser Kreis zur entscheidenden liturgischen Basisgruppe, die die gottesdienstliche Wirklichkeit der Gemeinde immer wieder anregt,

9. Das zuerst im Selbstverlag des Rheinischen Verbandes für Kindergottesdienst seit 1976 in Lieferungen erschienene Ringbuch wurde 1981 für die Veröffentlichung im Verlag Junge Gemeinde, Stuttgart, durchgesehen und liegt jetzt in 4. Aufl. überarbeitet vor: *J. Koerver/R. Köster/G. Ruddat/H.J. Schneider (Hg.):* Kindergottesdienst-Helferhandbuch, 4. Aufl., Stuttgart 1989. Eine völlige Neubearbeitung ist in Vorbereitung.
10. Vgl. etwa das auf diesem Hintergrund entstandene »exemplarische Modell« zur Gestaltung des Abendmahls (S. 207ff.).
11. Vgl. dazu die Fortbildungsveranstaltungen der Kindergottesdienstverbände und besonders der Gottesdienst-Beratungsstellen (Adressen in der Liturgie-Didaktischen Grundausstattung, S. 282).

gestaltet und verändert. Dabei hat sich im Laufe der Jahre eine lang-, mittel- und kurzfristige Planung ergeben, in der wesentliche Elemente einer Liturgie-Didaktik zum Ausdruck kommen.

Liturgische Planung

Gottesdienst, der nicht isoliert stattfinden soll, braucht ein ganzes Spektrum von Integrationshilfen, die seine liturgischen Eigentümlichkeiten (im Unterschied zu anderen Angeboten der Gemeindearbeit) gemeindepädagogisch vernetzen. Und solche Vernetzung erfordert Planung (besondere Zeit).

Der Gottesdienst im Gemeindejahr[12]

Ein Gottesdienst, der nicht nur von Sonntag zu Sonntag geplant wird, wird den zeitlichen Rahmen der wöchentlichen Vorbereitung sprengen; damit ist gleichzeitig die Frage nach dem Wann und Wie einer Jahresplanung gestellt: Nach unseren Erfahrungen hat sich eine zeitlich offene »Bilanz zwischen den Jahren« bewährt. Der (nicht nur) liturgische »Stress« der Weihnachtszeit klingt ab, es ist Zeit für ein Feed-Back und für ein Nachdenken bei einem entspannten »Arbeitsessen«.
Wir verfahren dabei nach folgendem Schema: Allen im Kreis liegt der Jahresplan[13] (des Gesamtverbandes für Kindergottesdienst) vor, in den der Perikopenplan[14] hineinkopiert und bereits bekannte Veranstaltungen der Gemeinde und andere besondere Ereignisse eingetragen sind. Im Hintergrund steht bei diesen Überlegungen natürlich auch der in unserer Gemeinde sich entwickelnde »Kanon«[15] der Fest-Gottesdienste:

1. Thematischer Gottesdienst zur Eröffnung der Passionsaktion »Sieben Wochen ohne« oder zur »Woche der Brüderlichkeit« oder in der Teilnahme am »Ökumenischen Jugendkreuzweg«;
2. Gestaltung der Karwoche – abwechselnd durch einzelne Gruppen –, »Feierabendmahl« am Gründonnerstag, Musikalisch-Literarische Liturgie am Karfreitagabend, Liturgische Osternacht, Ausgestaltung des Ostermorgens (mit Frühstück, Spaziergang/Marsch);

12. Zum Stichwort »Gemeindejahr« vgl. GGG 4: Unterwegs durch das Jahr – mit vielen Vorschlägen, Liturgieentwürfen, Anregungen, die weit über den engeren Gemeindehorizont hinausgreifen.
13. Vgl. zuletzt: Plan für den Kindergottesdienst 2001-2003, hg. vom Gesamtverband für Kindergottesdienstarbeit in der EKD, Schwerte 2000.
14. Vgl. Sonn- und Festtagskalender (für das jeweilige Kirchenjahr), hg. von der Lutherischen Liturgischen Konferenz, Hannover (z.T. abgedruckt in den Losungen, in kirchlichen Kalendern oder als Beilage in den landeskirchlichen Amtsblättern).
15. Vgl. dazu die Überlegungen von G. Ruddat im Kindergottesdienst-Helferhandbuch (Abschnitt: Feste im Kindergottesdienst, S. 473ff.) oder den umfassenden Lexikon-Artikel: *G. Ruddat:* Art. Feste und Feiertage VI. Praktisch-theologisch, TRE 11, 1983, S. 134-143.

3. Gottesdienst zur Vorstellung der Konfirmandinnen und Konfirmanden – ca. vier Wochen vor Pfingsten –;
4. Gottesdienst zur Konfirmation am Pfingstsonntag – ergänzt durch Abendmahlsgottesdienst mit Konfirmierten am Pfingstmontag (gestaltet von älteren Jugendlichen);
5. Gemeindefest – Gottesdienst im Freien – direkt vor den Sommerferien – bzw. Gottesdienst zum Ferienanfang und -ende;
6. »Erklärter Gottesdienst« zum Schulanfang (auch für Neuzugezogene) – direkt nach den Sommerferien – bzw. besonderer Taufgottesdienst;
7. Ökumenischer Abendmahlsgottesdienst zum Erntedankfest bzw. Abschlussgottesdienst der Kinderbibelwoche (Herbstferien);
8. Thematischer Gottesdienst zur Eröffnung der »Friedenswoche« oder Liturgischer Abend am Buß- und Bettag;
9. Gottesdienst zum 1. Advent – gestaltet von der Frauenhilfe/-arbeit oder anderen Gruppen;
10. Das »klassische« Programm am Heiligabend (Kinder- und Familiengottesdienst, Christvesper und Christmette);
11. Singegottesdienst am 2. Weihnachtstag oder am Sonntag nach Weihnachten;
12. Bibelfest-Gottesdienst (letzter Sonntag im Januar).

Schon in dieser Zusammenstellung deutet sich an, dass nicht »alle Jahre wieder« als Prinzip gilt, sondern alle Jahre wieder unterschiedliche Akzente gefragt sind – auch das schützt vor liturgischen Burn-out-Syndromen. Wenn noch andere besondere Ereignisse wie Gemeinde-Ausflug, Kirchentag o.Ä. berücksichtigt sind, versuchen wir aus den angebotenen Text- und Themenkreisen so auszuwählen, dass sich sinnvoll ergänzende und für unsere Situation besonders wichtige (oder länger nicht mehr behandelte) thematische Blöcke oder Gottesdienstreihen von Zeit zu Zeit oder durch ein ganzes Jahr im monatlichen Rhythmus verwirklichen lassen (so haben wir z.B. die Katechismus-Stücke in einem »Vaterunser-Jahr« usw. erarbeitet), die unter Umständen dann auch durch entsprechende thematische Freizeiten oder Themen in den verschiedenen Gruppen für die Gemeinde vertieft werden und für die Mitarbeiterinnen und Mitarbeiter sich zeitlich entlastend auswirken, da ein wesentlicher Teil der Vorbereitungsarbeit geleistet ist. Gleichzeitig nutzen wir diese »Bilanz zwischen den Jahren« aber auch zur Überprüfung unserer vorfindlichen liturgischen Wirklichkeit: Wo steht unsere Art, Gottesdienst zu feiern, Gott und den Menschen im Wege? Welche liturgischen Elemente können wir zu bestimmten Texten und Themen herausstellen? Welche Schritte liturgischer Erziehung und Bildung sind im kommenden Jahr »dran«? Welche Anregungen aus dem ökumenischen Kontext wollen wir aufnehmen oder erst einmal in unserem Kontext »ausprobieren«? Welche »Außenseiter« sind einzubeziehen? Schließlich versuchen wir, für ein drittes Problemfeld Raum zu schaf-

fen: Wie steht es um die kreativen Zugänge zur Gottesdienst- und Predigtarbeit? Ist mal wieder eine außerordentliche Schreib-Werkstatt zu Psalmen oder Gebeten an der Reihe oder eher die Auseinandersetzung um Bild und Bewegung oder eine belebende Analyse alter und neuer Lied-Literatur?
Didaktisch planende, liturgisch-kritische und -innovative wie methodischkreative Kompetenzen werden so erinnert und erweitert, wenn die Konstruktion unseres Gemeindejahres (in Anlehnung an das Kirchen- und Kalenderjahr) abgeschlossen ist.

Gottesdienst im thematischen Block oder in der Gottesdienstreihe

Der abgesteckte Rahmen des Gemeindejahres ermöglicht, die mehrere Sonntage übergreifenden Einheiten (thematische Blöcke oder Reihen durch das Jahr) längerfristig vorzubereiten. Bis zu einem vereinbarten oder einfach zeitlich verlängerten Treffen der Gottesdienst-Werkstatt können die Einzelnen sich nicht nur thematisch einstellen und vorbereiten (zum Beispiel durch die Möglichkeiten der liturgie-didaktischen Grundausstattung der Gemeindebibliothek), sondern es ist auch Zeit genug, die entsprechenden Materialien und Medien zu beschaffen und kennen zu lernen.
Wesentlich ist dabei die kritische Sichtung und die sich daraus ergebenden Impulse für die Gestaltung der Liturgie wie für die thematische Akzentuierung der einzelnen Sonntage.

Als hilfreich hat sich dabei erwiesen, die speziellen Materialien in einer jeweils thematisch ausgerichteten »Liturgie-Kiste« für die Gottesdienst-Werkstatt bereitzustellen und rechtzeitig vorher untereinander zur »Rezension« (kritische Besprechung) zu verteilen. Die Planung eines thematischen Blocks vollzieht sich dann etwa in folgenden Schritten:

1. Assoziationen zum Thema (Erinnerungen – Enttäuschungen – Erwartungen);
2. Gebündelte Einführung in das Thema (evtl. exemplarisches Medium);
3. Erfahrungsaustausch über die »kritische Sichtung« der Materialien und Medien – Zeit zum Vorstellen und Vergleichen;
4. Sammeln und Vorstellen denkbarer liturgischer Bausteine (incl. Auseinandersetzung um geeignetes Liedgut);
5. Festlegung der thematischen Reihenfolge (z.B. Auswahl und Abfolge biblischer Texte);
6. Liturgische Konstruktion (vgl. »Gang durch die Liturgie«);
7. Formulierungsaufträge für Psalmen und Gebete, Liedverse oder »Kurzformeln des Glaubens«, Bekenntnistexte oder Segensworte o.Ä.;
8. Gemeinsames Lernen neuer (oder alter) Lieder – spätestens hier sind die musikalisch Engagierten der Gemeinde gefragt, besser: sie sind von Anfang an einbezogen!

9. Gestaltung der Einladung zum Gottesdienst (Gemeindebrief o.Ä.) und des Gottesdienst-Programms;
10. Abstimmung mit allen am Gottesdienst Beteiligten.

Quer durch alle Schritte ist Raum für den »Zusammenhang von Glauben und Leben«, der elementare Voraussetzung gerade für den liturgie-didaktisch entscheidenden Schritt Liturgische Konstruktion darstellt, mit dem die konkrete Ausgestaltung der Grundformen angesprochen ist. Die für die jeweiligen thematischen Blöcke und Gottesdienstreihen entworfenen Programme, die für die Hand der Gemeinde bestimmt sind, spiegeln eine abwechslungsreiche »Agende« im Vollzug. Die so gesammelte Gottesdienst-Erfahrung macht bewusst, was für eine Aufgabe unsere ganz persönliche liturgische Erziehung und Bildung darstellt, die der (Ein-)Übung und der gegenseitigen Korrektur bedarf.
Wesentlicher Bestandteil dieser liturgischen Kompetenzentwicklung vor Ort ist gerade die bei den thematischen Blöcken oder Gottesdienstreihen stärker festliegende Liturgie, in der sonntäglich nur wenige Elemente inhaltlich wechseln. Das Vertrautwerden mit alten und neuen Texten oder Liedern wird durch dieses bewusste Erinnern und Wiederholen erleichtert.
Solche Tendenzen werden natürlich verstärkt, wenn in manchen Familien die jeweils neu gestalteten Programme nach Hause mitgenommen werden und dort die Lieder und Gebete weitergesungen und -gesprochen werden … oder in den Gemeindegruppen oder im Religionsunterricht der verschiedenen Schulformen (durch gegenseitigen Austausch) liturgische Innovationen vorbereitet werden – angefangen beim vorlaufenden Einüben neuer Lieder.
Die von uns zunehmend »gepflegte« Beteiligung der Gemeinde wirkt sich ebenso auf die Kontinuität des Gottesdienstbesuchs aus wie das Einbeziehen konkreter Abkündigungen und Fürbitten, die dann wirklich dazu führen, dass der Gottesdienst am Sonntag weiter-geht und die Gemeinde schließlich ihren Gottesdienst selbst in die Hand nimmt.

Die Liturgie der Vorbereitung auf den Sonntag

In diesem Zusammenhang soll nicht näher darauf eingegangen werden, dass die Gottesdienst-Werkstatt nicht nur Dienstgruppe ist, sondern eben auch informelle Gruppe, deren Eigenleben Pflege und Zeit braucht. Hier sollen vielmehr zeitliche und inhaltliche Strukturen angedeutet werden, die über die klassische Dreiteilung der Predigtwerkstatt: Vom Text zur Predigt (Was sagt der Text? Was sagt er mir/uns? Wie sage/n ich/wir es weiter?) hinausgehen und wo der Gottesdienst und seine Liturgie nicht noch schnell »angehängt« wird. In unserer Gottesdienstwerkstatt hat sich im Laufe der Jahre folgende Liturgie der Vorbereitung (vgl. »Gang durch die Liturgie«) am Dienstagabend zwischen 20 und 22 Uhr entwickelt, die bei aller Flexibilität und Variabilität im Einzelnen überörtliche Elemente widerspiegelt:

20.00–20.15 Uhr	*Ankommen* Plaudern, Tee kochen o.Ä., Materialien besorgen usw.
20.15–20.30 Uhr	*Erinnern* Rückblick auf die Erfahrungen des letzten Sonntags
20.30–21.00 Uhr	*Entdecken* Abwechslungsreiches Zusammen-Setzen mit dem Text oder Thema (assoziativ, informativ, kreativ, meditativ, narrativ o.Ä.)
21.00–21.30 Uhr	*Entfalten und Gestalten* Abwechslungsreiche Auseinandersetzung mit möglichst vielen Sinnen »vor-stellen« und liturgische Umsetzungen ansatzweise versuchen
21.30–21.45 Uhr	*Arbeit verteilen* Arbeitsaufträge für bestimmte Elemente und Gestaltungsfragen absprechen, evtl. gegenseitige »Sicherungen« einbauen
21.45–22.00 Uhr	*Verabschieden* Ausklang mit Lied oder Gebet Zeit zum Plaudern

Diese Vorbereitungszeit können wir von Fall zu Fall verlängern oder verkürzen, damit Zeit bleibt zur Vorbereitung von thematischen Blöcken oder besonderen Fest-Gottesdiensten, die zum Teil auch von anderen Gemeindegruppen – unter Beratung durch die Gottesdienst-Werkstatt oder das Kindergottesdienstteam – vorbereitet werden.

Erklärter Gottesdienst – Liturgie als Thema des Gottesdienstes

Angesichts zunehmender Unsicherheit im liturgischen Verhalten und angesichts wachsender Unkenntnis liturgischer Elemente haben wir in den vergangenen Jahren immer wieder Liturgie zum Thema gemacht.[16] Traditionell natürlich im Rahmen der Konfirmandenarbeit, aber auch aus engagierten Erwachsenenkreisen kam immer wieder der Wunsch, nicht nur einzelne liturgische Elemente, sondern auch einmal den Gottesdienst insgesamt »erklärt« zu bekommen.
Dieser schließlich jährlich nach den Sommerferien gestaltete »Erklärte Gottesdienst«, dessen Predigt und liturgische Gestaltung dann ein besonderes Element herausgriff, war gleichzeitig willkommener Anlass zur Einladung aller im Laufe des Jahres neu zugezogener Gemeindeglieder.

16. Dieses Ziel, Liturgie zum Thema des Gottesdienstes und der Predigt zu machen, verfolgt auch das Buch von *H.-C. Schmidt-Lauber/M. Seitz (Hg.):* Der Gottesdienst. Grundlagen und Predigthilfen zu den liturgischen Stücken, Stuttgart 1992.

Die Durchführung dieses besonderen Gottesdienstes gestaltet sich so, dass neben den »normalen« liturgischen Rollen die zusätzliche »erklärende« Rolle im Ablauf des Gottesdienstes liturgische Elemente »behutsam« kommentiert, damit das Wechselspiel des Gottesdienstes nicht über die Maßen gestört wird. Besonders hilfreich sind solche »Kommentare«, wo die Gemeinde direkt nachvollziehen kann, was »normalerweise« nur mit Worten oder isolierten Gesten ausgedrückt wird (vgl. das Beispiel des durch die Kirche »wandernden Segens«, S. 229).

Gottesdienst-Werkstatt fängt klein an

Diese notwendige Schlussbemerkung erinnert noch einmal daran, dass diese Praxis in mehr als fünf Jahren gewachsen ist und sich aus einzelnen Gottesdienst-Projekten (etwa von Abendgottesdiensten oder Friedensgebeten) entwickeln kann. Entscheidend ist, ob in der Gemeindearbeit Zeit und Raum für eine kommunikative Praxis lebendiger Liturgie und gelebter Spiritualität entdeckt werden kann.

Den Gottesdienst mit allen feiern

Der Beginn einer neuen Wirklichkeit: Wir haben einen Traum

Unsere Sehnsucht ist ein Gottesdienst für alle, auch wenn viele sich eher für *zielgruppenorientierte* Gottesdienste aussprechen. Auch die sind berechtigt und notwendig. Sie können uns die Augen dafür öffnen, in welchen Formen und Ausformungen Menschen sich im Gottesdienst zu Hause fühlen – und darauf haben sie ein Recht.

Jesus hat nirgendwo gesagt, dass man sich im Gottesdienst »unwohl« fühlen solle, dass Gottesdienst eine Form der Weltferne, der Askese sei. Im Gegenteil: Bei ihm wurden alle »satt«. Er wünscht sich einen Gottesdienst, in dem seine frohe Botschaft Wirklichkeit wird, Gestalt gewinnt, einen Körper bekommt mitten in unseren Lebenszusammenhängen … und dass wir in ihm die Befreiung erfahren, die im Evangelium steckt, und den Geist Gottes mit seiner heilenden Kraft.

Der traditionelle Gottesdienst am Sonntagmorgen ist auch nichts anderes als ein zielgruppenorientierter Gottesdienst. Ist es nicht eine Machtfrage, dass Hauptgottesdienste so gehalten werden, wie es weithin geschieht? Sie werden wirklich »gehalten«. Wenn der Pfarrer bzw. die Pfarrerin ihn nicht »hielte«, dann würde der Gottesdienst (aus)fallen. Er hängt zu sehr an ihr/ ihm. Er wird nicht als Gottesdienst der Gemeinde gefeiert. Wir brauchen die Kinder und die Jugendlichen in den »Haupt«-Gottesdiensten, damit wir sie wieder wirklich feiern lernen. Wir brauchen einen Gottesdienst für alle, weil wir einander brauchen.

Was wünscht sich wer vom Gottesdienst?

Wir wissen, wie die Bedürfnisse von Erwachsenen der »Kerngemeinde« oft aussehen, die sonntags zur Kirche kommen: Sie suchen im Gottesdienst Stärkung im Glauben, Anregungen für das eigene Christsein, Ruhe, Gelassenheit, Zufriedenheit, Gemeinschaft, Gottesnähe, Stärkung der Nächstenliebe, Kraft für den Alltag. Die Predigt ist ihnen besonders wichtig. Sie wollen »ausgeglichener«, »gestärkt« und »nachdenklich« nach Hause gehen. »Am tiefsten getroffen, am meisten erfreut, am dankbarsten für den Gottesdienst sind die Teilnehmer dann, wenn der Prediger ihnen ein Gefühl von Vertrauen, von Geborgenheit geweckt hat.«[17] (→ S. 101 bzw. S. 239) Sie wünschen einen Gottesdienst, in dem sie die biblische Botschaft als heilende Kraft Gottes erfahren.

Genau dasselbe wünschen sich auch andere »Zielgruppen« – Kinder, Jugendliche, die so genannten Kirchenfernen, die aus unterschiedlichen Kasualanlässen den Gottesdienst besuchen. Nur stellen sie sich die Realisierung dieses »Grundwunsches« etwas anders vor.

Die Diskussion um den Gottesdienst in den vergangenen drei Jahrzehnten hat gezeigt: Es muss um die Inhalte gehen; darum ist die Form des traditionellen Gottesdienstes nicht mehr als »Evangelium« zu betrachten. Das zeigen auch die Kriterien, die dem Evangelischen Gottesdienstbuch zugrunde gelegt worden sind.[18] Deshalb muss heute nicht mehr begründet werden, warum es auch andere Formen als die traditionellen geben darf. Vielmehr muss – wenn wir einen Gottesdienst für alle wollen – gefragt werden: Wie können wir Gottesdienst feiern, in dem möglichst viele »satt« werden, in dem sich möglichst viele Menschen zu Hause fühlen können. Und dafür müssen wir die Wünsche, die Vorstellungen, wie Gottesdienst zu feiern sei, nicht nur der traditionellen Gottesdienstgemeinde kennen, sondern auch die der »Seitenreferenten«, der »Randsiedler« – wie die Wünsche der Kinder, der Jugendlichen … und all derer, die wesentlich »in die Mitte der Gemeinde« gehören.

Zum Beispiel: Jugendliche wollen Gottesdienst ganzheitlich feiern und ihrem Glauben lebendigen Ausdruck verleihen. Sie erleben die einseitige Ausrichtung »nach vorn« (»Einbahnstraßen-Kirche«) als störend, ebenso die »veralteten und unverständlichen« Texte der Liturgie und der Lieder, die einseitige Instrumentalbegleitung durch die Orgel, die »Ein-Mann-Show«. Sie wollen den Gottesdienst mitgestalten, weil es die Feier der Gemeinde ist, wollen, dass mehrere am Predigtgeschehen beteiligt sind, wollen Gemeinschaft erleben, auch beim Abendmahl – ein ganzheitliches Geschehen, einen farbenfrohen Gottesdienst, der auch Raum für Spontaneität bietet und Spaß macht, weil der Gottesdienst auch glücklich machen darf.

17. *M. Josuttis:* Der Weg in das Leben, München 1991, S. 213.
18. Vgl. EGb, S. 15ff. und das einleitende Kapitel: »Das Evangelische Gottesdienstbuch beim Wort nehmen« (S. 18ff.).

Wenn eine/r alleine träumt ...

Vor diesem Hintergrund ist es wichtig, die verschiedenen Interessen und Bedürfnisse auch der Einzelnen in der Gemeinde wahrzunehmen – im größeren Zusammenhang der Frage: Wie offen ist unser Gottesdienst für alle?

Zu solcher *Selbstbefragung*,[19] die ein Gespräch über die Feier des Gottesdienstes in der Gemeinde anregen kann, können folgende Zugänge helfen:

1. Was ist mir im Gottesdienst wichtig?
   Was unterscheidet den Gottesdienst von allen anderen Veranstaltungen der Gemeinde?
   Was muss unbedingt im Gottesdienst vorkommen?
2. Wie verläuft der Gottesdienst bei uns?
   Wie ist unser Gottesdienstraum gestaltet?
   Was fördert lebendigen Gottesdienst? Was hindert?
   Wie kommen Erfahrungen (Trauer und Freude, Sorge und Hoffnung, Klage und Protest) unserer Gemeinde im Gottesdienst vor?
   Welche Besonderheiten gibt es in unserem Gottesdienst?
   Welche Erfahrungen mit Gottesdiensten in anderen Gemeinden und Kirchen liegen vor?
3. Wie ist die Gemeinde beteiligt?
   Wer tut was im Gottesdienst?
   Welche regelmäßigen Dienste gibt es?
   Welche Begabungen können stärker eingebracht werden?
   Wie geschieht die Vor- und Nachbereitung des Gottesdienstes?
4. Was könnte ich zu unserem Gottesdienst beitragen?
   Was wünsche ich mir für unseren Gottesdienst?

Wenn viele gemeinsam träumen

Die Einzelergebnisse der Selbstbefragung stellen eine gute Vorbereitung für ein *Planspiel zum Gottesdienst*[20] dar, das die Frage: »Wie offen ist unser Gottesdienst für alle?« gruppen- und gemeindebezogen exemplarisch vertieft:

19. Nach einem Arbeitspapier aus der »Arbeitshilfe für eine Stellungnahme zum Vorentwurf der Erneuerten Agende« der Arbeitsstelle Gottesdienst, Dortmund. Vgl. auch den einleitenden »Fragebogen für die Verantwortlichen«, S. 51ff.
20. So »durchgespielt« in der Garbsener Stephanusgemeinde – Eine ähnliche Idee hat Ekkehard Müller vom Kindergottesdienst her entwickelt und als Diskussionsspiel »Gottesdiensttherapie« auf dem »Markt der Möglichkeiten« des Münchener Kirchentags vorgestellt (veröffentlicht in: Materialdienst Nr. 50/1993, S. 11-19, zu beziehen beim Rhein. Verband für Kindergottesdienst, Graf-Recke-Str. 209, 40237 Düsseldorf).

»Unsere Kirchengemeinde wird 50 Jahre alt. Aus diesem Anlass soll es eine Festwoche geben. Ein Höhepunkt soll dabei der Jubiläumsgottesdienst sein, dem die Gemeindeleitung schon seit längerem entgegenfiebert. Auch verschiedenste Gemeindegruppen machen sich Gedanken und versuchen, ihre eigenen Vorstellungen einzubringen. Von dem Jubiläumsgottesdienst-Vorbereitungsfieber sind erfasst:

- die Gemeindeleitung (der Kirchenvorstand/das Presbyterium),
- das Pfarramt,
- die Kantorei, die Songgruppe oder Kirchenband, der Altenkreis,
- der Frauenkreis,
- das Kindergottesdienstteam,
- die Gruppe, in der behinderte und nicht-behinderte Menschen zusammen sind,
- Konfirmandeneltern, die auch Sinn für Menschen haben, die kaum sonntags zum Gottesdienst kommen,
- …«

(entsprechend den Gegebenheiten vor Ort verändern und zuspitzen).
Sie alle entwickeln ihre Vorstellungen zum Gottesdienst und versuchen, auf die anderen Gruppen Einfluss zu nehmen. Dies geschieht zunächst im Austausch von Briefen (über die Spielleitung), kann dann aber auch durch das Zusammentreffen einzelner Gruppen geschehen – und am Schluss steht eine große Gemeindeversammlung, in der jeweils ein/e Delegierte/r jeder Gruppe die entsprechende Position vertritt.
In der Vorbereitung ist das Erstellen kurzer Rollenbeschreibungen für die einzelnen Gruppen hilfreich. Das Spiel kann durch einen Brief der Gemeindeleitung eröffnet werden, in dem alle Gruppen eingeladen werden, sich über die Gestaltung des Jubiläumsgottesdienstes Gedanken zu machen.
So ein Planspiel ist schon in seinem Prozess eine »Lebendige Liturgie« – und wird auch in dem weiteren »Zusammenspiel« (incl. Auseinandersetzung) in der Gemeinde auf dem Weg zu einem gemeinsamen Gottesdienst eine »Lebendige Liturgie« mit den unterschiedlichsten Stationen (Kyrie, Gloria …) bleiben.

Es geht also zunächst darum, die Wünsche verschiedener Gruppen an den Gottesdienst wahr- und ernst zu nehmen.

D.h. zum Beispiel: Wenn der Gottesdienst nicht nur eine pädagogische Veranstaltung ist, in der Jüngere zu etwas erzogen werden sollen, sondern eine Feier des Lebens und des Gottesvertrauens, dann müssen auch Jüngere so Gottesdienst feiern dürfen, wie es ihrer Mentalität, ihrer Lebens- und Glaubenskultur entspricht. Der traditionellen Gottesdienstgemeinde wird auch niemand das Recht absprechen, Gottesdienst in der ihr gemäßen Form zu feiern. Das spricht zunächst für einen zielgruppenorientierten Gottesdienst. – Wie ein Gottesdienst aussehen könnte, den verschiedene »Zielgruppen« miteinander feiern, müsste aus dem Zusammenspiel der unterschiedlichen Gottesdienstkulturen herausgearbeitet werden.

Dabei ist – nach der Wahrnehmung der unterschiedlichen Vorstellungen – vor allem nach den Gemeinsamkeiten verschiedener Gruppen zu suchen, damit ein Gottesdienst für alle in Sichtweite rücken kann.

Wenn wir die (oben ausgeführten) Wünsche z.B. der erwachsenen und der jugendlichen Kirchgängerinnen und Kirchgänger an den Gottesdienst vergleichen, stellen wir fest: Auch wenn die Voraussetzungen, im Gottesdienst eine Heimat zu finden, unterschiedlich sind, ist allen auch vieles gemeinsam. Alle haben Sehnsucht nach einer heilenden Wirkung des Gottesdienstes – in der Erinnerung an all das, was Jesus zeichenhaft wirkte. Darum sei noch einmal wiederholt, was wir schon oben zur Bedeutung des Gottesdienstes ausgeführt haben:

Das Heilende ist etwas Heiliges im Gottesdienst, etwas Unverzichtbares in einer zerstörten und zerstörungswütigen Welt.

Ob Gefühl der Geborgenheit in der Predigt oder spürbare Gemeinschaft beim Abendmahl – in beidem wird etwas von Gottes segensreichem Dienst an uns erfahren (→ S. 260f.). Beides sollte nicht gegeneinander ausgespielt werden! Denn unterschiedliche Vorstellungen, Gottesdienst zu feiern, haben etwas mit unterschiedlichen Mentalitäten zu tun, mit Lebensausdruck und -stil.

Unsere Sehnsucht ist es, sonntags einen Gottesdienst für alle und mit allen zu feiern. Eine angemessene Gestalt zu finden, wird in verschiedenen Gemeinden gewiss unterschiedliche Ergebnisse bringen. Aber überall wird es mit dem offenen Hören aufeinander beginnen und dem gegenseitigen Wahrnehmen, in welchen Gottesdienst-Kulturen sich verschiedene Menschen einer Gemeinde zu Hause fühlen. Das könnte dazu führen, einander »zu besuchen« und in »ihren« Gottesdiensten zu erleben. Das könnte schließlich dazu führen, an unterschiedlichen Sonntagen Gottesdienste unterschiedlich zu akzentuieren.

Vielleicht würde dann zweimal im Monat der Gottesdienst »in herkömmlicher Form« gefeiert, und vielleicht einmal im Monat in einer Form, die möglichst vielen entspricht, weil alle zusammengehören im Geist Jesu Christi. Dabei wird sich das agendarische Grundgerüst bewähren, weil es theologisch und anthropologisch fundiert ist. Aber in der konkreten Ausgestaltung und in der Beteiligung unterschiedlicher Personen mit unterschiedlichem religiösen Hintergrund wird es immer wieder spannend werden, wird es einen lebendigen Prozess geben, der zu(m) Leben im Gottesdienst führt – und es wird getan, was wir tun können, damit der Geist Gottes Raum haben kann in unseren Gottesdiensten – und die befreiende Botschaft Gottes immer wieder neu und lebendig Wirklichkeit wird.

Ausblick, ein Stück »erlebte Vision«

Sonntagmorgen – zehn Uhr. Die Gemeinde ist zusammengekommen: Alte, Eltern, Alleinstehende, Jugendliche und junge Erwachsene, Kinder. Nach dem Flötenvorspiel nimmt die Pastorin die Situation des Sonntagmorgens auf und begrüßt die Gemeinde. Ein Jugendlicher sagt etwas über das Thema, das in dem Gottesdienst entfaltet werden soll.

Das Lied »Danke« wird gesungen, damit auch die mitsingen können, die sich zufällig in den Gottesdienst »verirrt« haben.

Der Psalm des Kindergottesdienstes wird gebetet und durch das aktuelle Tagesgebet abgeschlossen.

An diesem Sonntag im Monat wird Geburtstag gefeiert. Die Geburtstags»kinder« bekommen eine Kerze. Für sie wird ein Gebet gesprochen und ein Geburtstags-Ständchen gesungen.

Den Bibeltext liest eine Konfirmandin aus der Guten Nachricht.

In kleinen Gruppen stehen die Fragen im Mittelpunkt: »Was schenkt uns der Bibeltext? Was ist seine frohe Botschaft für uns? – Was möchte der Bibeltext von uns? Was sollen wir tun?«

Die Kinder malen Bilder zu den einzelnen Stationen der Geschichte. Einige ältere Menschen, die an dem thematischen Gruppengespräch nicht teilnehmen möchten, setzen sich zu den Kindern. Über das Zuschauen beim Malen kommt es von selbst zum Gespräch über die Geschichte.

Aus den Gruppen werden Fragen an die Pastorin gerichtet. Sie hat sich in verschiedenen Gruppen über die Gespräche informiert und versucht ein kurzes Resümee. Die Kinder stellen ihre Bildgeschichte der jugendlichen und erwachsenen Gemeinde vor. Das gemeinsam gesprochene Bekenntnis schließt den Verkündigungsteil des Gottesdienstes ab.

Eine Kindergruppe der Gemeinde trägt ein Lied vor, das alle lernen.

Die Fürbitten werden von einem alten Menschen, einem Kind, einer Jugendlichen, einem Mitglied des Kirchenvorstands und von der Pastorin möglichst spontan formuliert – sie haben sich über die Schwerpunkte vorher verständigt. Die Gemeinde singt einen Kehrvers zwischen den Bitten. Die Abendmahlsfeier wird mit einem Gebet und den Einsetzungsworten eingeleitet. Alle sprechen das Vaterunser als Tischgebet und reichen dazu einander die Hand. An diesem Sonntag bringt die Jugendgruppe die Brotkörbe und die Kelche in die Reihen. Brot und Saft werden an die Nachbarin/den Nachbarn mit einem guten Wort weitergegeben.

Letzten Sonntag, als nicht so viele da waren, hatten alle zusammen einen großen Kreis um den Altar gebildet. In dem Kreis war man bis zum Schluss des Gottesdienstes zusammengeblieben.
Der Segen wird eingeleitet mit dem Lied »Gib mir deine Hand«. Fast alle singen es auswendig mit – und wie von selbst finden sich die Hände. Einem Gemeindeglied, dem eine Operation bevorsteht, werden von der Pastorin die Hände aufgelegt.
Der Friedensgruß beschließt nach dem Segen den Gottesdienst. Dann gibt es Kaffee und Tee – und Saft für die Kinder. Gegen zwölf Uhr gehen die meisten nach Hause.
Am nächsten Sonntag geht es um »500 Jahre Eroberung Lateinamerikas«. Die Jugendgruppe hat weite Teile des Gottesdienstes vorbereitet.
Nach einer Information stehen eine ausführliche Kyrie-Phase und das Schuldbekenntnis im Mittelpunkt. Ein alter Mensch erzählt von der Ideologie des Dritten Reiches. Parallelen zwischen den Themen werden gesucht und gefunden.
Die Lesung aus Lukas, Kapitel 4, Verse 16-21, wirkt befreiend. – Die Kinder feiern den ersten Teil des Gottesdienstes für sich und kommen erst zum Abendmahl in den »großen« Gottesdienst. Sie haben eine biblische Geschichte kennen gelernt, die sie am nächsten Sonntag im Gottesdienst vorspielen wollen …

Foto: Jens Schulze, © Ev. EXPO-Büro

Statt eines Schlusswortes: Träumt unsern Traum

»Drei Gaben« sollen zum Schluss die Menschen begleiten, die mit dem Gottesdienst weiter-gehen und sich darum auf dieses Arbeitsbuch eingelassen haben.[21]

Die erste Gabe – ein Graffiti aus der New Yorker U-Bahn:[22]

Happy are those who dream dreams and work to make them come true.	Glücklich sind die, die Träume träumen und dafür arbeiten, dass sie wahr werden.

Die zweite Gabe – ein Gedicht des 1967 verstorbenen schwarzen Schriftstellers Langston Hughes aus Harlem in New York City:[23]

Hold fast to dreams for if dreams die life is a broken-winged bird that cannot fly.	Halte fest an Träumen denn wenn Träume sterben ist das Leben ein Vogel mit gebrochenem Flügel der nicht fliegen kann.
Hold fast to dreams for when dreams go life is a barren field frozen with snow.	Halte fest an Träumen denn wenn Träume gehen ist Leben ein ödes Feld erstarrt im Schnee.

Langston Hughes, 1902–1967

21. Diese drei Gaben haben wir mitgebracht vom Kirchentag in München 1993, wo wir in einer als »Liturgisches Fragment« (Bruchstück) gekennzeichneten »Pilgerreise der Hoffnung« die Erfahrungen eines Liturgischen Tages Gewaltfreiheit: Mit Martin Luther King weitergehen zu bündeln versuchten, d.h. sein Leben weiterzuträumen … und also auch schöpferischen Umgang mit Niederlagen, sozusagen Auferstehung im Alltag zu feiern – 25 Jahre nach dem Attentat am 4. April 1968.
Vgl. das »Pilgerbuch« dieses Tages mit Liedern und Texten (gegen Unkostenerstattung anzufordern bei G. Ruddat). Diesen Versuch haben wir auf den folgenden Kirchentagen mit Dietrich Bonhoeffer, Albert Schweitzer, Ernst Lange, Martin Niemöller fortgesetzt.
22. *Vgl. G. Ruddat:* »Selig, die träumen …«. Eine Einladung zum biblischen Träumen, in: Bote für die evangelische Frau, Düsseldorf 1988, H. 12, S. 8-10.
23. Zitiert nach *H.W. Grosse:* Zwischen Alptraum und Vision. Martin Luther King und seine Bedeutung für uns (Texte 1, hg. vom Internationalen Versöhnungsbund – Deutscher Zweig, Kuhlenstr. 5a-7, 25436 Uetersen) 1989, S. 33; dt. Übersetzung: G. Ruddat.

Die dritte Gabe – ein vierstimmiger Kanon zu einem Text des brasilianischen Bischofs Dom Helder Camara:

Kanon[24]

Text: Dom Helder Camara; Melodie: Fritz Baltruweit

Mit diesen drei Gaben wünschen wir allen, die vom Gottesdienst für alle und mit allen träumen und doch auch immer wieder Rückschläge und Niederlagen erleben, dass sie sich damit »trösten«, also neues Zutrauen finden:
Gottesdienst ist mehr, als was wir machen
Gottesdienst ist der Beginn einer neuen Wirklichkeit, die davon lebt:
Ehre sei Gott auf der Erde,
damit alle Menschen und die ganze Schöpfung Leben die Fülle haben.
Wo das im kleinsten Gottesdienst erinnert wird, da breitet sich das Wort vom Leben voll Leben wie ein Lauffeuer aus.

24. Eine andere Melodie von L. Edelkötter findet sich z.B, in: Mein Kanonbuch, München/Düsseldorf 1986, Nr. 441.

Anhang

Liturgie-Didaktische Grundausstattung

Dieses Literatur- und Materialverzeichnis will Hinweise geben, wie liturgische Bildung und Kompetenz auch literarisch »Schritt für Schritt« entwickelt und ausgebaut werden kann – dabei spannt sich der Bogen vom Angebot für die Hand der Gemeinde über die Ausstattung der Vorbereitungsgruppe bis hin zur »liturgischen Bibliothek« der theologischen Fachleute. Über liturgische Fragen hinausgehende Literatur ist ebenso wenig berücksichtigt wie die liturgiewissenschaftliche Diskussion in Zeitschriften usw. – hier wird auf die umfangreichen Literaturverzeichnisse der Gesamtdarstellungen verwiesen.
Für ältere Literatur (vor allem im Kontext der Erneuerten Agende) vgl. die entsprechende »Liturgie-Didaktische Grundausstattung« in: *Fritz Baltruweit/Günter Ruddat:* Gemeinde gestaltet Gottesdienst (Bd. 1). Arbeitsbuch zur Erneuerten Agende, Gütersloh 1994, S. 253-267 (vergriffen).
Die Möglichkeiten der Beratung und Fortbildung durch die regionalen und bundesweiten *Arbeitsstellen für Gottesdienst,* die Ev. Akademien o.Ä. empfehlen wir ebenso nachdrücklich wie das von diesen Stellen herausgegebene praxisorientierte Material (siehe S. 282).

Gliederung

1. Für die Hand der Gemeinde
2. Für die Gottesdienstwerkstatt in der Gemeinde
   2.1 Handwerkszeug für jede Mitarbeiterin und jeden Mitarbeiter
   2.2 Gottesdienst erklärt (oder: Zum Einstieg in die Liturgie)
   2.3 Gottesdienstordnung/Agende
   2.4 Grundlagen zur Gottesdienstgestaltung
   2.5 Zur Arbeit mit dem Gesangbuch
   2.6 Spezielle Materialien zu den einzelnen Gottesdienstelementen
   2.7 Materialien zu besonderen Gottesdienstformen
   2.8 Liturgische Gegenstände
3. Liturgiewissenschaftliche Vertiefung (für Leute, die es genauer wissen wollen)
   3.1 Lexika und Handbücher
   3.2 Gesamtdarstellungen
   3.3 Zur Theologie des Gottesdienstes und Einzelfragen
   3.4 Reihen und Zeitschriften
4. Beratungsstellen für die Gestaltung von Gottesdiensten

1. Für die Hand der Gemeinde

Im Eingangsbereich einer Kirche sollten für die Benutzung im Gottesdienst bzw. für Gemeindeveranstaltungen (Gruppen und Freizeiten) folgende Materialien in ausreichender Anzahl zur Verfügung stehen:

- Ev. Gesangbuch (EG)
- 111 Lieder für Kirchentage, Fulda 1991
  oder: Gottesklang, Stuttgart 1999
  oder: Fußnoten. Frankfurt/M. 2001
- Thuma Mina. Internationales Ökumenisches Liederbuch, Basel/München 1995
- Mein Liederbuch (1) für heute und morgen. Notenausgabe, Düsseldorf (1981), 7. Aufl. 1991
- Mein Liederbuch 2: Ökumene heute. Notenausgabe, Düsseldorf 1992
  - In diesen weit verbreiteten Liederbüchern finden sich neben einem umfangreichen Wortteil (Andachten durch das Kirchenjahr, Texte zum Nachdenken, Glaubensbekenntnisse, Texte zum Segen) Choräle aus EG und »Gotteslob«, Neue geistliche Lieder, Kinderlieder und Lieder für »drinnen und draußen«.
- Mein Kanonbuch, Düsseldorf 1986 (über 500 Kanons)
- Bibel – Luther-Übersetzung (1984)
- Bibel – Einheitsübersetzung
- Bibel – Gute-Nachricht-Übersetzung
- Bibel – Zürcher Bibel (1931)
  - Über die verschiedenen Bibel-Übersetzungen und weitere Materialien zur Bibelarbeit informiert der jährliche *Bibel-Katalog* der Deutschen Bibelgesellschaft, Balinger Str. 31, 70567 Stuttgart.

In vielen Gemeinden wird darüber hinaus eine hinreichende Anzahl von »selbst gestrickten« *Liederbüchern* und/oder speziellen »*Gottesdienstordnungen*« (für Neuzugezogene und Gäste) bereitgehalten, die u.a. auch den Text des Apostolicums und des Vaterunsers enthalten wie Liturgien für besondere Gottesdienste oder Tagzeitengebete. Auf jeden Fall ist es sinnvoll, die in der Regel geltende »Gottesdienstordnung« den ausliegenden Gesangbüchern beizufügen.
Schließlich ist es sinnvoll, im Eingangsbereich auch biblische *Bilderbücher für Kinder* vorrätig zu haben, etwa die Einzelbände der Reihe »Was uns die Bibel erzählt« von Kees de Kort.
Außerdem sollte in jeder Gemeinde eine *Blindenbibel* und ergänzende Materialien (Gesangbuch usw.) vorhanden sein. Über entsprechende Medien informiert: Christlicher Blindendienst e.V., Lessingstr. 5, 35039 Marburg – oder die landeskirchlichen Pfarrstellen für Blindenseelsorge.

2. Für die Gottesdienstwerkstatt in der Gemeinde

2.1 Handwerkszeug für jede Mitarbeiterin und jeden Mitarbeiter

Dieses »Handwerkszeug« lässt sich »nach und nach« auch als Geschenk der Gemeinde überreichen.
F. Baltruweit/G. Ruddat: Gemeinde gestaltet Gottesdienst, Bd. 3: Ein Arbeitsbuch zum »Evangelischen Gottesdienstbuch«, Gütersloh 2002.
Ergänzend: *F. Baltruweit/G. Ruddat:* Gemeinde gestaltet Gottesdienst
Bd. 2: Taufe, Konfirmation, Trauung, Beerdigung, Gütersloh 2000.
Bd. 4: Unterwegs durch das Jahr. Ein Arbeitsbuch, Gütersloh 2003.
Sonn- und Festtagskalender (für das jeweilige Kirchenjahr). Zu beziehen von der Geschäftsstelle der Lutherischen Liturgischen Konferenz Deutschlands, Herrenhäuser Str. 12, 30419 Hannover (z.T. auch abgedruckt in den »Losungen« oder den Kirchlichen Kalendern und im EG).
Bibel- Übersetzungen (mindestens eine weitere Übersetzung neben der Luther-Übersetzung)

- evtl. auch als weiterführende Grundlage:
  Stuttgarter Erklärungsbibel (Lutherbibel mit Erklärungen) oder
  Die Bibel in heutigem Deutsch mit Bildern und Erklärungen (Gute-Nachricht-Übersetzung) oder
  Familienbibel – Einheitsübersetzung kommentiert.

Evangelien-Synopse (»Zusammenschau der Evangelien«)

- *C.H. Peisker:* Neue Luther Evangelien-Synopse, Wuppertal/Kassel 1985.
  oder *ders.:* Evangelien-Synopse der Einheitsübersetzung, Kassel 1983.

Bibel-Konkordanz

- z.B. Bibel von A-Z. Wortkonkordanz zur Luther-Übersetzung 1984, Stuttgart 1986.

Eine persönliche *Sammlung von Gebeten und meditativen Texten*, die durch vorliegende gedruckte Gebete ergänzt werden kann, z.B.:

- *J. Zink:* Wie wir beten können, Stuttgart/Berlin 1970.
- *M. Seitz/F. Thiele:* Wir beten. Gebete für Menschen von heute, 8. Aufl., Gladbeck 1978.

Eine persönliche *Sammlung von Glaubensbekenntnissen*, die durch vorliegende gedruckte Bekenntnistexte ergänzt werden kann; z.B.:

- *K.-P. Rex (Hg.):* Neue Glaubensbekenntnisse, Gütersloh 1995.
- *G. Ruhbach (Hg.):* Glaubenbekenntnisse für unsere Zeit (GTB 1287), 2. Aufl., Gütersloh 1985.

Eine persönliche *Sammlung von geistlichen Liedern*, die durch vorliegende gedruckte Sammlungen von Baltruweit über Eckert und Janssens bis Ruhama und Trautwein ergänzt werden und zu deren Grundbestand die unter 1. genannten Gesang- und Liederbücher zählen sollten.

Eine persönliche *Sammlung von Bildern und Cartoons* o.Ä., die meditative Anstöße vermitteln.

Über dieses persönliche Handwerkszeug hinaus sollte in der *Gemeindebibliothek* folgende Ausstattung aufgebaut werden:

2.2 Gottesdienst erklärt (oder: Zum Einstieg in die Liturgie)

Mit Herzen, Mund und Händen. Ein Fahrplan für den Gottesdienst, hg. v. der Liturgischen Konferenz Niedersachsens in Verbindung mit der Lutherischen Liturgischen Konferenz Deutschlands, 1999 (zu beziehen bei der Missionsbuchhandlung Hermannsburg, Harmsstr. 6, 29320 Hermannsburg, Mengenpreise).

Heiko Frerichs: ABC zum Evangelischen Gesangbuch (EG) und Evangelischen Gottesdienstbuch (EGb). Liturgische Konferenz Niedersachsens, Hannover 2002, 30 S. (Mengenpreise).

Heinz Fischer: Gottesdienst praktisch. Arbeitshilfe für Lektoren und Gottesdienstmitarbeiter, 3., völlig neu bearb. Aufl., Göttingen 2001, 112 S.

- Darin u.a. auch ein Beitrag von *K.-E. Rosenplänter:* »Sprechen im Gottesdienst«, S. 80-89.

Dieses Thema behandelt auch die kleine katholische Arbeitshilfe:

Rolf Zerfaß: Lektorendienst. 15 Regeln, 5., verb. Aufl., Trier 1979, 76 S. (dazu eine Sprechplatte für Schulung und Selbstkontrolle, 17 cm).

Werner Reich/Joachim Stalmann: Gottesdienst – erklärt. Kleine Gottesdienstkunde für die Gemeinde, Hannover 1992, 72 S.

- Eine achtzehnteilige Artikelserie zur Einführung in den Gottesdienst und seine einzelnen Teile ist in dieser »Taschenliturgik« ergänzt um kurze Beiträge zu Themen »rund um den Gottesdienst« und um einen längeren Beitrag zur Geschichte unserer Gottesdienstform.

Karl-Heinrich Bieritz: Im Blickpunkt: Gottesdienst. Theologische Informationen für Nichttheologen, 2. Aufl., Göttingen 1987, 111 S.

- Im Vorfeld der Erneuerten Agende (vgl. sein Kapitel »Gottesdienst als Gestaltungsaufgabe« mit dem Aspekt »Zauberwort ›Struktur‹«) informiert B. zu den liturgischen Aspekten: Überlieferung, Gemeinschaft, Theologie, Geschichte. Eine kleine liturgische Quellensammlung von der frühchristlichen Didache bis zur Agendenarbeit um 1980 ist dokumentiert.

Joachim Stalmann: top Tagesordnungspunkt Gottesdienst, 5. Aufl., Hannover Neuausgabe 1994.
- Unter den beiden Fragerichtungen: Gottesdienst – Was ist das? und Wie geht das? stellt St. hier »für jedermann« Überlegungen zum Begriff und Stellenwert des ev. Gottesdienstes zur Diskussion und macht gleichzeitig den »Versuch einer Liturgik des Hauptgottesdienstes« auf dem Hintergrund der Erneuerten Agende. Ein »Kleines liturgisches Wörterbuch« erklärt wichtige Begriffe.

Dietrich Stollberg: Liturgische Praxis. Kleines evangelisches Zeremoniale, Göttingen 1993, 135 S.
- Aus der Seminararbeit mit Theologiestudierenden ist diese einführende Ausbildungs- und Praxishilfe zur Gestaltung des Gottesdienstes und des liturgischen Verhaltens erwachsen. Entsprechende Dimensionen »erfahren – üben – beobachten – feiern – verhalten« kennzeichnen diesen liturgischen Zugang.

Winrich C.-W. Clasen/Michael Meyer-Blanck/Günter Ruddat (Hg.): Ev. Taschenkatechismus (ETK), 2. Aufl., Rheinbach 2001 (u.a. knappe informative Artikel zu den Themen Gottesdienst, S. 151ff. und Kirchenjahr, S. 209ff.).

2.3 Gottesdienstordnung/Agende

Unsere Gottesdienste. Verschiedene Ordner

Unter dieser Überschrift steht die Anregung, Gottesdienste, die in der Gemeinde gefeiert wurden, in allen Variationen zu sammeln und zu ordnen, damit auf die Kraft der Tradition und der Innovation vor Ort zurückgegriffen werden kann.

Mögliche Ordnungsgesichtspunkte:
- Gottesdienste zur Bibel (geordnet nach der biblischen Reihenfolge)
- Gottesdienste zum Kirchenjahr (geordnet nach den Kirchenjahreszeiten)
- Gottesdienste zu Themen
- Texte zu den einzelnen Elementen des Gottesdienstes
- Lieder zu den einzelnen Elementen des Gottesdienstes (Kopiervorlagen) usw.

»Alte« Agenden

Agende für die Evangelische Kirche der Union.

Bd. I: Die Gemeindegottesdienste, Witten (1959), 3. Aufl. 1981.

Agende für die ev.-luth. Kirchen und Gemeinden.

Bd. I: Der Hauptgottesdienst mit Predigt und Heiligem Abendmahl und die sonstigen Predigt- und Abendmahlsgottesdienste. Ausgabe für den Pfarrer, Berlin (1955) 1974 – Teilabdruck – Übergangsausgabe 1981.

Bd. II: Die Gebetsgottesdienste (zur Erprobung bestimmter Entwurf), 1960.

vgl. dazu:

Otto Dietz: Unser Gottesdienst. Ein Hilfsbuch zum Hauptgottesdienst nach Agende 1 für ev.-luth. Kirchen und Gemeinden, 3. Aufl., München 1989.

Vgl. zu beiden »alten« Agenden:

Christhard Mahrenholz: Kompendium der Liturgik des Hauptgottesdienstes. Agende 1 für ev.-luth. Kirchen und Gemeinden und Agende 1 für die Ev. Kirche der Union, Kassel 1963.

»Erneuerte« Agende (EA)

Erneuerte Agende – Vorentwurf, hg. v. der Vereinigten Ev.-Luth. Kirche Deutschland (VELKD) und Ev. Kirche der Union (EKU), Hannover/Bielefeld 1990.

Vgl. dazu:

Fritz Baltruweit/Günter Ruddat: Gemeinde gestaltet Gottesdienst, Bd. 1: Arbeitsbuch zur Erneuerten Agende, Gütersloh 1994 (vergriffen).

Michael Meyer-Blanck: Inszenierung des Evangeliums. Ein kurzer Gang durch den Sonntagsgottesdienst nach der Erneuerten Agende, Göttingen 1997, 161 S.

Die aktuellen Agenden

Evangelisches Gottesdienstbuch. Agende für die Ev. Kirche der Union und für die Vereinigte Ev.-Luth. Kirche Deutschlands, hg. v. der Kirchenleitung der VELKD und im Auftrag des Rates von der Kirchenkanzlei der EKU. Berlin/Bielefeld/Hannover 2000 – *Taschenausgabe* (= Agende I) - vgl. die Altarausgabe.

Dazu: CD-ROM und *Ergänzungsband zum Ev. Gottesdienstbuch*:

Band I (Ringbuch, 576 S.), 2002

Band II: Gesänge zum Gottesdienst für Chor und Gemeinde, 2003

Vgl. dazu:

Gottesdienste und Materialien zur Einführung des Evangelischen Gottesdienstbuchs in der Ev. Kirche von Westfalen, Bielefeld/Schwerte 2000.

Helmut Schwier: Die Erneuerung der Agende. Zur Entstehung und Konzeption des »Ev. Gottesdienstbuches« (Leiturgia NF 3), Hannover 2000.

Reformierte Liturgie. Gebete und Ordnungen für die unter dem Wort versammelte Gemeinde, im Auftrag des Moderamens des Reformierten Bundes erarbeitet und hg. v. Peter Bukowski u.a., Neukirchen-Vluyn 1999 (einschl. CD).

Alternative Agenden

Friedrich K. Barth/Gerhard Grenz/Peter Horst: Gottesdienst menschlich. Eine Agende. Gesamtausgabe, Wuppertal 1990.

Überarbeitete Zusammenfassung der Bände »Gottesdienst menschlich« 1 (erstmals 1973) und 2 (erstmals 1980), deren Sprach- und Liturgiebewusstsein wesentlich die Praxis der letzten 25 Jahre bestimmt hat.

2.4 Grundlagen zur Gottesdienstgestaltung

Erhard Domay (Hg.): Arbeitsbuch Gottesdienst. Ideen und Modelle für ein ganzheitliches Erleben des Gottesdienstes, Gütersloh 1990. – Unorthodoxe aus der Praxis entstandene Gottesdienstgestaltungen von der Idee bis zur Durchführung.

Christian Zippert (Hg.): Gottesdienstbuch. Gebete, Lesungen, Lieder für die Sonn- und Feiertage des Kirchenjahres, Gütersloh 1990. – Entstanden aus der Arbeit der Liturgischen Kammer der Ev. Kirche von Kurhessen-Waldeck.

Sybille Fritsch-Oppermann/Henning Schröer (Hg.): Lebendige Liturgie, Bd. 1: Texte – Experimente – Perspektiven, Gütersloh 1990; Bd. 2: Vom Kirchentag zum Kirchenalltag, Gütersloh 1992. – Aus der Arbeit des Kirchentages, besonders des Ständigen Ausschusses für Abendmahl, Gottesdienst, Fest und Feier (AGOFF) entstanden – mit grundsätzlichen Überlegungen und gefeierten Liturgien.

Jörg Zink/Hans-Jürgen Hufeisen: Wie wir feiern können. Lieder, Psalmen, Gebete und Tänze zu Tages- und Festzeiten, Stuttgart 1992 (dazu Doppel-MC/LP/CD und Einzelliturgien im Satz).

Helmut Wenz: Körpersprache im Gottesdienst. Theorie und Praxis der Kinesik für Theologie und Kirche, 2. Aufl., Leipzig 1996.

Klaus Douglass: Gottes Liebe feiern. Aufbruch zum neuen Gottesdienst, 2. Aufl., Emmelsbüll 1999.

Dazu: *Christian A. Schwarz/Brigitte Berief-Schwarz:* Leiterhandbuch zu »Gottes Liebe feiern« (2000).

Frank Maibaum: Das Gottesdienstbuch. Der Leitfaden zur gemeinsamen Gottesdienstgestaltung, 2., überarb. Aufl., Stuttgart 1999.

Manfred Büsing/Holger Kiesé: Tanz, Gebärden, Haltungen (Neues für den Gottesdienst), 2. Aufl., Hannover 2000.

Klaus Danzeglocke/Gerd Kerl/Werner Reich (Hg.): Gottesdienst – Fremde Heimat. Informationen, Anregungen, Motivationen, Düsseldorf 2001. Für die Arbeit in Gottesdienstausschüssen o.Ä.: Ausführungen zu Grundsatzfragen, Modelle für Gemeindeseminare, Vorschläge für die Mitgestaltung des Gottesdienstes.

Werner Reich u.a.: Wenn alle gemeinsam Gottesdienst feiern. Gottesdienste der Generationen, Hannover 2001.

Hanns Kerner: Der Weg in das Leben. Ein Wegweiser durch das Evangelische Gottesdienstbuch, München 2001.

Fritz Baltruweit/Günter Ruddat: Gemeinde gestaltet Gottesdienst, Bd. 3: Ein Arbeitsbuch zum »Evangelischen Gottesdienstbuch«, Gütersloh 2002.

Thomas Kabel: Handbuch Liturgische Präsenz, Bd. 1: Zur praktischen Inszenierung des Gottesdienstes, Gütersloh 2001.

Dazu: *Helmut Wöllenstein (Hg.):* Werkbuch Liturgische Präsenz nach Thomas Kabel, Gütersloh 2002.

Michael Herbst/Matthias Schneider: ... wir predigen nicht uns selbst. Ein Arbeitsbuch für Predigt und Gottesdienst, Neukirchen-Vluyn 2002.

Erhard Domay/Hanne Köhler (Hg.): der gottesdienst. Liturgische Texte in gerechter Sprache, Gütersloh 1997-2001; Bd. 1: Der Gottesdienst, 1997; Bd. 2: Das Abendmahl/Die Kasualien, 1998; Bd. 3: Die Psalmen, 1998; Bd. 4: Die Lesungen, 2001 (dazu jeweils CD-ROM).

Evangelisches Tagzeitenbuch, hg. v. der Ev. Michaelsbruderschaft, 4., völlig neu gest. Aufl., Göttingen 1998.

Wolfgang Ratzmann: Kleiner Gottesdienst im Alltag. Theorie und Praxis evangelischer Andacht, Leipzig 1999.

Erhard Domay (Hg.): Arbeitsbuch Gemeindefeste. Ideen, Modelle und Bausteine für die Praxis, Gütersloh 1992.

Karl-Heinrich Bieritz: Das Kirchenjahr. Feste, Gedenk- und Feiertage in Geschichte und Gegenwart, München 1991. – Eine ökumenisch orientierende Einführung in die Entstehung, den Sinn, die gegenwärtige Gestalt und die gottesdienstliche Begehung des christlichen Festjahres.

Gerhard Rödding: Das Kirchenjahr feiern und erleben, Gütersloh 2002.

Ursula Früchtel: Mit der Bibel Symbole entdecken, Göttingen 1991. – Ein religionspädagogisches Arbeitsbuch zum Thema »Symbole« mit vielen Anregungen auch für die Gottesdienstgestaltung.

Ernst Scheibe: Kreuz und quer durchs Kirchenschiff, Leipzig 1999. – 550 Namen und Begriffe zu Gotteshaus und Gottesdienst in 31 Abschnitten.

Horst Nitschke: Lexikon Liturgie. Gottesdienst – christliche Kunst – Kirchenmusik, Hannover 2001.

Reihen und Zeitschriften

Erhard Domay (Hg.): Gottesdienstpraxis - Serie A (Neue Folge). Arbeitshilfen für die Gottesdienste nach den Texten der Perikopenordnung. Je Perikopenreihe 4 Bde., Gütersloh.
Vgl. auch *Erhard Domay (Hg.):* Gottesdienstpraxis - Serie B (Neue Folge). Arbeitshilfen für die Gottesdienste zu den Festzeiten, für Kasualien und besondere Anlässe, Gütersloh.

Peter Krusche/Dietrich Rössler/Roman Roessler (Hg.): Predigtstudien. Je Perikopenreihe 2 Bde., Stuttgart. – Das von *Ernst Lange* begründete Konzept des Dialogs zwischen A: Wie höre und verstehe ich den Predigttext? und B: Wie rede ich mit den Predigthörern und -hörerinnen? – Vgl. auch *dies.:* Themenstudien für Predigt und Gemeindearbeit, 4 Bde., Stuttgart 1977-1980.

Gerhard Ruhbach/Anselm Grün/Ulrich Wilckens (Hg.): Meditative Zugänge zu Gottesdienst und Predigt. 16 Bde. und Einführungsband »Meditation und Gottesdienst« in einer Kassette, Göttingen 1990-1998.

Beratungsstelle für Gestaltung von Gottesdiensten und anderen Gemeindeveranstaltungen (Hg.): Materialhefte. Jährlich 3 Hefte, Frankfurt/M. – Ideen und Modelle zu Gottesdienst, Kindergottesdienst, Spiel und Theater.

Zeitschrift für Gottesdienst und Predigt (ZGP), jährlich 6 Hefte, Gütersloh (seit 1983). – liturgische und homiletische Anregungen »aus der Praxis – für die Praxis« neben knappen grundsätzlichen Beiträgen, Modellen und liturgischen Texten.

Werkstatt für Liturgie + Predigt (evangelisch), monatlich, Aachen (seit 1990). – Lose-Blatt-Materialien für jeden Sonn- und Festtagsgottesdienst mit literarischen Kontexten, Bildern, Predigtentwurf und liturgischen Texten vom Psalmgebet bis zur Fürbitte.

Zeitschriften der Beratungsstellen (siehe unter 4.)

Studienbriefe zum Gottesdienst, hg. v. der Arbeitsgemeinschaft Missionarische Dienste (Beilage zur Zeitschrift Brennpunkt: Gemeinde, früher: »Das missionarische Wort«), Stuttgart. – Diese Studienbriefe können auch einzeln und im Satz bestellt werden, Themen z.B. Einladender Gottesdienst (A 32) oder Kirchen öffnen (A 35).

2.5 Zur Arbeit mit dem Gesangbuch

Evangelisches Gesangbuch elektronisch, Deutsche Bibelgesellschaft, Stuttgart.
Die ev. Gesangbücher Deutschlands und Österreichs mit allen Regionalteilen. Alle Texte und Noten der Gesangbücher, Text der Lutherbibel 1984, mit Suchprogramm und Noteneditor (CD-ROM). – u.a. auch eine große Erleichterung für die Gestaltung von Gottesdienstprogrammen.

Wolfgang Töllner (Hg.): Kleines Nachschlagewerk zum Evangelischen Gesangbuch. Ausgabe für die Ev.-Luth. Kirchen in Bayern und Thüringen, München o.J. – Liedgeschichte im Überblick/Kurzbiographien/Gottesdienst feiern/Verzeichnisse.

Werkbuch zum Evangelischen Gesangbuch, hg. v. Wolfgang Fischer, Dorothea Monningerund Rolf Schweizer, 6 Lieferungen im Ringbuchordner, Göttingen 1993-2000. – Anregungen und Hilfen zum kreativen Umgang mit dem neuen Gesangbuch; Aufbau der Lieferungen: Grundfragen – Entwürfe für die Praxis – Bausteine: Themen: Advent und Weihnachten/Erhaltung der Schöpfung – Frieden und Gerechtigkeit/Passion – Ostern/Psalmen/Gottesdienst/Lieder aus anderen Ländern und Sprachen.

Gitarrenbegleitbuch zum EG, hg. im Auftrag der EKD, 2 Bde., München 1995. – z. T. auch regionale Ausgaben wie z. B.: EG mit Akkordsymbolen für Gitarre, Keyboard und Band. Ausgabe für Rheinland, Westfalen, Lippe, Ev.-reformierte Kirche, Gütersloh/Bielefeld /Neukirchen-Vluyn 1997.

Klaus Raschzok (Hg.): Die Bilder im Gesangbuch. Beschreibung – Kontext – Zugänge, 4. Aufl., Erlangen 2000. – Meditationen zu den Bildern und Informationen zu den Künstlern im Gesangbuch für Bayern, Mecklenburg, Thüringen und Württemberg.

Handbuch zum Evangelischen Gesangbuch (EG), Göttingen; Bd. I: *Ernst Lippold/Günter Vogelsang (Hg.):* Konkordanz zum EG, 2. Aufl. 1997 (kt. Sonderausgabe, 1998); Bd. II: *Wolfgang Herbst (Hg.):* Komponisten und Liederdichter des EG, 1999; Bd. III: *Gerhard Hahn/Jürgen Henkys (Hg.):* Liederkunde zum EG, 2000ff. – in ca. 10-15 Einzelheften mit jeweils etwa 20-25 Liedinterpretationen – bereits erschienen: III/1-2, 2000; III/3,2001.

Hans-Helmar Auel/Bernhard Giesecke: Bibel im Kirchenlied. Eine Konkordanz zum Ev. Gesangbuch. (Dienst am Wort 91), Göttingen 2001.

Wolfgang Herbst (Hg.): Wer ist wer im Gesangbuch?, Göttingen 2001.

Christoph Albrecht: Einführung in die Hymnologie, 4., überarb. und erw. Aufl., Göttingen 1995.

Martin G. Schneider/Gerhard Vicktor: Alte Choräle neu erlebt. Kreativer Umgang mit Kirchenliedern in Schule und Gemeinde, Lahr 1993.

Liedpredigten

Ralf Koerrenz/Jochen Remy (Hg.): Mit Liedern predigen. Theorie und Praxis der Liedpredigt, Rheinbach-Merzbach 1994.

Friedrich Wintzer/Henning Schröer: Lebendiger Glaube. Liedpredigten zu neuen und alten Liedern (Dienst am Wort 78), Göttingen 1997.

Eberhard Kenntner: Gesungener Trost. Liedpredigten im Kirchenjahr, Rheinbach 2001.

2.6 Spezielle Materialien zu den einzelnen Gottesdienstelementen

Hans-Christoph Schmidt-Lauber/Manfred Seitz (Hg.): Der Gottesdienst. Grundlagen und Predigthilfen zu den liturgischen Stücken, Stuttgart 1992 (Ziel des Buches: »Gottesdienst« zum Thema des Gottesdienstes und der Predigt zu machen!).

Liturgische Texte/Gottesdienstgebete

Christian Zippert (Hg.): Gottesdienstbuch. Gebete, Lesungen, Lieder für die Sonn- und Feiertage des Kirchenjahres, 3. Aufl. 1995.

Sybille Fritsch: Was mich beseelt. Für und aus dem Gottesdienst, Düsseldorf 1991 – Texte zum Introitus, Kyrie, Zuspruch, Gloria, Abendmahl, Fürbitte und Segen.

Heidi Rosenstock/Hanne Köhler: Du Gott, Freundin der Menschen. Neue Texte und Lieder für Andacht und Gottesdienst, Stuttgart 1991.

Hanns Dieter Hüsch: Das Schwere leicht gesagt, 2. Aufl., Düsseldorf 1992 – Texte zu Introitus, Bekenntnisse, Botschaften, Segen.

Erhard Domay/Jürgen Frank (Hg.): Arbeitsbuch Gebete. Ideen, Anleitungen, Beispiele und Überlegungen zur Gestaltung gottesdienstlicher Gebete, Gütersloh 1994 (Gottesdienstpraxis – Serie B).

Michael Meyer: Nachdenkliche Gebete im Gottesdienst. Neue Fassung, Göttingen 1996 (Ringbuch).

Joachim Stalmann: Fürbitten, Hannover 1997.

Jörg Buchna: Gebete für Gottesdienst und Kasualien, Konstanz 1997 (Ringbuch).

Burkhard Heim: Neue Gebete im Gottesdienst. Dritte Folge, Konstanz 1997 (Ringbuch).

Holger Tietz: Begegne uns, Herr! Kollekten- und Fürbittengebete im Kirchenjahr, Konstanz 1997 (Ringbuch).

Erhard Domay/Hanne Köhler (Hg.): der gottesdienst. Liturgische Texte in gerechter Sprache, Gütersloh 1997-2001, Bd. 1: Der Gottesdienst, 1997; dazu jeweils CD-ROM.

Markus Hentschel u.a. (Hg.): Mensch, Gott! Das neue Gottesdienstbuch. Gebete, Lesungen und Lieder für die Sonn- und Feiertage des Kirchenjahres, Gütersloh 1997.

Julia Strecker: Der Sehnsucht Sprache geben. Liturgische Texte für den Gottesdienst, Gütersloh 2000.

Ulrich Kock-Blunk (Hg.): Das neue Gottesdienstbuch. Gebete, Lesungen und Lieder für die Sonn- und Feiertage des Kirchenjahres, Gütersloh 2001.

Ernst Scheibe: Gottesdienst feiern. Liturgische Texte zur Gottesdienstgestaltung für alle Sonn- und Feiertage des Kirchenjahres, Leipzig 2001. – Texte von der Begrüßung bis zum Segen.

Hans-Georg Link (Hg.): Mit Gottes Volk auf Erden. Ökumenischer Fürbittkalender, Frankfurt/M. 1989.

vgl. dazu: *Mathilde Stammler:* Kennenlernen und füreinander beten. Ökumenischer Fürbittkalender für Kinder, Frankfurt/M. 1992.

Psalmen

E. Gerstenberger/K. Jutzler/H.J. Boecker: Zu Hilfe, mein GOTT. Psalmen und Klagelieder eingeleitet, übersetzt und erklärt, 4. Aufl., Neukirchen-Vluyn 1989 (1.-3. Aufl. unter dem Titel: Die Psalmen in der Sprache unserer Zeit, 1972ff.).

Kurt Marti: Die Psalmen Davids. Annäherungen, Stuttgart 1991 (Ps 1-41)

ders.: Die Psalmen 42-72. Annäherungen, Stuttgart 1992.

ders.: Die Psalmen 73-106, Annäherungen, Stuttgart 1992.

Hanns Dieter Hüsch/Uwe Seidel: Ich stehe unter Gottes Schutz. Psalmen für Alletage, 3. Aufl., Düsseldorf 1997.

Synode der ev.-reformierten Kirchen in Bayern und Nordwestdeutschland (Hg.): Der Psalter, Gütersloh 1997.

Erhard Domay/Hanne Köhler (Hg.): der gottesdienst. Liturgische Texte in gerechter Sprache, Gütersloh 1997-2001, Bd. 3: Die Psalmen, 1998; dazu jeweils CD-ROM.

Thomas Grebe/Barbi Kohlhage (Hg.): Auf der Suche nach dir, Gott. Andachten zu den Wochenpsalmen, Gütersloh 2000.

Sylvia Bukowski: Lass mich blühen unter deiner Liebe. Gebete zu den Wochenpsalmen, Neukirchen-Vluyn 2001.

Abendmahl

Diethard Zils: Du bist das Brot. Du bist der Wein. Texte zum Abendmahl, Düsseldorf 1991.

Erhard Domay (Hg.): Abendmahl. Gottesdienste, Predigten, Anregungen, Beispiele, Liturgische Texte, Gütersloh 1998 (Gottesdienstpraxis – Serie B). – vgl. auch frühere Sammelbände dieser Reihe von Christian Zippert, 1977 und 1987 und Erhard Domay 1993.

Erhard Domay/Hanne Köhler (Hg.): der gottesdienst. Liturgische Texte in gerechter Sprache, Gütersloh 1997-2001, Bd. 2: Das Abendmahl/Die Kasualien, 1998; dazu jeweils CD-ROM.

Hanne Köhler u.a.: Brot des Lebens – Kelch des Heils (Materialheft 85), Beratungsstelle für Gestaltung, Frankfurt/M. 1999. – Anregungen, Bausteine und Entwürfe vom Abendmahl im Gemeindegottesdienst, in der Gruppe und in der Hausgemeinde.

Georg Kugler: Gemeinsam das Brot brechen. Frühchristliche Mahlfeiern. Grundlagen und Modelle, München 1999.

Christiane Begerau/Martin von Essen/Rainer Schomburg (Hg.): Abendmahl – Fest der Hoffnung. Grundlagen – Liturgien – Texte, Gütersloh 2000 (mit einer Bibliografie 1977-2000 von G. Ruddat). – Anregungen und Reflexionen, Entwürfe und Bausteine des Stuttgarter Kirchentags 1999.

Zum Hintergrund

Uwe Dittmer: Im Blickpunkt: Abendmahl. Theologische Informationen für Nichttheologen, 33. Aufl., Berlin 1989.

Jörg Zink: Zum Abendmahl sind alle eingeladen. Warum ziehen die Kirchen Grenzen?, Stuttgart 1997.

Michael Welker: Was geht vor beim Abendmahl?, Stuttgart 1999. – Mit einem Anhang: »Dokumente wachsender Übereinstimmung« der Kirchen in Fragen des Abendmahls ... von 1931 bis 1990.

Alexander Völker (Hg.): Eucharistie – Beiträge zur Theologie der »Erneuerten Agende«, Berlin 1993.

2.7 Materialien zu besonderen Gottesdienstformen

Krabbelgottesdienst

Klaus Meyer: Krabbelgottesdienste. Mit Kleinkindern in der Kirche, 2. Aufl., Gütersloh 1992 (vergriffen).

Harald Gerke/Kerstin Neubauer: Kirche für Krabbelkinder. Mit Eltern und Kleinkindern in der Gemeinde, Gütersloh 1993 (vergriffen).

Alma Grüßhaber/Gerhard Martin (Hg.): Willkommen in unserer Kirche. Handbuch für Gottesdienste mit Kleinkindern von 0-4 Jahren, Stuttgart 1995 (Literatur und Materialien S. 190-192).

Charlotte Scheller/Amélie zu Dohna: Kirche mit den Allerkleinsten. Krabbelgottesdienste (Dienst am Wort 94), Göttingen 2001.

Wolfgang Reinbold: Krabbelgottesdienst. Erfahrungen, Probleme, Perspektiven, in: Pastoraltheologie 91/2002, S. 12-25. – Eine erste kritische Bestandsaufnahme (Literaturauswahl!).

Kindergottesdienst

J. Koerver/R. Köster/G. Ruddat/H.-J. Schneider (Hg.): Kindergottesdienst-Helferhandbuch, 4. überarb. Aufl., Stuttgart 1989 (vergriffen, Neubearbeitung in Vorbereitung).

Erhard Domay (Hg.): Arbeitsbuch Kindergottesdienst. Modelle für die Praxis, Ideen zur Gestaltung, Bausteine für Entwürfe, Gütersloh 1996 (Gottesdienstpraxis – Serie B).

Ulrich Walter: Kinder erleben Kirche. Werkbuch Kindergottesdienst, Gütersloh 1999 (Lit.).

Plan für den Kindergottesdienst 2001-2003, hg. v. Gesamtverband für Kindergottesdienst in der EKD, Stuttgart 2000. – Grundlage für die sonntäglichen Reihen in den Kindergottesdiensten der EKD, im Materialteil eine Fundgrube für kreative Gottesdienste.

Ulrich Walter (Hg.): Kindergottesdienst plus. Die zusätzlichen Angebote nach dem Plan für den Kindergottesdienst 2001-2003, Gütersloh 2000.

Familiengottesdienst

Kurt Rommel (Hg.): Familiengottesdienste im Kirchenjahr, Bd. I–V, Stuttgart 1982ff.

Eberhard Dieterich/Andreas Weidle (Hg.): Das Kirchenjahr feiern. Familiengottesdienste, Spiele und Bausteine für die Festzeiten im Kirchenjahr, Bd. 1-3, Stuttgart 1987ff.

Erhard Domay (Hg.): Arbeitsbuch Familiengottesdienste. Modelle – Ansprachen – Szenen – Bausteine – Ideen, Gütersloh 1999 (Gottesdienstpraxis – Serie B) – vgl. auch den Band von 1994.

Schulgottesdienst

Elsbe Goßmann/Reinhard Bäcker: Schul-Gottesdienst. Situationen wahrnehmen und gestalten, Gütersloh 1992.

Wolfgang Neuser: Gottesdienst in der Schule. Grundlagen – Erfahrungen – Anregungen, Stuttgart 1994.

Hanne Köhler (Hg.): Gottesdienste und Feiern im Schuljahr (Materialheft 74), Beratungsstelle für Gestaltung, Frankfurt/M. 1995.

Erhard Domay (Hg.): Schulgottesdienste. Gottesdienste – Predigten – Szenen – Liturgische Stücke, Gütersloh 1997 (Gottesdienstpraxis - Serie B) – vgl. auch den Band von 1989.

Jugendgottesdienst/Gottesdienste mit Konfirmandinnen und Konfirmanden

Hans-Martin Lübking (Hg.): Gottesdienst für Jugendliche. Praxismaterialien für alle Sonn- und Feiertage des Kirchenjahres. Perikopenreihe 1 bis 6, Düsseldorf 1996-2001 (6 Bde.).

Mechthild Bangert/Roland Schwarz/Christine Tröger (Hg.): Werkstatt Jugendgottesdienst. Ideen – Anregungen – Modelle, Gütersloh 1998 (Lit.).

Erhard Domay (Hg.): Gottesdienste mit Konfirmandinnen und Konfirmanden. Gestaltungsideen, Modelle, Anspiele, Predigten, liturgische Texte, Gütersloh 1999 (Gottesdienstpraxis – Serie B) – vgl. auch den Band von 1993.

Volker A. Lehnert: Jugendgottesdienst kreativ. 12 ungewöhnliche Gottesdienste, Neukirchen-Vluyn 2001.

Hans-Martin Lübking: Jugendgottesdienst plus. Gebete, Lesungen und Lieder für die Sonn- und Feiertage des Kirchenjahres – nicht nur für Jugendliche, Gütersloh 2001.

Christoph Urban/Timo Rieg: Jugendgottesdienst 2.0. Methoden, Module und Komplettentwürfe zur Planung und Durchführung. Ein interaktives Handbuch, Bochum 2001. – mit Internet-Ergänzungen usw.: www.jugendgottesdienst.com.

Gottesdienste mit Frauen

Brigitte Enzner-Probst/Andrea Felsenstein-Roßberg (Hg.): Wenn Himmel und Erde sich berühren. Texte, Lieder und Anregungen für Frauenliturgien, Gütersloh 1993 (dazu: Liedsammlung).

Sabine Ahrens u.a. (Hg.): Und schuf sie als Mann und als Frau. Eine Perikopenreihe zu den Lebenswirklichkeiten von Frauen und Männern für die Sonn- und Feiertage des Kirchenjahres, Gütersloh 1995.

Mieke Korenhof (Hg.): Mit Eva predigen. Ein anderes Perikopenbuch, Düsseldorf 1996.

Mieke Korenhof/Rainer Stuhlmann (Hg.): Wenn Eva und Adam predigen. Ein anderes Perikopenbuch. Neue Predigten von Frauen und Männern, Düsseldorf 1998, 2 Bde. (I: Advent – Pfingsten/II: Trinitatis – Ewigkeitssonntag). – Angefügt auch Predigten zu Texten des jüdischen Festkalenders und eigen(willig)e Liturgische Bausteine.

Martina Gerlach u.a. (Hg.): Diesseits von Eden. Feministische Gottesdienste, Gütersloh 1998.

Andachten für die Arbeit mit Frauen in der Gemeinde, Gütersloh 1998-2002; Bd. 1 (Zu den Wochensprüchen), hg. v. Angelika Weigt-Blätgen und Hildburg Wegener, 2., überarb. Aufl., Gütersloh 1998; Bd. 2: Symbole, hg. v. Martina Gerlach und Angelika Weigt-Blätgen, Gütersloh 1999; Bd. 3: Jahreszeiten – Feste – Kirchenjahr, Gütersloh 2002.

Erhard Domay (Hg.): Arbeitsbuch Frauen in der Gemeinde. Impulse, Berichte, Modelle, Ideen, Gütersloh 1998 (Gottesdienstpraxis – Serie B).

Arbeitshefte zum Weltgebetstag (zu beziehen bei: Dt. Weltgebetstagkomitee, Postfach 1240, 90544 Stein).

Gottesdienste mit alten Menschen

Susanne Schildknecht (Hg.): Mit sprechenden Gesichtern. Gottesdienste in Altenheimen, 2. Aufl., Gütersloh 2000.

Erhard Domay (Hg.): Arbeitsbuch Altenarbeit, Gütersloh 2000 (Gottesdienstpraxis – Serie B).

Mit alten Menschen Gottesdienst feiern, hg. v. der Arbeitsstelle für gemeindebezogene Altenarbeit im Amt für Gemeindedienst, Hannover 2000 (Bezug: AfG, Postfach 265, 30002 Hannover).

Gottesdienste mit behinderten und nicht behinderten Menschen

Günter Ruddat: Gottesdienste mit behinderten Menschen. Literarische Annäherungen aus der Praxis, in: Thema: Gottesdienst, hg. v. der Beratungs- und Studienstelle für den Gottesdienst, Düsseldorf Nr. 2/1991, S. 14-22 (auch als Sonderdruck erschienen) – Versuch einer Bibliografie zum Thema bis 1990.

Pädagogisch-Theologisches Institut Bonn-Bad Godesberg (Hg.): ... damit wir gemeinsam feiern können. Anregungen für Gemeindegottesdienste mit geistig behinderten Menschen (PTI-Materialdienst), Düsseldorf 1993.

Erhard Domay (Hg.): Integrative Gottesdienste. Gottesdienste mit behinderten und nicht behinderten Menschen u.a., Gütersloh 2000 (Gottesdienstpraxis - Serie B).

Literaturgottesdienste

Johan Hinrich Clausen/Thies Gundlach/Peter Stolt: Den Himmel auf die Erde holen. Literatur-Gottesdienste, Stuttgart 2001.

Erhard Domay/Vera-Sabine Winkler (Hg.): Im Brennglas der Worte. Zeitgenössische Lyrik als Element der Liturgie, Gütersloh 2002.

Alternative Gottesdienste

Clemens Bittlinger: Charmant & herzlich. Kirche mal anders. Bistronachtcafé, Bistro-Gottesdienst, Hammersbach 1995.

Klaus Douglass/Kai Scheunemann/Fabian Vogt: Ein Traum von Kirche. Wie ein Gottesdienst für Kirchendistanzierte eine Gemeinde verändert, Asslar 1998 (vgl. dazu: Der Gottesdienstkatalog. Gottesdienste zum Auspacken und Losfeiern, 1998).

Jörg Knoblauch/Heiko Bräuning: Gottesdienst à la carte. Warum wir zielgruppenorientierte Gottesdienste brauchen, Asslar 1999 (u.a. 9 Modelle für 9 Zielgruppen).

Clemens Bittlinger/Fabian Vogt: Die Sehnsucht leben. Gottesdienst – neu entdeckt, München 1999. – Mit Hinweisen auf die Projekte »Bistro-Gottesdienst« und »GoSpecial«.

Georg Ottmar/Peter Hitzelberger (Hg.): Wir träumen eine Kirche. Kreative Gottesdienste für Hellwache, Stuttgart 1999.

Horst Bracks: Glauben erfahrbar machen. Senfkorngottesdienste. Grundlagen und Modelle, München 2000.

Tilmann Haberer: Die Thomasmesse. Ein Gottesdienst für Ungläubige, Zweifler und andere gute Christen, München 2000.

Waldemar Pisarski: Gott tut gut. Salbungsgottesdienste. Grundlagen und Modelle, München 2000.

Fritz Baltruweit/Dieter Haite/Jan Hellwig: Kirche, die sich öffnet. Modelle und Bausteine für ein neues liturgisches Erleben und Gestalten, Gütersloh 2001. - Anregende Dokumentation der ökumenischen Erfahrungen des Christus-Pavillons auf der EXPO 2000.

Gisela Freiesleben u.a. (Hg.): Laien-Gottesdienste. Vorbereitung – Durchführung – Erfahrungen, Gütersloh 2001.

Ev. Gemeindedienst für Württemberg (Hg.): Gottesdienst anders ... Andere Gottesdienste. Eine Arbeitshilfe für alle, die Gottesdienste gestalten, Stuttgart 2001 (Lit.).

Ökumenische Gottesdienste

Die Eucharistische Liturgie von Lima. Mit einer Einführung von Max Thurian, Frankfurt/M. 1983.

Machet herrlich sein Lob. Gebete aus der russisch-orthodoxen Kirche. Ausgewählt, übersetzt und eingeleitet von Eva-Maria Bachmann, Neukirchen-Vluyn 1987.

Karl-Heinrich Bieritz/Michael Ulrich: Gottesdienstgestaltung. Ein ökumenisches Werkbuch, (Leipzig 1985) 2. Aufl., Graz/Göttingen 1987.

Laurentius Klein/Hans-Georg Link (Hg.): Gemeinsam feiern. Ökumenische Gottesdienste im Kirchenjahr, Zürich/Neukirchen-Vluyn 1993.

Dietrich Werner/Beatrice Aebi/Fritz Baltruweit u.a. (Hg): Sinfonia Oecumenica. Feiern mit den Kirchen der Welt, 2. Aufl., Gütersloh 1999 – Viersprachig synoptisch.

Materialien zu thematischen Sonntagen wie Bibelsonntag, Sonntag der Weltmission usw. sollten ebenso Anstoß zu Gottesdienstgestaltungen geben wie Materialien zu Gebetswoche für die Einheit der Christen, »Sieben Wochen ohne«, Woche der Brüderlichkeit, Jugendkreuzweg, Friedenswoche usw. Aktuelle Hinweise dazu finden sich in der Regel in der kirchlichen Presse.

Interreligiöse Gottesdienste

Elke Kuhn (Hg.): Gott in vielen Namen feiern. Interreligiöse Schulfeiern mit christlichen und islamischen Schülerinnen und Schülern, Gütersloh 1998 (Lit.).

Erhard Domay/Rolf Heinrich (Hg.): Arbeitsbuch Interreligiöse Gottesdienste und Veranstaltungen. Modelle, Bericht, Anregungen aus der Praxis (Gottesdienstpraxis – Serie B), Gütersloh 2001.

2.8 Liturgische Gegenstände

Einfache aus Ton gefertigte Becher und Schalen zur Feier des Abendmahls – wie sie vom Kirchentag bekannt sind – können u.a. bei der Beratungsstelle für Gestaltung, Frankfurt/M. bestellt werden (S. 282). Hier wie bei der Gestaltung von Paramenten und Antependien, Kerzenständern, Altardecken usw. sind bei entsprechender Beratung durch die Gottesdienstarbeitsstellen neben kommerzieller Beschaffung (kirchliche Versandhäuser) auch schöpferische Gemeinschaftsarbeiten vor Ort zu entwickeln.

Eine weitere Möglichkeit im ökumenischen Horizont: entsprechende Gegenstände aus dem Eine-Welt-Laden oder z.B. Altartücher aus Indien (zu beziehen über: Informationszentrum Dritte Welt des Ev. Kirchenkreises Herne, Overwegstr. 31, 44625 Herne).

Über *aktuelle Neuerscheinungen zum Thema Gottesdienst* informieren folgende jährlich erscheinende Kataloge:

Theologie und Gemeinde. Ein ökumenisches Literaturverzeichnis für Studium und Wissenschaft, für Kirche und Spiritualität, hg. v. der Arbeitsgemeinschaft Theologischer Verlage (ATV), Vertrieb: Ahornallee 228, 33330 Gütersloh (darin: 11. Liturgiewissenschaft/13. Gottesdienst). – Der Katalog ist auch im Internet zugänglich.

Vgl. auch den Katalog: *Religion – Ethik – Philosophie.* Lehr- und Arbeitsmittel für Schule und Gemeinde, hg. v. Verlagsring Religionsunterricht (VRU), VRU Informationsstelle, Postfach 2208, 77912 Lahr.

3. Liturgiewissenschaftliche Vertiefung (für Leute, die es genauer wissen wollen)

3.1 Lexika und Handbücher

Vgl. die entsprechenden Artikel zu Gottesdienst und Liturgie in den einschlägigen theologischen Werken:

Peter Cornehl, Art.: Gottesdienst VIII. In: TRE Bd. 14, 1985, S. 54-85.

William Nagel/Eberhard Schmidt: Der Gottesdienst, in: Handbuch der Praktischen Theologie, Bd. 2, 2. Aufl., Berlin-Ost 1979, S. 7-137.

Handbuch der Praktischen Theologie (HPTh), 4 Bde., Gütersloh 1981ff. (durchgängig das Handlungsziel »Verkündigung und Kommunikation«, das für die einzelnen Handlungsbereiche konkretisiert wird).

Manfred Josuttis: Zur Liturgik, in: *Friedrich Wintzer:* Praktische Theologie, 3. Aufl., Neukirchen-Vluyn 1990, S. 29-80.

Dietrich Rössler: Grundriß der Praktischen Theologie, 2., erw. Aufl., Berlin 1993 (darin: 8. Kap. – Gottesdienst).

Gert Otto: Praktische Theologie, Bd. 1: Grundlegung; Bd. 2: Handlungsfelder, München 1986/1988 (als 3. Bd. ist eine Geschichte der Praktischen Theologie angekündigt – in den Handlungsfeldern finden sich unter dem Stichwort »Feiern«: Fest/Gottesdienst/Kindergottesdienst).

Joachim Stalmann: Liturgik/Kirchenmusik, in: *Reimund Blühm (Hg.):* Kirchliche Handlungsfelder, Stuttgart 1993, S. 105-189.

Martin Nicol: Grundwissen Praktische Theologie. Ein Arbeitsbuch, Stuttgart 2000 (Gottesdienst/Liturgik, S. 45-71).

3.2 Gesamtdarstellungen

K.F. Müller/W. Blankenburg (Hg.): Leiturgia. Handbuch des evangelischen Gottesdienstes, 5 Bde., Kassel 1954-1970.

H.B. Meyer u.a. (Hg.): Gottesdienst der Kirche. Handbuch der Liturgiewissenschaft, Regensburg 1983ff.

William Nagel: Geschichte des christlichen Gottesdienstes, 2. erw. Aufl., Berlin 1970.

Wolfgang Herbst (Hg.): Evangelischer Gottesdienst. Quellen zu seiner Geschichte, 2., völlig neubearb. Aufl. von »Quellen zur Geschichte des ev. Gottesdienstes«, Göttingen 1992.

Friedrich Kalb: Grundriß der Liturgik. Eine Einführung in die Geschichte. Grundsätze und Ordnungen des lutherischen Gottesdienstes, (2. überarb. Aufl. 1982) 3. Aufl., München 1985.

Christian Grethlein: Abriß der Liturgik. Ein Studienbuch zur Gottesdienstgestaltung, 2., überarb. Aufl., Gütersloh 1991.

Manfred Josuttis: Der Weg in das Leben. Eine Einführung in den Gottesdienst auf verhaltenswissenschaftlicher Grundlage, 3. Aufl., München 2000.

Rainer Volp: Liturgik. Die Kunst, Gott zu feiern, Bd. 1: Einführung und Geschichte, Gütersloh 1992; Bd. 2: Theorien und Gestaltung, Gütersloh 1994.

Theophil Müller: Evangelischer Gottesdienst. Liturgische Vielfalt im religiösen und gesellschaftlichen Umfeld, Stuttgart 1993.

Christoph Albrecht: Einführung in die Liturgik, 3., überarb. und erweiterte Aufl., Göttingen 1995.

Hans-Christoph Schmidt-Lauber/Karl-Heinrich Bieritz (Hg.): Handbuch der Liturgik. Liturgiewissenschaft in Theologie und Praxis der Kirche, 2., korr. Aufl. 1995, 3., neubearb. Aufl. Göttingen 2003.

Christian Grethlein: Grundfragen der Liturgik. Ein Studienbuch zur zeitgemäßen Gottesdienstgestaltung, Gütersloh 2001.

Michael Meyer-Blanck: Liturgie und Liturgik. Der Evangelische Gottesdienst aus Quellentexten erklärt. Gütersloh 2001.

Christian Grethlein/Günter Ruddat (Hg.): Liturgisches Kompendium, Göttingen 2003.

3.3 Zur Theologie des Gottesdienstes und Einzelfragen

Peter Brunner: Zur Lehre vom Gottesdienst der im Namen Jesu versammelten Gemeinde, Neudruck mit einem Vorwort von Joachim Stalmann, Hannover 1993 (Nachdruck aus Leiturgia Bd. 1, Kassel 1954).

Ernst Lange: Chancen des Alltags. Überlegungen zur Funktion des christlichen Gottesdienstes in der Gegenwart, hg. und mit einem Nachwort von Peter Cornehl, München 1984 (Nachdruck des Bandes VIII der »Handbücherei des Christen in der Welt«, 1965).

Harvey Cox: Das Fest der Narren. Das Gelächter ist der Hoffnung letzte Waffe, Stuttgart 1969 (und weitere Aufl., auch als GTB 216).

Werner Jetter: Symbol und Ritual. Anthropologische Elemente im Gottesdienst, Göttingen (1978) 1986.

Okko Herlyn: Theologie der Gottesdienstgestaltung, 2. Aufl., Neukirchen-Vluyn 1992.

Dieter Trautwein: Lernprozeß Gottesdienst. Ein Arbeitsbuch unter besonderer Berücksichtigung der »Gottesdienste in neuer Gestalt«, Gelnhausen/München 1972.

Hans-Joachim Thilo: Die therapeutische Funktion des Gottesdienstes, Hannover 1985.

Christian Möller: Gottesdienst als Gemeindeaufbau. Ein Werkstattbericht, Göttingen 1988.

Gerhard Ruhbach/Anselm Grün/Ulrich Wilckens (Hg.): Meditation und Gottesdienst, Göttingen 1989 (Einführungsband zu den acht Predigtreihen mit je zwei Bänden: Meditative Zugänge zu Gottesdienst und Predigt).

Hans-Christoph Schmidt-Lauber: Die Zukunft des Gottesdienstes. Von der Notwendigkeit lebendiger Liturgie, Stuttgart 1990 (Sammlung von liturgischen Beiträgen aus den Jahren 1971-1990, z.T. erheblich überarbeitet).

Hans-Günter Heimbrock: Gottesdienst: Spielraum des Lebens. Sozial- und kulturwissenschaftliche Analysen zum Ritual in praktisch-theologischem Interesse, Kampen/Weinheim 1993.

Peter Cornehl/Martin Dutzmann/Andreas Strauch (Hg.): »… in der Schar derer, die da feiern«. Feste als Gegenstand praktisch-theologischer Reflexion, Göttingen 1993.

Rainer Bürgel (Hg.): Raum und Ritual. Kirchbau und Gottesdienst in theologischer und ästhetischer Sicht, Göttingen 1995

Klemens Richter: Kirchenräume und Kirchenträume. Die Bedeutung des Kirchenraums für eine lebendige Gemeinde, Freiburg/Br. 1998.

3.4 Reihen und Zeitschriften

Luth.Liturg. Konferenz (Hg.): reihe gottesdienst, Hannover (Studienarbeiten und gottesdienstliche Texte, z.B. auch Agenden zur Erprobung).

Albert Mauder/Otfried Jordahn (Hg.): Feiernde Gemeinde. Anregungen, Materialien, Texte, Hamburg.

Dienst am Wort. Die Reihe für Gottesdienst und Gemeindearbeit, Göttingen.

Jahrbuch für Liturgik und Hymnologie (JLH), Kassel (seit 1955)/Hannover (ab 1986).

Kunst und Kirche, Darmstadt (seit 1971).

Musik und Kirche, Kassel (seit 1929).

4. Beratungsstellen für die Gestaltung von Gottesdiensten

1. **Gemeinsame Arbeitsstelle für gottesdienstliche Fragen der EKD**
Herrenhäuser Str. 12, 30419 Hannover
– Die GAGF gibt seit 1987 3- bis 4mal jährlich das kostenlose Informations- und Korrespondenzblatt »Arbeitsstelle Gottesdienst« heraus, das u.a. Überlegungen zur Theorie und Praxis des Gottesdienstes, speziell Informationen zum EGb und zum EG, Dokumentationen von Fachtagungen, Buchanzeigen, Gottesdienstkritiken und Berichte aus der liturgischen Arbeit der Landeskirchen enthält.

1a. **Geschäftsstelle der Lutherischen Liturgischen Konferenz** (= 1.)

2. **Pfarrstelle für Gottesdienstberatung der Nordelbischen Ev.-luth. Kirche:**
– Pfr. Thomas Hirsch Hüffell, Rahlstedter Str. 223, 22143 Hamburg
– Pfr. Dr. Ute Grümbel, Gudrunstr. 36, 22559 Hamburg

3. **Arbeitsstelle für Gottesdienst und Kirchenmusik der Ev.-luth. Landeskirche Hannovers**
Knochenhauerstr. 33, 30159 Hannover
– Die Arbeitsstelle gibt seit 1973 die Zeitschrift »Für den Gottesdienst« heraus, deren Untertitel »Informationen, Angebote, Beobachtungen, Fragen, Antworten» ein breites Spektrum andeutet.

4. **Arbeitsstelle für Gottesdienst und Kirchenmusik**
Institut für Aus-, Fort- und Weiterbildung der Ev. Kirche von Westfalen
Haus Villigst, Iserlohner Str. 25, 58239 Schwerte
– Über diese seit 1992 bestehende Einrichtung informiert ein halbjährliches Programm, das Hinweise zur Beratungs- und Tagungstätigkeit enthält. Spezielle Materialien wie ein »Liturgischer Trimmpfad – 6 Stationen auf dem Weg durch den Gottesdienst« können angefordert werden.

4a. **CliP – Centrum für Liturgische Präsenz** (= 4.)

5. **Arbeitsstelle für Gottesdienst und Kindergottesdienst der Ev. Kirche im Rheinland**
Graf-Recke-Str. 209, 40237 Düsseldorf
– Seit 1990 gibt diese Stelle einen Materialdienst »Thema: Gottesdienst« heraus, der Berichte, Modelle, Analysen, Lesetipps, Informationen und Termine rund um den Gottesdienst veröffentlicht.

6. **Zentrum Verkündigung der Ev. Kirche von Hessen-Nassau**
(Beratungsstelle für Gestaltung von Gottesdiensten und anderen Gemeindeveranstaltungen)
Eschersheimer Landstr. 565, 60431 Frankfurt/M.
– Seit 1970 erscheinen jährlich etwa 3 Materialhefte dieser Einrichtung der Ev. Kirche in Hessen und Nassau zu den Bereichen Gottesdienst, Kindergottesdienst und Spiel und Theater. Das aktuelle Angebot des umfangreichen Materialversandes (Denkbilder, Bildsätze, Spieltexte, Liederbücher usw.) kann angefordert werden.

7. **Gottesdienst-Institut der Ev.-Luth. Kirche in Bayern**
Sperberstr. 70, 90461 Nürnberg
– Die Materialstelle verschickt regelmäßig »Materialbriefe« u.a. mit Mustern von meditativen Bildkarten, die ebenso wie Overheadfolien und Handreichungen zu Themen des Kirchenjahres oder Gottesdienstentwürfe bestellt werden können.

8. **Projektstelle für Gottesdienstgestaltung der Ev. Landeskirche in Württemberg**
Gänsheidestr. 4, 70184 Stuttgart

9. **Lebendige Liturgie / Deutscher Evangelischer Kirchentag**
Ausschuss für Abendmahl, Gottesdienst, Fest und Feier (AGoFF), Magdeburger Str. 59, 36037 Fulda

10. **Liturgiewissenschaftliche Institute:**
– **Deutsches Liturgisches Institut (kath.)**, Weberbach 72 a, 54290 Trier
– **Liturgiewissenschaftliches Institut der VELKD (ev.)**, Otto-Schill-Str. 2, 04109 Leipzig

Bibelstellenverzeichnis

Abkürzungen der biblischen Bücher nach TRE

Stichwortverzeichnis

Verzeichnis der Lieder